Bauwelt Fundamente 73

Herausgegeben von Ulrich Conrads
unter Mitarbeit von Peter Neitzke

Beirat:
Gerd Albers
Hansmartin Bruckmann
Lucius Burckhardt
Gerhard Fehl
Herbert Hübner
Julius Posener
Thomas Sieverts

Elisabeth Blum

Le Corbusiers Wege

**Wie das Zauberwerk
in Gang gesetzt wird**

Friedr. Vieweg & Sohn   Braunschweig/Wiesbaden

Umschlagseite 4: „. . . . autrement que sur terre" (20. August 1957),
aus: Petite ‚confidence' (1957),
in: Le Corbusier, Oeuvre litographique, Centre Le Corbusier, Heidi Weber, Zürich (o.J.)

Der Verlag Vieweg ist ein Unternehmen der Verlagsgruppe Bertelsmann.

Alle Rechte vorbehalten
© Friedr. Vieweg & Sohn Verlagsgesellschaft mbH, Braunschweig 1988
Umschlagentwurf: Helmut Lortz
Satz: R. E. Schulz, Dreieich
Druck und buchbinderische Verarbeitung: Langelüddecke, Braunschweig
Printed in Germany

ISBN 3-528-08773-0   ISSN 0522-5094

„Die Götter vielleicht, haben sie mich zu Beginn dieser Aufgabe an der Hand geführt? (...) Entschuldigen Sie, aber nachdem allen meinen Bemühungen seit 1922 unablässig die Entdeckung noch jungfräulichen Territoriums der neuen Zeit zugrunde lag, können Sie sich vorstellen, daß ein solcher Aufwand durch Nützlichkeitsargumente erklärt werden kann?"
Le Corbusier, Le lyrisme des temps nouveaux

Inhalt

Vorwort von André Corboz 7

Einleitung *11*

1 Spurensicherung *17*

2 Architektur als Kunstwerk *31*
(Der ästhetische Ansatz)

Die Villa La Roche-Jeanneret, Paris 1923 31

Die ‚promenade architecturale' 35

Assoziation zur Eingangshalle: ‚Une maison – un palais' 42

Der weitere Wegverlauf nach links: zum Galerie- und Bibliotheksbereich 43

Der zweite, nicht ganz so ‚spektakuläre' Weg: von der Halle in den Wohnbereich der Villa La Roche und zu den Dachgärten der beiden Häuser 51

3 Architektur als Mittel zur Realisierung des ‚Prinzips der kosmischen Integration von Mensch und Bauwerk' oder: Aufruf an die Architektur, Mitspielerin im kosmischen Drama zu werden *57*
(Der symbolische Ansatz)

Die südamerikanischen Städtebauprojekte 1929: São Paulo, Rio, Montevideo, Buenos Aires 69

Das ‚Gesetz des Mäanders': ein Weg-Problem 71

Vom analogen Denken als Entwurfshilfe 74

Das ‚Mundaneum-Projekt', Genf 1929:
eine Neuformulierung des Typs der ‚Heiligen Stadt'   84

Vom Weg-Kreuz als weltabbildender Architekturformel   84

Charakteristika des Typs der ‚Heiligen Stadt'   87

**4 Architektur als Erziehungsmittel   95
(Der kulturpolitisch-pädagogische Ansatz)**

Das ‚Musée Mondial', Genf 1929   95

Die formalen Elemente und die ihnen zugrunde liegenden
Ideen und Absichten   100

Zum kollektiv-kulturellen Bedeutungshintergrund
der für das ‚Musée Mondial' gewählten architektonischen Formen   108

**5 Weltanschaulich-kulturelle Hintergründe
in Le Corbusiers Schaffen   112**

Das katharische Gedankengut   114

Die Schriften von Schuré und Provensal   115

Der Tod, das Gesetz des Lebens   118

Der Rang der Eigenverantwortlichkeit   120

Die Pyramide als ‚Sinnbild' der gesellschaftlichen Situation   123

Identifikationsfiguren   125

6 Zur Situation des Zeitgeistes   130

Anmerkungen   143

Bibliographie   154

Auswahl aus Le Corbusiers ‚Bibliothèque personnelle'   158

Bildquellen   162

Vorwort

Schon vor seiner Veröffentlichung hat dieses Buch Reaktionen ausgelöst. Man versteht sofort warum: Elisabeth Blum schlägt eine unerwartete Deutung Le Corbusiers vor, welche nicht mehr die cartesianische Rationalität der Wohnmaschine, den Lyrismus der „im Licht zusammengesetzten Volumen" oder weitere, gleichsam zur Hagiographie erhobene Züge des Meisters hervorhebt, sondern grundlegende Aspekte seiner Bildung, die – so die These – Stoff für das Entwerfen durch das ganze Leben Le Corbusiers geliefert hat.

Hier enthüllt sich die intimste, sorgfältig getarnte Haltung Le Corbusiers, die bislang nie gespürt wurde. Ausgangspunkt bildet eine Untersuchung der unserer Geisteshaltung fremd gewordenen Welt der bürgerlichen Dekadenz, die etwa in der krankhaft-akademischen Malerei eines Gustave Moreau so kräftig hervortritt. Mittels vieler Zitate von Forschern, Theoretikern und Träumern, wie J.L.M. Lauweriks, Maurice Denis, besonders aber Henry Provensal (*L'art de demain*, Paris 1904) und Edouard Schuré (*Les grands initiés*, Paris 1908), alle von den esoterischen Thesen der Jahrhundertwende geprägt und Le Corbusier bekannt, zeigt Elisabeth Blum, welche Funktion die ‚kosmischen Gesetze', die ‚erhabene' Rolle des Künstlers, die Überlegenheit der Geometrie, die ‚kosmische Reintegration' von Mensch und Bauwerk, ja, sogar der Begriff der Vibration und nicht zuletzt des Grand Architecte de l'Univers in diesen Kreisen haben. Zwar hatte Paul V. Turner in seinem 1971 erschienenen Buch *The Education of Le Corbusier. A Study of the Development of Le Corbusier's Thought, 1900–1920* die Werke von Provensal und Schuré schon benutzt. Zweck seiner Dissertation war es jedoch, die Entstehungsphase der Corbusierschen Architektur zu untersuchen. Turner hat eine intellektuelle Biographie geschrieben, wohingegen Elisabeth Blum die philosophischen Ideen und Strömungen zu beschreiben versucht, welche die Geisteshaltung Le Corbusiers bestimmten. „Die Tatsache, daß sich diese Studie auf die intellektuellen Themen beim jungen Jeanneret und besonders auf die von ihm gelesenen Bücher konzentriert, bedeutet keinesfalls eine Minimierung der Wichtigkeit anderer Kräfte, die mitgeholfen haben, sein Werk zu gestalten" – so Turner. Ihm zufolge wäre es sogar „sehr nötig", diese unerforschte Zone zu erschließen; genau dies hat die Verfasserin gemacht. Sie hat Le Corbusier in einen größeren Zusammenhang gestellt. Ihre Leistung besteht darin, die unerwartet grundlegende Rolle der vielen, teilweise nicht erforschten, mehr oder weniger ernsten Bewegungen, Gruppen, Schulen, Künstlergemeinschaften und auch Scharlatane, die sich zwischen 1880 und 1914 mit Problemen der Esoterik befaßt haben, für die Ausbildung des jungen Jeanneret erkannt zu haben.

Sie zeigt weiter, daß Le Corbusier, neben vielen anderen Werken, nicht nur Provensal und Schuré gelesen hat, sondern daß diese beiden Bücher für ihn ausschlaggebend wurden. Nach der Lektüre Provensals entschloß sich Jeanneret, selber ein „Leuchtturm" unter den Künstlern zu werden, was die Megalomanie gewisser Projekte erklären kann. Le Corbusiers Ziel ist es also, die erhabenen Darstellungen von Provensal und Schuré zu verkörpern. Daher die vielen Texte von ihm, die so sterblich idealistisch, ja, leicht überspannt klingen.

Hier könnte man erwidern, daß der Einfluß solcher Weltanschauung, wenn überhaupt, mit Jeannerets Niederlassung in Paris sein Ende gefunden hat. In der kurzen Biographie, die Le Corbusier für den 1. Band des *Oeuvre complète* verfaßt, ist Deutschland nur nebenbei erwähnt. Seitdem er in Paris lebt, betont er fast ausschließlich französische Ereignisse und Persönlichkeiten. Die Haltung vieler Franzosen Deutschland gegenüber nach dem Ersten Weltkrieg reicht aber als Erklärung dieser Tatsache kaum hin. Meines Erachtens will Le Corbusier die wahren und tiefsten Beweggründe seiner Architektur und seiner ganzen Tätigkeit verheimlichen. In dieser Auseinandersetzung führt Elisabeth Blum ihre *pièce maîtresse* vor, die Analyse des *Mundaneums*, bzw. des *Musée Mondial*, beide 1929 entworfen. Das *Mundaneum* wurde zusammen mit Paul Otlet als „effizientes Instrument der großen weltlichen Geschäfte der Menschheit" propagiert; sein Grundriß entspricht (im Sinne Werner Müllers) demjenigen einer ‚Heiligen Stadt'. Hier ist das Vergleichsmaterial reich, das es Blum gestattet, dieses Projekt in die Reihe der historischen *haute architecture* einzustufen, Le Corbusier also die Absicht zuzuschreiben, sich mit diesem Projekt indirekt als Nachfolger der größten *Maîtres d'oeuvre* zu behaupten. Das Vorhandensein des Wegkreuzes und des mit hermetischem Sinn beladenen rechten Winkels einerseits, der Begriff des Nabels der Welt anderseits, welche der Organisation, genauer: der geistigen Struktur des Projektes, zugrunde liegen, sind die von Le Corbusier ausgewählten Instrumente, um einen *haut lieu* für die Menschheit zu schaffen. Dieser besondere Ort wäre also nicht nur durch die weltlichen Geschäfte des Programms gekennzeichnet, er dient vielmehr zur Verwirklichung des menschlichen Geistes. Die *Cité Mondiale* ist dem „Monument der großen Synthese" im Sinne von Provensal

gleichzusetzen, das nur von gleichsam gottberufenen Architekten ausgeführt werden kann und darf.
Nach den Erläuterungen über die Weltstadt wird das Museum als Herz und Kern der Anlage erfaßt. Das Wort Erziehung muß hier in seinem höchsten Sinn verstanden werden; es handelt sich nicht um Ausbildung und noch weniger um ein bloßes Informationsangebot oder gar um die Herstellung von Kommunikation. Die Durchdringung von Stufenpyramide und labyrinthischer Doppelspirale bildet eine Art poetische Maschine, welche mittels eines Initiationsprozesses zum Ziel hat, den Benutzer tiefgreifend zu verändern: Erziehung als Erwachen. Diesen Hang zur Erziehung darf man wohl als typisch welschschweizerisch-protestantisch betrachten.
Die Inanspruchnahme der Urformen Pyramide und Spirale wurde von Karel Teige heftig kritisiert, weil sie völlig außerhalb des Gedankengutes der Moderne liegen; die Blumsche Analyse macht verständlich, daß Le Corbusier bei diesem Projekt, wie bei keinem anderen, die Thesen von Provensal und Schuré ausgiebig anwendet und in dieses Projekt vermutlich sehr große Hoffnungen gesteckt hat, um die Ideale seiner eigenen Vorgeschichte („quand j'étais gamin") umsetzen zu können. Sie zeigt auch, daß er unter dem Mißerfolg besonders schwer gelitten hat. Und schließlich, daß Le Corbusier mit dem reinen Funktionalismus – wie er dies übrigens immer und immer wieder betonte – nichts zu tun hatte.
Hier wird der hartnäckige Leser Einwände geltend machen. Er könnte sich fragen, ob es legitim ist, einen Aspekt von Le Corbusier zu isolieren. Mir scheint dies sinnvoll, denn die Fallanalysen bekräftigen die Verbindung dieses einen Aspekts mit der Gesamtheit der Le Corbusierschen Problematik.
Ich möchte unterstreichen, daß Elisabeth Blum Le Corbusier in keiner Weise auf irgendeine okkulte Dimension einschränkt, sondern einfach die verdeckten Grundlagen seiner Weltanschauung aufspürt, die der große Architekt in seinen Erläuterungen fast immer vernachlässigt hat.
Der Leser wird vielleicht die Grundthese der Autorin als übertrieben ablehnen und dazu viele Stellen in Le Corbusiers Schriften anführen, die ihr widersprechen. „Je m'occupe des choses ‚saisissables'" (Carnet 3, 128) – „ich beschäftige mich mit den ‚ergreifbaren' Dingen": Der späte Corbu hat sich sehr oft gegen bestimmte Interpretationen gewehrt . . .
Nach der Schilderung von Le Corbusiers Anschauungen muß man sich fragen, ob die ‚Hintergründe' bei ihm nur zum Überbau gehören oder seine Architekturauffassung wirklich geprägt, bewegt und bestimmt haben. Nach der Feststellung von derart vielen Berührungspunkten zwischen Le Corbusier und dem Idealismus der Jahrhundertwende und vor allem nach den archi-

tektonischen Analysen Elisabeth Blums darf man zu dem Schluß gelangen, daß es bei Le Corbusier tatsächlich eine sehr enge Beziehung, um nicht zu sagen eine Identität zwischen philosophischer und architektonischer Konzeption gibt. Mit einer Reihe von Textauszügen aus den Schriften Le Corbusiers kann Elisabeth Blum dessen Affinität zu dem Gedankengut der Jahrhundertwende nachweisen.
Eine derartige Verflechtung von Entwurf und weltanschaulichem Credo ist bei einem Modernen überraschend. Aus verschiedenen Gründen wäre ihre Entschlüsselung bis vor wenigen Jahren in einer gewissenhaften Arbeit kaum möglich gewesen. Eine allzu positivistische Vorstellung von der Wissenschaft hatte zur Folge, daß Themen wie Okkultismus oder Astrologie als nicht erforschungswürdig betrachtet wurden. Die alte CIAM-Garde hätte es darüber hinaus als ehrverletzend betrachtet, Le Corbusier nicht mehr einzig und allein als einen Vertreter der Vernunft zu behandeln.
Wer dieses Buch liest, hat den Eindruck, daß Jeanneret trotz seiner Sprache die Weltanschauung der Expressionisten völlig teilt. Vor 1914 ist er viel mehr von Osthaus als von Perret angezogen. Seine geistige Heimat hat damals nichts mit irgendeiner französischen oder gar lateinischen Bewegung zu tun. Daß diese Beziehung zum deutschen Expressionismus nicht nur das Gedankengut, sondern auch das Entwerfen einschließt, zeigt mit außerordentlicher Klarheit das Projekt der Drei-Millionen-Stadt, das Le Corbusier 1922 in Paris ausstellte: Konzept und Morphologie sind von der Tautschen *Stadtkrone* abgeleitet – teilweise sogar buchstäblich (vgl. meinen Aufsatz *Le Corbusier als Raubtier*, ETH, Zürich 1987).
(In diesem Zusammenhang wäre es selbstverständlich nötig, zu klären, wie Le Corbusier das Scheitern des Idealismus um 1925 erlebt und überlebt hat)
Aber auch die Leidenschaft Jeannerets für den Mittelmeerraum, für die „Volumen im Licht", ist für einen Menschen des Nordens typisch, der das ganze Jahr nur eine sparsame Sonne kennt.
Was schließlich den Wust des späten Idealismus angeht, so muß unterstrichen werden, daß Le Corbusier nur das Positive, Antreibende ausgewählt und zusammengesetzt hat. Er läßt die dämmerigen Züge völlig wegfallen. Dieses seltene Charakteristikum muß betont werden; die Denkweise des protestantischen Jurassiers liefert dafür ohne weiteres die Erklärung.
Das neue Licht, das Elisabeth Blums Buch auf Jeanneret wirft, ändert wesentlich, was wir über ihn zu wissen glaubten. Anstatt ihn zu ‚entwürdigen', enthüllt es eine zusätzliche Dimension seiner kulturhistorischen Wurzeln, die ihn wohl als den komplexesten Architekten des Jahrhunderts kennzeichnet.

André Corboz

Einleitung

1. Eigentlich ist es rätselhaft, warum die Doppelspurigkeit der Wegthematik nicht schon früher Gegenstand einer Untersuchung über Le Corbusier gewesen ist. Diese Feststellung resultiert wohl daraus, daß die in diese Arbeit eingebrachten Interessen, die konzentrierte Aufmerksamkeit dem Untersuchungsgegenstand gegenüber, diesen in so schillernden Farben aufleuchten ließen, daß er zu einem fundamentalen Ereignis beim Eindringen in Le Corbusiers Wesen und Werk wurde.

„Quand j'ai découvert mes principes, tout ce que je cherchais est venu à moi"[1], schreibt Montesquieu und charakterisiert damit prägnant die Wechselwirkung zwischen den Forschenden und ihrem Gegenstand. Die Untersuchungsergebnisse spiegeln, wie Corboz[2] sagt, die Fragen, die wir stellen und die sie konstituierenden methodologischen Raster, sowie die geistige Struktur der Forschenden, die diese Raster gewählt haben.

„[l'opera] non prenderà la parola senza esservi pregata."[3]
Das Werk ergreift nicht das Wort, wenn es nicht darum gebeten wird, bemerkt Corboz weiter und weist auf die wesensmäßige Verwandtschaft mit dem jeweiligen Aspekt des Forschungsobjektes als Voraussetzung für die Kontaktaufnahme hin. Das Werk enthüllt sich den Beobachtenden nur insoweit, als deren Fragen reichen, nur in der Art und Weise, wie die Fragen sich an das Werk richten. Jedes Hinsehen hat fragmentarischen Charakter; es ist die jeweilige Wahrnehmungseinstellung, mit der wir uns den Dingen zuwenden, die die aus der Interaktion gewonnenen Erkenntnisse entscheidend mitbestimmt. Wir sehen oder erkennen nur diejenigen Ausschnitte der Wirklichkeit, die sich unserer Aufmerksamkeit oder Zuwendung, aus welchen Gründen auch immer, als würdig erweisen. Zeigen sich unsere Untersuchungsergebnisse als eingeschränkt, so liegt das nicht unbedingt in der Natur der betreffenden Sache.
Jede Auseinandersetzung wählt eine besondere Betrachtungsweise. Ziel der vorliegenden Studie ist es, durch eine vom Vordergründigen auf das Hintergründige verschobenen Betrachtung latente Qualitäten oder Sinnzusammenhänge zu Tage zu fördern.

2. Von der ‚promenade architecturale' als dem einen Pol der Le Corbusierschen Wegthematik war in der Architekturdiskussion ja schon öfter die Rede, nicht aber von deren Über- bzw. Unterbau. Aber gerade der metaphysische Aspekt des ‚Auf-dem-Wege-Seins' ist es, der Le Corbusier mit dem unerschütterlichen Glauben an die Möglichkeit der Vervollkommnung des menschlichen Wesens ausgestattet hat. Es ist die Übersetzung der durch seine Weltsicht erzeugten Spannungsenergie, die sein immenses Werk entstehen und Le Corbusier zur Leitfigur der Architektur des 20. Jahrhunderts werden ließ. Davon handelt im wesentlichen diese Arbeit.

Daß Le Corbusier dieses Thema nicht selber zum Inhalt eines seiner Bücher gewählt hat, geht schon aus einem Zitat von Michel Batailles biographischem Roman *La ville des fous* hervor, wo es über die Figur Victor Sauvage (Le Corbusier) heißt: „Sauvage avait toute sa vie refusé sa foi à ces gens qu'il méprisait."[4]

Harte Worte aus dem Munde Batailles. Ich würde Le Corbusiers ‚âmes-soeurs'[5] vorziehen. Beide weisen jedoch auf dasselbe zentrale Wesensmerkmal Le Corbusiers hin: auf die Verschwiegenheit gegenüber Außenstehenden. Außenstehende sind für Le Corbusier alle, die nicht unter den von ihm geprägten Begriff der Seelenschwestern oder Seelenverwandten fallen. Niemals würde er Geheimnisse preisgeben, die von „Ohren, die nicht hören", mißverstanden werden könnten. Das erklärt die deutliche Diskrepanz zwischen innerem Wesen und äußerer Erscheinung bei Le Corbusier. Es ist diese Widersprüchlichkeit, die ihn außerdem zu einem Zeitgenossen macht. Die Tatsache, daß die damaligen Künstlerpersönlichkeiten Zeugen von sich ablösenden und widersprechenden weltanschaulichen Auffassungen wurden und sich, entsprechend ihrem damaligen Rollenverständnis, als les phares, als Leuchttürme[6] der evolutionären Entwicklung, sahen, ließ sie einerseits in kleinen Zirkeln sich zusammenschließen, und andererseits förderten eben diese Voraussetzungen jenen Grad an Befangenheit, der die Künstler zum Tragen einer Schutzmaske veranlaßte.

3. Für das Zustandekommen dieser Arbeit waren zwei Voraussetzungen entscheidend: einerseits eine günstige Neigung der Interessen, der Faszination oder, anders ausgedrückt, eine Liebe *a priori* zur Doppelanlage dieses Themas, andererseits die glückliche Koinzidenz von Ereignissen oder Umständen, die zwischen den vereinzelten, punktuell gelagerten Vermutungen und Hypothesen Verbindungsstränge herzustellen vermochten und die einzelnen Steine des Mosaiks in einem Bildumriß erscheinen ließen.

Die erste Voraussetzung war in meinem Fall gegeben. Ganz unbescheiden gesagt, könnte ich diese Gegebenheit als ‚Seelenschwester-Merkmal' bezeichnen. Die zweite umfaßt einen mehrjährigen Weg-Prozeß, gekennzeichnet durch viele Stationen, die ihrerseits wieder Ausgangspunkt für faszinierende Umwege abgegeben hätten, deren Nichtbeschreiten jedesmal Überwindung kostete.

Ein wesentlicher Verknüpfungspunkt dieses Weggeschehens kam während eines Gesprächs mit Bernhard Hoesli über das ‚Musée Mondial' zustande: Aufgrund meiner Vermutungen verwies Hoesli mich auf das Buch von Paul Venable Turner.[7] Mit einem Schlag verwandelten sich meine Hypothesen in gesichertere Fakten. Für meine Arbeit bildete Turners Buch eine fruchtbare Grundlage. Seine Hinweise auf die große Bedeutung der philosophisch-weltanschaulichen Hintergründe Le Corbusiers scheinen um so bedeutungsvoller zu sein, als Le Corbusiers Erziehung zu einem beträchtlichen Teil Selbsterziehung ist. Die Akte dieser Selbsterziehung weisen direkt auf ureigenste Interessen hin, auf Freundschaften und Beziehungen, die ihn maßgebend geprägt haben.

Insbesondere L'Eplattenier, der ihm in seiner Jugendzeit eine Art Meister war, vermittelte Le Corbusier die für ihn grundlegenden Bücher, deren Inhalte in seinen späteren theoretischen Schriften und praktischen Arbeiten zum Teil fast unverändert, zum Teil modifiziert wieder auftauchen. L'Eplattenier ist es auch, der Le Corbusier das ihm später so zentrale ‚Sehen lernen' lehrt: „dann erhielt ich einen Zeichenlehrer [L'Eplattenier], den ich verehrte (...) und der uns veranlaßte, zu entdecken. Entdecken ist das richtige Wort. Anfangen zu entdecken. Eines Tages zu entdecken und nicht mehr aufhören zu entdecken."[8]

Eines der wichtigsten Resultate dieser frühen Erziehung ist, wie Turner bemerkt, „daß seine Haltung der Architektur gegenüber grundsätzlich intellektuell und ‚idealistisch' war, daß Architektur für ihn primär ein Mittel darstellte, transzendentale Prinzipien auszudrücken, ganz im Gegensatz zu den meisten andern Architekten des XX. Jhdts., für die Architektur eine Möglichkeit bot, jenen ‚rationalen' Aspekten wie Funktion, Struktur, Integrität des Materials oder Ökonomie Gestalt zu verleihen"[9].

4. Die Wahl der Weg-Thematik bei Le Corbusier und ihrer weltanschaulichen Hintergründe bietet die Möglichkeit, die von Turner angesprochene Transformation von Ideen und transzendentalen Prinzipien auf die Ebene des geschriebenen Wortes und des architektonischen Werkes zu beobachten und zu verstehen.

Daß es bei Le Corbusier verborgene Schaffenskräfte zu entdecken gab, geht schon aus der Eigenart seines sprachlichen Ausdrucks hervor, die, schon in seinen Frühschriften vorhanden, eine Mischung von Manifest und angedeutetem Wissen darstellt, eine Art Predigt sogar, die in schlagkräftiger metaphorischer Sprache die Leser zu berühren versucht.

Aber was war oder worin bestand das Fundament solcher Andeutungen? Wie waren die Spuren dieser Hintergründe zu ermitteln? Le Corbusiers Beschreibung der Konzeption für das Projekt des ‚Musée Mondial' aus dem Jahre 1929, das als Stufenberg oder Omphalos die betonte Mitte der Weltstadt-Anlage auszeichnet, deutete eine erste Richtung an. Le Corbusier redet nicht absichtslos vom Museumsweg als Erkenntnisweg, stellt nicht zufällig die Figuren der Großen Eingeweihten an dessen Ende, das zugleich die innere Mitte darstellt. Dieses Projekt bildet die präziseste Darlegung der Doppeldeutigkeit der Wegauffassung.

Niemand scheint dem ‚Faden der Ariadne' gefolgt zu sein, der ins Zentrum der Le Corbusierschen Aussage geführt hätte. Trotz des Materials zum Weltmuseumsprojekt und Turners Hinweisen auf die Rolle von Schurés Buch der Großen Eingeweihten[10] scheint der direkte und von Le Corbusier erstaunlicherweise klar ausgesprochene Zusammenhang zwischen diesem Buch und der Konzeption des Weltmuseums unbemerkt geblieben zu sein. Diese Untersuchung versucht, einige der zerstückelten Teile einem Muster entgegenzuführen. Ich bin erfreut darüber, ganz einfach weil ich überzeugt bin, daß sie mithilft, einen zentralen und mit größter Hartnäckigkeit übersehenen Tatbestand ans Licht zu holen. Denn ohne die Einsicht in den Rang der weltanschaulich-religiösen Hintergründe sind Le Corbusier und sein Werk nicht zu verstehen.

Dieses Potential bildet das innere Feuer, aus dem heraus Le Corbusier gewirkt hat, ‚la petite flamme'[11], wie Provensal diese innere Kraft nennt, die sich im Verlaufe des Lebens zum Feuer und später vielleicht zur inneren Glut gewandelt hat.

5. Ich habe mich dem Thema, entsprechend seiner doppelgleisigen Anlage, auf zwei Ebenen genähert: als äußerem Phänomen in seinen Projekten und Bauten, als innerem gleich einem Wesensmerkmal von Le Corbusiers Persönlichkeit. Zur Bewältigung der Wegkonzeption greift Le Corbusier in seinen architektonischen Äußerungen zum künstlerischen Prinzip der verlangsamten und dadurch intensivierten Wahrnehmung. Als architektonische Instrumente zur Realisierung dieses Prinzips setzt er die ‚promenade architecturale' und den Gebrauch von symbolischen Bildern ein.

Wollen wir die Weg-Thematik als inneres Phänomen begreifen, so werden wir einerseits auf die weltanschaulichen Hintergründe Le Corbusiers verwiesen, andererseits auf diejenigen der ‚Zeitgeist'-Situation[12] jener Generation künstlerisch-kultureller Kreise, mit denen Le Corbusier als Zeit-Genosse im engeren oder weiteren Kontakt steht. Der Weg, bzw. das ‚Auf-dem-Wege-Sein' werden für Le Corbusier zum allgegenwärtigen Symbol des Reifens, des Lernens, des immer wieder Neu-Sehen-Lernens, also zum Symbol der Unendlichkeit des Lebens selbst, die sich in den aufeinanderfolgenden Zyklen Leben – Tod – Leben manifestiert. Die tiefe Verankerung der ethisch-moralischen Prinzipien, die in Le Corbusier diese ungeheure Energie und Kraft sich entfalten ließ und ihn stets zum Oppositionellen, zum Rufer machte, ihn gleichzeitig zur Übernahme einer außergewöhnlich hohen Selbstverantwortlichkeit und zu einer teilweise anmaßend anmutenden Selbsteinschätzung führte, ist nicht an eine bestimmte Phase seines Lebens gebunden. Sie läßt sich als Grundzug seines Wesens erkennen.

Le Corbusier, der an einer Stelle im *Almanach d'architecture moderne*[13] von den Künstlern als von denjenigen spricht, die aus Menschen gottähnliche Gestalten machen möchten, versucht in diesem Selbstverständnis als ‚Rufer seiner Zeit' mit missionarischem Eifer, andern einen Stoß zu versetzen, um sie aus ihren festgefahrenen Positionen zu rütteln. Es ist kennzeichnend für ihn und in seinen Schriften nachprüfbar, wie er immer wieder innehält, um seine eigene Spur wahrzunehmen, sich Rechenschaft über die bereits hinter ihm liegende Strecke zu geben und eine Vorstellung über den künftigen Weg-Abschnitt zu antizipieren. Le Corbusiers Leben gleicht einem Abbild der immerwährenden Bemühung, althergebrachte Begrenzungen zu durchbrechen, um in neue Räume vorzudringen. Wenn hier von Räumen die Rede ist, dann nicht nur im Sinne von deren Abmessungen. Auch die psychischen und geistigen Dimensionen sind hier angesprochen. Der Vorstoß in neue Räume ist hier wortwörtlich und metaphorisch gemeint. Da hier von einem Architekten die Rede ist, mag uns die erste Hälfte dieser Erklärung ziemlich gewöhnlich erscheinen, die zweite jedoch keineswegs. Die große Faszination für das Unterwegs-Sein in den weniger offensichtlichen Raumkategorien übersteigt bei weitem die üblichen Architekteninteressen.

6. Die vorliegende Studie will die Beziehungen zwischen den Lehrquellen Le Corbusiers, seinem Welt- und Menschenbild und seinen Anforderungen an die Kunst der Architektur erhellen. Nicht um die vollständige Analyse eines einzelnen Projektes oder Bauwerkes geht es; die primäre Absicht besteht darin, die vielschichtigen Verflechtungen der Weg-Thematik und ihre gegenseitigen Beziehungen aufzuzeigen und die unterschiedlichen Ausformungen im architektonischen Entwurf bewußt zu machen.

Im Sichtbarmachen des Einflusses weltanschaulicher Hintergründe ist der Inhalt dieser Arbeit zu sehen; anders ausgedrückt: Wir versuchen, wie Maximilien Gauthier[14] es formuliert hat, Le Corbusier als einem ‚*poète à l'âme religieuse*‘, einem Poeten mit religiöser Seele zu begegnen.

1 Spurensicherung

„Die Architektur wird ‚durchwandert, durchschritten'. Sie ist keineswegs (...) jene rein graphische Illusion, die sich um einen abstrakten Mittelpunkt kristallisiert. Einen Mittelpunkt, der vorgibt, der Mensch zu sein (...), ausgerüstet mit einem Fliegenauge und dementsprechend einem kreisrunden Gesichtsfeld. Einen solchen Menschen gibt es nicht, und wegen dieser irrtümlichen Vorstellung führte der Klassizismus zum Schiffbruch der Architektur. (...) Unser Mensch besitzt (...) zwei Augen, die 1,60 m über dem Erdboden sitzen und nach vorn blicken. Diese Gegenwart der Biologie ist Berechtigung genug, die Pläne zu verdammen, die sich um einen widernatürlichen Mittelpunkt herum aufblähen. Ausgestattet mit seinen zwei Augen, vor sich blickend, geht unser Mensch, bewegt er sich vorwärts, handelt, geht seiner Beschäftigung nach und registriert auf seinen Wegen zugleich alle nacheinander auftauchenden architektonischen Manifestationen und ihre Einzelheiten. Er empfindet innere Bewegung, das Ergebnis einander folgender Erschütterungen. Das geht so weit, daß die Architekturen sich in tote und lebendige einteilen lassen, je nachdem, ob das Gesetz des Durchwanderns nicht beachtet oder ob es im Gegenteil glänzend befolgt wurde."[1]

„Aber das Werk ist meisterlich, ist umstürzend wie der Bergstrom; der Bergstrom ist außerhalb der Individuen, die sich mühen. Der Bergstrom ist in dem Menschen, er ist nicht den Persönlichkeiten gleichzusetzen (...).
Die Menschen scheinen im allgemeinen wie Zahnräder einer Maschine eine genau vorgeschriebene Bahn zu verfolgen. Ihre Arbeit ist regelmäßig, und innerhalb ziemlich enger Grenzen festgelegt; ihr Stundenplan ist unerbittlich exakt; (...)
Seine regelmäßige Arbeit verrichtet der Mensch, Stunde für Stunde, Tag für Tag; doch ein Flämmchen oder eine Hochglut beseelt ihn: das Gefühlsleben. Das bestimmt sein Schicksal, abgesehen von Ergebnis und Qualität seiner Arbeit (...)
Aber der Dichter lebt (...). Erhaben über die endlichen Zwecke, erforscht er das Unvergängliche: den Menschen (...).
Der Dichter sieht die ganze Kette: sieht die Einzelwesen mit ihrem Verstand und ihrer Leidenschaft; und hinter ihnen findet er die Wesenheit Mensch. Diese Wesenheit ist der Vervollkommnung fähig; theoretisch gibt es keinen Grund, warum sie nicht das Alllererhabenste werde.

Dies Göttliche, dies Unvergängliche hat sich zu verschiedenen Malen offenbart und Richtpunkte hinterlassen, nach denen wir noch den Gott unserer Sehnsucht ermessen: Gottesbilder der Neger, der Ägypter, der Parthenonfries, die große Musik...
Dies zählt wahrhaft, dies dauert."[2]

Für Le Corbusier umfaßt das Wegthema sein physisches und metaphysisches Universum. Es ist für ihn ein Instrument, äußere und innere Räume zu ermessen und zu erfahren. Die einleitenden Textauszüge sind zwei Aussagen Le Corbusiers, die den weiten Bogen spannen und uns die Vielschichtigkeit und Tiefe des Begriffes ‚Auf-dem-Wege-Sein' vor Augen führen: von der *promenade architecturale* bis zum *Vervollkommnungsinstrument* des Menschen.
Mit der aus dem ersten Zitat stammenden Lektion für die Studenten gibt uns Le Corbusier die Richtung an zur Beurteilung der architektonischen Qualitäten eines Objektes. Die Beachtung des „Gesetzes des Durchwanderns", wie er es nennt, ist für ihn so grundlegend, daß er davon sogar die Lebendigkeit bzw. den Tod eines architektonischen Werkes abhängig macht.
In *Vers une architecture*[3] nennt er die Architektur eine künstlerische Tatsache, ein „Phänomen innerer Bewegung", das dazu da ist, „uns zu ergreifen". Dieses Ergreifen tritt für ihn ein, sobald bestimmte Beziehungen walten, durch die die „reine Schöpfung des Geistes" sichtbar wird.
Alles, auch in der Architektur, sei ein Problem der Wegführung. Der aufrecht stehende und gehende Mensch, ausgestattet mit zwei Augen, 1,60 m über dem Erdboden, dieser Mensch sei es, der die von Architekten entworfenen und gezeichneten abenteuerlichen Ausflüge auf den Plänen erdulden muß oder darf. Es ist das Bewußtsein um diese künftigen Abenteuer, das die Architekten durch ihre entwerferische Arbeit zum Leben zu erwecken versuchen. Sie sollten die dahinterstehende Verantwortung begreifen. Der dynamische Mensch, der den Raum durcheilt, dessen Augen nach vorne gerichtet sind und der immer den Kopf drehen will oder kann, dessen Leben daher aus einer unermüdlichen Abfolge, einem Nacheinander, einer Häufung von Gesichtseindrücken besteht und der einen stofflichen Körper hat, nimmt durch die Bewegung seiner Glieder den Raum in Besitz.
Dieses ‚Raum-in-Besitz-Nehmen' ist für Le Corbusier das Zeichen der menschlichen Existenz überhaupt und muß daher dringend beachtet werden. Der Mensch braucht in seinen Werken den Weg, um seine Existenz in Raum und Zeit wahrzunehmen.
In einem ‚Lehrsatz der Natur und der Architektur', wie Le Corbusier das nennt, gibt er uns einen Eindruck von der Mächtigkeit dieser Weg-Thematik,

wenn er das ‚Auf-dem-Weg-Sein' mit Architektur gleichsetzt und sagt, daß die so verstandene ‚Architektur' sich überall und immer ereigne: eine Lampe, das Licht der Sonne, das durch die Fenster fällt, den Schatten vom Licht trennend und diese beiden Extreme einander gegenüberstellend, die Körper und Seele so stark beeinflussen: das Hell und das Dunkel, das die Wände umschließt, der Hauszugang, die Straße, das Draußen... Nicht eine Sekunde hätte die Architektur den Menschen verlassen, jede seiner Regungen sei von Architektur und Städtebau beeinflußt, Architektur sei überall[4].

Wer dem Menschen gerecht werden will, muß Le Corbusier zufolge, im Gegensatz zu den Vorstellungen des Klassizismus, die von den Proportionen des statischen Menschen ausgingen und eine statische Architektur hervorbrachten, eine dynamische Architektur anstreben, wie sie dem dynamischen Menschen entspricht.

Das bildliche System des dynamischen Menschen hat Le Corbusier – in Anlehnung an den ‚Purusha der Brahmanen', von dem er sagt, daß er ihm als Laien sehr sympathisch sei, und der wie Le Corbusiers Modulor einen der Länge nach ausgestreckten Menschen mit den Armen in Verlängerung des Körpers darstellt – am Eingang seiner ‚Unité d'habitation' in Marseille gezeigt.

In seinen *Feststellungen*[5] sagt Le Corbusier, daß es sich bei der Architektur um einen „Akt bewußten Wollens" handle, daß Bauen „in Ordnung bringen" heiße: Funktionen und Gegenstände müßten so in Ordnung gebracht werden, daß sie auf unseren Geist und auf unsere Sinne einzuwirken vermögen. Dieses Einwirken erfolge durch die unseren Augen angebotenen Formen und deren Beziehungen sowie den unseren Schritten eigenen Abständen.

„Architektur ist Volumen und Bewegung", heißt es in den *Feststellungen*[6] und zu den ‚facteurs émotifs', zu den ergreifenden Momenten in der Architektur zählt er alles, was das Auge sieht.[7]

Um diese erregenden Formen, die Linien, die Beziehungen, die Rhythmen und Proportionen wahrnehmbar zu machen, um sie den Benutzern und Betrachtern vor Augen führen zu können, um die ‚machine à émouvoir' zu realisieren, benutzt Le Corbusier die ‚promenade architecturale', die sowohl die gegenseitigen Beziehungen der beteiligten Elemente als auch die kohärente Einheit verbindend ordnet. Denn Baukunst heißt, mit rohen Stoffen Beziehungen herstellen, die den Betrachter anrühren.

„Aus trägen Steinen baut die Leidenschaft ein Drama"[8], sagt Le Corbusier und stellt klar, daß Baukunst jenseits von Nützlichkeitsfragen liegt, daß sie eine Angelegenheit des Gestaltens sei.

In das architektonische Entwurfsinstrument der Wegführung setzt Le Corbu-

sier eine ganze Fülle von Erwartungen. Die Wegführung bestimmt die Art und Weise der Wahrnehmungen des architektonischen Werkes, indem sie die Benutzer in bestimmte Positionen und Abläufe hineinstellt, die Sicht der Betrachter lenkt, ihnen die Geschwindigkeit der Bewegung durch das Werk aufdrängt, bestimmte Teile des Ganzen vorführt und andere verdeckt oder sie erst zu einem späteren Zeitpunkt erscheinen läßt. Sie ist verantwortlich für die Erwartungshaltungen der Benutzer und deren Erfüllung bzw. Nichterfüllung. Die Wegführung ist das Mittel, Erschütterungen durch Überraschendes oder Schockierendes hervorzurufen. Sie lüftet Geheimnisse und fordert die Benutzer zur aktiven Teilnahme auf allen Wahrnehmungs- und Erfahrungsebenen heraus. Sie setzt räumliche, körperliche und beziehungsmäßige Schwerpunkte und regelt den Innen-Außenraum-Bezug. Sie bezieht sowohl materielle als auch immaterielle Kompositionselemente in den Wahrnehmungsprozeß mit ein. Sie erotisiert das Geschehen.
Dieses Spiel der Wahrnehmungen, das ergreifen und bewegen soll, ist Le Corbusier das Mittel, um die Ebene des „architektonischen Lyrismus" zu erreichen.
Wenn die das architektonische Werk konstituierenden Elemente durch das Mittel der Wegführung „in Ordnung gebracht" wurden, so ist man zur höchsten Stufe des Schaffens vorgedrungen, zum Kunstwerk. Diesen Vorgang der Verwandlung der Wirklichkeit durch die Kunst nennt Le Corbusier das „alchimistische Verfahren"[9], die Kunst, die fähig ist, die bewußtlosen Massen durch einen Verwandlungs- und Veredelungsprozeß in ein architektonisches Objekt künstlerischer Art zu überführen.
Es ist dieser Vorgang, der das Werk seinem eigentlichen Ziel zuführt, nämlich ein „strahlendes Wesen" zu werden. In dieser Funktion des Strahlens, die durch die unvergänglichen Aspekte der Architektur bedingt ist und unsere Aufmerksamkeit provoziert, drückt sich nach Le Corbusiers Auffassung Architektur aus.[10]
Als Beispiel, wie man dieses „mise en ordre" erleben kann, verweist Le Corbusier auf die grüne Moschee in Broussa, die man durch eine kleine Pforte betritt, die die Wandlung des Maßstabs anzeigen soll. Das Durchschreiten dieser kleinen Pforte und das anschließende Eintreten in einen kleinen Vorraum sind die architektonischen Mittel, die den Dimensionen der Architektur, die in der Wegführung dem viel mächtigeren Maßstabsbereich der Landschaft folgen, die nötige Würde verleihen sollen. Le Corbusier beschreibt die Erlebnisse der Eintretenden folgendermaßen:
„Es ist gut, wenn man sich von der Existenz gewisser Dinge überzeugt – folgendes zum Beispiel ist wesentlich (...). Ich zeichne ein Männchen (...) und

lasse es in das Haus eintreten. Der kleine Mann stellt eine bestimmte Größe, eine bestimmte Form des Zimmers fest – und vor allem einen bestimmten Lichteinfall (...). Er geht weiter: er sieht andere Räume, andere Lichtdurchlässe. Er geht noch weiter: eine andere Lichtquelle. Und noch weiter: Stellen, die von Licht überflutet sind, und dicht daneben Halbschatten (...). Von diesen aufeinanderfolgenden verschieden beleuchteten Räumen wird man direkt durchdrungen, man atmet sie ein. Ich habe immer gern den Schnitt der Grünen Moschee von Brousse angeführt; sie ist ein Meisterwerk – Rhythmus aus Raum und Licht (...)."[11]
Le Corbusier verweist uns in der Beschreibung auf die Bedeutung des ersten Eindrucks, auf den Wechsel der auf dem kontinuierlichen Wegverlauf eintretenden Maßstabsveränderungen. Er macht uns darauf aufmerksam, daß die Rhythmen, Pausen und Tempi der Architektur im Außenraum andere sind als im Innenraum und daß dieses Aufeinanderprallen verschiedener Dimensionen der Vermittlung im architektonischen Entwurf bedarf.
Jeder Wegabschnitt muß beachtet, die Wirkungen der Beziehungen aller Elemente müssen sorgfältig geplant werden. Alle Räume in der Raumfolge brauchen die ihnen adäquaten Mittel, um Reize und Erschütterungen auszulösen.
In *architecture de l'époque machiniste*[12] schreibt Le Corbusier, die architektonische Leistung bestehe darin, die Voraussetzungen für den „emotionalen Aufruhr" der Benutzer zu schaffen.
Es ist sehr wichtig, die Sensationen, die Ereignisse auf der ‚promenade architecturale' nicht nur zu organisieren, sondern auch zu dosieren. In der Weg-Gestaltung geht es nicht darum, eine unendliche Kette beliebiger Erlebnisse herzustellen, ganz im Gegenteil: Ausgewählte Ereignisse sollen in sorgfältiger Art und Weise aufeinander abgestimmt werden. Sie sollen den Benutzern die Rolle des bequemen Konsumenten verunmöglichen. Der Wegverlauf sollte so konzipiert sein, daß er die Benutzer in einen aktiven und engagierten Entdeckungsprozeß zu verwickeln vermag.
„Die Architektur ist eine Verkettung aufeinanderfolgender Ereignisse, die aus der Analyse zur Synthese geführt wurden – Ereignisse, die der Geist zu sublimieren sucht durch die Schaffung präziser Zusammenhänge, die so erregend sind, daß sie tiefste physiologische Erschütterungen hervorrufen, echten geistigen Genuß bei der Betrachtung des gelösten Problems vermitteln und uns die Erkenntnis einer Harmonie schenken, die durch mathematische Genauigkeit ermöglicht wurde; diese mathematische Genauigkeit brachte die Vereinigung aller Elemente des Werkes miteinander und mit dieser anderen Wesenheit: der Umgebung, der Landschaft, zuwege. Das ist etwas, was über alles

Dienen und Nützlichsein hinausgeht. Etwas Überragendes: Schöpfung. Phänomen des Lyrismus und der Weisheit: Schönheit."[13]
Um diese Folge aufeinanderfolgender Ereignisse, wie Le Corbusier die ‚promenade architecturale' charakterisiert, auch wirklich zu einer Schöpfung zu machen, müssen die Beziehungen zwischen Quantität und Qualität sorgfältig geprüft werden[14]. Das Auge soll auf dem Spazierweg nicht dauernd in derselben Art und Weise angeregt werden. Das Schauspiel muß gegliedert werden, so daß der Spaziergang nicht ermüdet oder gar schläfrig macht. Was dem Auge vorgesetzt wird, soll Freude machen, da das hinter dem Sichtbaren Waltende Le Corbusier zufolge jenes Phantasievolle, Fruchtbare, Edle, ... ist, das Geist genannt wird.
Durch die Art des In-Beziehung-Tretens der Benutzer mit dem architektonischen Werk, durch das Sich-Einordnen in die Einheit des künstlerischen Gebildes, das Abmessen, das Vergleichen im Geiste, durch die Teilnahme der Benutzer an den Entzückungen und Qualen des Schöpfers werden die Geheimnisse nach und nach preisgegeben.
Die Benutzer sollen so gefesselt sein, daß sie ihre kleinen Alltagsgeschichten, die Bequemlichkeiten und die Bügelfalten, das Geld für einen Augenblick vergessen.
Das Werk ist so geartet, daß es den Benutzern immer neue, aufeinander folgende Erschütterungen bereithält.[15] Es sind die durch das Abschreiten des Weges immer neu entstehenden Kombinationen, die die Symphonie entstehen lassen – die Symphonie, deren Elemente man mit so unterschiedlichen Namen wie Nuance, Ruhe, Weichheit, Sensation, Geschrei ... bezeichnet.
„L'art est nuance", sagt Le Corbusier in *une maison – un palais*[16]; er meint damit, daß der sensible Benutzer, der bereit sei, auf das Spiel der Wahrnehmungen einzugehen, der es liebe, differenzierte Intentionen aufzudecken, durch nichts mehr als durch dumme, plumpe Lösungen zurückgestoßen würde.
Die angestrebten, fein abgestuften Nuancen nennt Le Corbusier „l'infiniment perceptible", das (nie ganz) wahrnehmbare Unendliche des Werkes, die differenzierte Fülle, die die Betrachter in die Komplexität des architektonischen Gebildes miteinzubeziehen vermag, indem dieses sein Potential erst im Laufe eines fortwährenden Wahrnehmungsspiels bzw. einer dauernden Wahrnehmungsarbeit enthüllt.
Der Geist glaubt sich nach einer ersten Phase der Auseinandersetzung vielleicht gesättigt. Plötzlich entdeckt er neue Intentionen des Schöpfers. Durch den Gebrauch des architektonischen Objektes, bzw. das Abschreiten oder Durchschreiten eröffnen sich ihm immer neue Wahrnehmungssituationen –

ein Reichtum, der nichts mit Beliebigkeit zu tun hat. Kunst ist als Ausdruck einer hinter den Erscheinungsformen stehenden Ordnung zu verstehen.
„Und niemals hat das wirklich große architektonische Werk, das zugleich teilnimmt an seiner Umgebung, sein letztes Wort gesprochen, weil die Lichtverhältnisse sich ändern und die Jahreszeiten wechseln und weil die Unerfahrenen nicht dasselbe zu sehen imstande sind wie die Erfahrenen."[17]
Diese Bemerkung führt uns zu einem zentralen Gedanken Le Corbusiers. Wir treffen hier auf die Forderung, daß die Architektur Erziehungsmittel sein soll, daß es, sowohl auf der ästhetischen als auch auf der geistigen Ebene, eine Form der ‚Initiation' gebe, daß Architektur ein *„Initiationsinstrument"* sei. Je weiter fortgeschritten der einzelne in seiner Sensibilisierung ist, desto weiter und intensiver enthüllt sich ihm die künstlerische Kraft, die Fülle des Werks Le Corbusier gebrauchte den Ausdruck Intuition, um die jedem Menschen eigene Möglichkeit zur Wahrnehmung eines Kunstwerkes zu bezeichnen, das seiner Meinung nach ein Gradmesser der eigenen Reife und Erfahrung darstellt. Intuition ist für ihn diejenige Eigenschaft des Menschen, die über seinen bisher beschrittenen Weg, über seine geleistete Arbeit Auskunft gibt. Intuition kann man nicht anders als durch eigene Erfahrung erwerben, sie läßt sich weder kaufen noch stehlen.
Somit zeigt sich im Umgang des einzelnen mit Kunstwerken sein eigener Entwicklungsstand. Denn in einem gelungenen Werk liegt, Le Corbusier zufolge, eine Unzahl von Absichten, die sich dem offenbaren, der das Recht dazu hat.[18]
In diesem Zusammenhang wird uns Le Corbusiers elitäres pyramidales Gesellschaftsmodell in Erinnerung gerufen, das das künstlerische Werk zu etwas Unentbehrlichem für die einen, zu einem Lerninstrument für die anderen erklärt.
Das Kunstwerk wird in Le Corbusiers Auffassung zu etwas Forderndem: Es stellt Ansprüche an die Benutzer. Diese müssen sich anstrengen, sich auf dem Gebiete der Kunsterkenntnis genauso spezialisieren wie, beispielsweise, dem der Physik. Je entwickelter ihre Wahrnehmungsfähigkeit, desto reicher beschenkt sie die Auseinandersetzung mit künstlerischen Werken. Jedem offenbart das Werk nur so viel, als er aufzunehmen imstande ist. Gleichzeitig ist das Kunstwerk aber auch das Instrument, an dem die künstlerische Aufnahmefähigkeit entwickelt werden kann. Diese Auffassung von der Kunst als einem Initiationsinstrument finden wir ebenfalls im Werk eines der geistigen Väter Le Corbusiers, bei Provensal. Dieser schreibt dazu:
„Jede Kunst hat Initiationscharakter, das bedeutet, daß der Öffnungswinkel der ‚Türen des Verständnisses' nicht bei allen Betrachtern derselbe ist. Die Erziehung des visuellen Organs allein genügt nicht. In jedem Kunstwerk gibt

es einen verborgenen Sinn, der sich nicht auf den ersten Blick enthüllt. Es gilt, dieses Geheimnis zu lüften und es zu verstehen. Es steht außer Zweifel, daß ein mit einem musikalischen Ohr begabter Durchschnittsmensch nicht auf Anhieb die sublimen Höhen eines Beethoven genießen kann. (...) Genauso offensichtlich ist es, daß ein Bild, eine Skulptur oder eine Kathedrale, die ganze Kraft ihres Ausdrucks erst allmählich entfaltet; oft braucht es sogar Jahre, bis die ganze Schönheit eines Werkes erfaßt wird. Aber welch hohe und erhabene Freude erfährt der Betrachter, wenn es ihm gelingt, seine Seele mit derjenigen des Künstlers zu vereinen!"[19]

Diese Art des Kunstverständnisses führt uns zurück zum zweiten der einleitenden Zitate; seine Aussage ist am anderen oder inneren Ende des weitgespannten Themenbogens anzusiedeln.

Dem äußeren Weg, der ‚promenade architecturale', entspricht der innere Weg, den jedes Individuum im Laufe der evolutionären Entwicklung zu gehen hat, die ‚*promenade de conscience*', wie man sie vielleicht nennen könnte, die den unvergänglichen göttlichen Kern des Menschen zur Entfaltung bringen soll. Dieses zweite Zitat verweist auf die zweite Art des alchimistischen Prozesses; es handelt sich um die bewußtseinsmäßige Verwandlung, die die Vervollkommnung des Menschen zum Ziele hat und für dessen Ingangsetzung die künstlerisch-symbolische Architektur als äußere Hilfe zu betrachten ist. Für diese zweite Art der Wegauffassung, die einer Verwandlung und Veredelung der eigenen inneren Wirklichkeit gleichkommt, hat die Architektur neben den äußeren Voraussetzungen auch ethisch-moralischen Anforderungen zu genügen. Sie soll künstlerisches Erziehungsmittel, Initiationsinstrument sein; mit Le Corbusiers pathetischen Worten:

„Viele jedoch erkennen nicht, daß es sich hier um eine dem Nächsten gewidmete ‚brüderliche Aufmerksamkeit' handelt, daß die Architektur eine Mission ist, die von ihren Dienern eine Berufung verlangt (...), eine Tat der Liebe und kein Theatercoup ist. Sich der Architektur zu verschreiben, in diesen Zeiten der Umwandlung einer in Verfall geratenen Zivilisation in eine neue Zivilisation, bedeutet Ordensgelübde, glauben, sich opfern, sich hingeben. Wer sich ihr aber mit Leib und Seele hingegeben hat, dem wird die Architektur zum Lohn einen Zustand des Glücks vermitteln, eine Art von Trance, die den Geburtswehen der Idee und ihrer strahlenden Geburt entspringt. Macht der Erfindung, der Schöpfung, die uns erlaubt, unser Reinstes zu geben, um andern Freude zu bringen, um die tägliche Freude in ihre Heime zu tragen."[20]

Für heutige Ohren mutet es beinahe anmaßend an, wenn wir hören, daß Le Corbusier die Architektur eine Mission ist, die den Architekten alles abfordert: ein Ordensgelübde, Opferung, Hingegebensein, Taten der Liebe. Diese

Mission hat kein geringeres Ziel als die Erneuerung der Zivilisation, mit anderen Worten also auch die Erneuerung des Menschen. Um diesen Anforderungen gewachsen zu sein, muß Architektur die Menschen berühren, sie ergreifen, sie in innere Bewegung und Aufruhr versetzen, sie dazu bringen, das jenseits der direkten Reize Vorhandene wahrzunehmen. Eine solche Architektur muß sogar dazu in der Lage sein, Veränderungen im Bewußtsein der Benutzer hervorzurufen.

Für Le Corbusier ist Architektur die Kunst, die den Menschen am umfassendsten auf allen seinen Wahrnehmungs- und Erkenntnisebenen zu bewegen vermag: auf der physischen, seelischen, geistigen, ethischen, moralischen usw. „Aber eines Tages (...): ein Gefühl der Dankbarkeit, der Bewunderung, der enthusiastischen Zustimmung, ein Gefühlsaufschrei. Und plötzlich ist nicht mehr die Rede von Nützlichkeit, sondern von Liebe; nicht mehr die Funktion steht im Vordergrund, sondern die Haltung (...), Schönheit, Ethik, Harmonie. Unser Gefühl hat sich ins Spiel eingebracht. Jetzt handelt es sich um Poesie. Und was übrigbleibt von den menschlichen Unternehmungen, ist nicht das, was einem Zwecke dient, sondern das, was die Menschen bewegt."[21] Für Le Corbusier liegt die Unvergänglichkeit architektonischer Kunstwerke nicht in ihrem Nutzen, sondern in ihrer Fähigkeit, den ‚inneren Menschen' zu ergreifen, ihn zu erschüttern und geistig zu bewegen. Architektur muß Liebe erwecken, eine ethische Haltung ausstrahlen. Sie gleicht einem dichterischen Werk, das die Menschen gefangennimmt und Bewußtseinsvorgänge auslöst.

Architektur dient allen Seiten des Menschen: „servir à la bête, et au coeur, et à l'esprit".[22] Diesen Anforderungen zu genügen, ist für Le Corbusier der Beweggrund der architektonischen Arbeit überhaupt. Sehr deutlich unterscheidet er die ‚*machine à habiter*' von der ‚*machine à émouvoir*'. Wenn Architektur sich darauf beschränkt, ‚machine à habiter' zu sein, ist sie für Le Corbusier tote Architektur. Sie zählt nicht. Sie gibt dem Menschen keine spirituelle Nahrung und muß darum wirkungslos bleiben, denn Architektur beginnt jenseits der Wohnmaschine.[23] Le Corbusier scheint dauernd gegen die falsch ausgelegten bzw. auch heute noch mißverstandenen Äußerungen, die die ‚machine à habiter' betreffen, zu kämpfen. Die prägnante Formulierung scheint unglaublich viel Applaus von der falschen Seite geerntet zu haben. Immer wieder hören wir Le Corbusier von der Nützlichkeitsfrage in der Architektur sprechen. Immer wieder aber treffen wir ihn bei seinem Bemühen, über die Nützlichkeitsfrage hinauszuweisen. Auch in den *Feststellungen* kommt er auf die beiden Ebenen der architektonischen Wirkung zu sprechen; das architektonische Werk zeichne sich dadurch aus, daß es von der Ebene der

Wohnmaschine auf die Ebene der Empfindung, wo erst die Berührung stattfinde, emporsteige[24] – eine extreme Absage an eine Architektur der reinen Nützlichkeit. Was den einen als nicht notwendig erscheint, ist für die anderen unerläßlich. Für Le Corbusier ist es gerade die Verbindung der beiden einander widersprechenden Intentionen, der Nützlichkeitsfunktion und des emotionalen Potentials eines Werks, die unsere Sensibilisierung entfacht und fordert. Erst das Zusammenspiel von ‚machine à habiter' und ‚machine à émouvoir' vermag die Benutzer aufzurütteln, sie zum bewußten Umgang mit dem Werk zu veranlassen.[25] Neben der Wohnmaschine braucht der Mensch den „lieu utile pour la méditation", wie Le Corbusier es nennt.[26]
Es ist hier interessant, wiederum auf Provensal hinzuweisen: gerade das ‚Prinzip der Notwendigkeit des Überflüssigen', die Möglichkeit überhaupt, das sogenannte Überflüssige zu wünschen, ist für Provensal ein zentrales Unterscheidungsmerkmal zwischen Mensch und Tier, eines der nobelsten Attribute des Menschen.
Dieser Wunsch nach dem scheinbar Überflüssigen steht in direktem Zusammenhang mit der inneren Weg-Thematik; der individuelle Weg, die individuelle Spur jedes Menschen unterscheidet sich gerade nach der Art der Wahl dieses scheinbar Überflüssigen vom Weg anderer Menschen.
Die Qualität dieses Wünschens, der getroffenen Wahl, macht die Qualität des Entwicklungsweges des einzelnen Menschen aus. Biographien oder Lebenswege unterscheiden sich nach der im Leben getroffenen Wahl bzw. Auswahl.
Das sich selbst überlassene Tier kenne dieses Überflüssige nicht, nach dem der Mensch fortwährend strebt, schreibt Provensal[27] und betont den ethisch-moralischen Aspekt dieser Wahl. Der Wunsch nach dem Überflüssigen drückt den nach einer erfüllteren Zukunft aus. Es gehört zu den wichtigsten Aufgaben der ‚Lehrer der Menschheit', wie Provensal die Architekten nennt, dieses Entwicklungspotential in die richtige Zielrichtung zu lenken.
An einer späteren Stelle seines Buches[28] kommt Provensal nochmals auf das Thema des Unnützen im Zusammenhang mit dem Schönen zu sprechen und erwähnt die Anschauung Immanuel Kants, der das Schöne als etwas von jeglichen utilitaristischen Interessen Losgelöstes sieht. Provensal schließt daraus, daß weder die Schönheit eines Werkes noch das ästhetische Urteil über ein Werk von seiner Nützlichkeit ableitbar sind. Die Schönheit ist dem Wesen nach unabhängig von der praktischen Brauchbarkeit. Sie offenbart sich durch das Ergriffensein des Menschen, oder, anders ausgedrückt: Die Brauchbarkeit eines Kunstwerks erschöpft sich nicht im Physischen, das Werk muß auch auf der psychischen und der geistigen Ebene wirksam sein. Diese umfassendere

Definition von Brauchbarkeit oder Nützlichkeit würde die ‚machine à émouvoir' miteinschließen.

Le Corbusier zeigt klar das Verhältnis zwischen technischem und spirituellem Standpunkt, unter denen Werke der Architektur betrachtet werden können. Diese Standpunkte schaffen keinen Widerspruch, sie bedingen einander, wie das verursachende Prinzip oder die Konzeption eines Werkes und das zu dessen Realisierung notwendige Material.[29]

Die Thematik des Weges, des Be-wegt-seins, wird zum Schlüsselbegriff des Verständnisses für Le Corbusiers Architektur. Die Weg-Gestaltung ist ein mehrfach nutzbares Instrument des architektonischen Entwurfs. Zugleich gibt sie uns das Mittel an die Hand, den Reichtum eines architektonischen Kunstwerks zu erschließen.

Sich mit Le Corbusier unter diesem Aspekt auseinanderzusetzen, gibt uns die Möglichkeit, uns der Vielfalt seines Werkes in kohärenter Weise zu nähern.

Der Mensch, der sich seiner existentiellen Wirklichkeit nicht verschließt, findet sich eines Tages, mit dem Erwachen des entsprechenden Bewußtseins, auf seinem Lebensweg, auch wenn für ihn der Ursprung des Weges und dessen Zukunft in der Dunkelheit verschwinden. Der Weg wird zum Symbol für eine mehrschichtige Wirklichkeit und zugleich zum Instrument, in Raum und Zeit, physisch wie metaphysisch, Erfahrungen zu sammeln.

In Le Corbusiers Werk spiegeln sich diese unterschiedlichen Wirklichkeitsebenen des Weges in seinen Schriften und in den unterschiedlichen Ansätzen, in denen der Weg entwurflich als Thema in Erscheinung tritt.

Die folgenden Abschnitte haben die Entfaltung dieses Reichtums zum Gegenstand. Wir werden am Beispiel der Villa La Roche sehen, wie dieses Thema ästhetisch eingesetzt wird, wie der Weg in den städtebaulichen Entwürfen für Südamerika und in der Mundaneums-Anlage als Mittel der kosmischen Reintegration und der Harmonisierung von Gegensätzen gebraucht und wie im Falle des Musée Mondial der Weg Erkenntnismittel und Abbild weltanschaulicher Ideen zugleich ist. Die Weggestaltung ist für Le Corbusier die Antwort auf die Forderung, *Architektur sei die Kunst, zu bewegen*. Diese Forderung müssen wir als eine übergeordnete, alle folgenden Ansprüche implizierende, betrachten; ihr Wortlaut gleicht einem Orakelspruch, der von denen, die ihn als Arbeitsinstrument benutzen möchten, erst auf die verschiedenen Aussageebenen gebracht werden muß. Die folgenden drei Ansätze zeigen, wie Le Corbusiers ‚Konzeption der Architektur als Kunst, zu bewegen' Lösungsmöglichkeiten zu drei grundsätzlichen Ansprüchen an die Architektur auf der Ebene des Entwurfs bietet:

Anforderung 1: Architektur als Kunstwerk
(Ästhetischer Ansatz)
Beispiel: Haus La Roche-Jeanneret (1923)

Anforderung 2: Architektur als Mittel zur Realisierung des Prinzips der kosmischen Integration
(Symbolischer Ansatz)
Beispiele: Südamerikanische Städtebauprojekte (1929) und Mundaneums-Anlage (1929)

Anforderung 3: Architektur als Erziehungsmittel
(Kulturpädagogischer Ansatz)
Beispiel: Musée Mondial (1929)

Wenn wir diese drei Ebenen unterscheiden, dann müssen wir uns bewußt sein, daß wir eine komplexe Ganzheit aufspalten – ein Unterfangen, das im Grunde immer unbefriedigend bleiben muß (denn das Ganze ist mehr als seine Teile). Es ist auch nicht so, daß die drei Teile inhaltlich tatsächlich voneinander zu trennen wären, denn die einzelnen Phänomene bedingen sich in Wirklichkeit gegenseitig.
Einzig um in seiner Vielschichtigkeit begreifbar zu werden, soll das Weg-Thema in dieser Untersuchung unter den drei (Optiken bzw.) Betrachtungsweisen zur Sprache kommen.
Um eine Vorstellung davon zu geben, wie wir uns die jeweilige Verlagerung der Optik vorzustellen haben, nehmen wir eine Konzeption der Sprachforschung zu Hilfe. Dieses Instrumentarium eignet sich insofern als Vorstellungshilfe für unsere Absicht, als das dort entwickelte Konzept der Plurifunktionalität sich auch auf das Gebiet der Architektur übertragen läßt.
Roman Jakobson[30] gibt ein Mittel an die Hand, um das Zusammenspiel der verschiedenen Funktionen der Sprache – wie beispielsweise der emotiven, der konativen, der referentiellen, der phatischen, der metasprachlichen, der poetischen, der kommunikativen und der konstitutiven – zu verstehen.
Diese unterschiedlichen Funktionen finden sich in nahezu jedem Text. Wir haben es also mit der Koexistenz aller dieser Funktionen in der Ganzheit der Sprache zu tun. Innerhalb dieser plurifunktionalen Auffassung von Sprache wurde im russischen Formalismus ein weiteres Instrument, die sogenannte Dominante, entwickelt. Sie wurde zum Schlüsselbegriff des Prager Strukturalismus.

Die Dominante[31] hilft, das gegenseitige Verhältnis der gleichzeitig anwesenden, teils einander dienenden, teils miteinander in Spannung stehenden Funktionen der Sprache zu identifizieren. Die Dominante regiert und transformiert alle andern Komponenten und garantiert so die Integrität des ganzen Werks. Sie trägt dazu bei, die interne Werthierarchie der beteiligten Funktionen zu sichten.
Das von Jakobson vorgeschlagene Modell bietet zugleich eine Vorstellungshilfe für die Betrachtung von Architektur. Auch die Architektur hat mehrere Funktionen gleichzeitig zu erfüllen. Die in einem architektonischen Werk zugleich anwesenden Funktionen stehen ebenfalls in einem spezifischen Wechselverhältnis zueinander. Der Begriff der Dominante erlaubt uns auch in der Architektur, die interne Werthierarchie der beteiligten Funktionen eines Werks festzustellen.

Mithilfe unseres differenzierenden Gerüstes wollen wir unser Hauptaugenmerk auf drei Fälle richten, in denen die Gestaltung der Wegthematik einer jeweils wechselnden dominanten Funktion innerhalb der Werthierarchie zur Wirkung verhilft. Die Trennung soll uns ermöglichen, den durch die jeweils gewählte Optik der Betrachtung ausgeleuchteten Aspekt der Ganzheit zu sehen. Das Festlegen dieser Betrachtungsstandpunkte gleicht gewissermaßen einer jeweils bewußt gewählten Einschränkung der Wahrnehmung, die wir vorübergehend in Kauf zu nehmen bereit sind, um das Potential des künstlerischen Objekts in dieser Richtung zu enthüllen.
Erst dieses Wechselspiel in der Wahrnehmungseinstellung, die Verlagerung unserer Aufmerksamkeit vom Ganzen zum Teil und von den einzelnen Aspekten zurück zur Gesamtschau, bringt den Reichtum und die Fülle eines Werkes zur Entfaltung.
Der Prozeß der Wahrnehmung wird dadurch verlangsamt und intensiviert zugleich, oder, wie Umberto Eco in seinem Buch *Einführung in die Semiotik*[32] es ausdrückt: Der Prozeß der Wahrnehmung unterliegt einer erhöhten Schwierigkeit und Dauer.
Dieses Prinzip der verlangsamten Wahrnehmung ist für den Umgang mit Kunstwerken charakteristisch. Im Gegensatz dazu sind bei der Wahrnehmung von Nicht-Kunstwerken die Voraussetzungen für diese erschwerte Form der Wahrnehmung nicht gegeben. Der Inhalt der Botschaft ist eindeutig, im Gegensatz zur Mehrdeutigkeit der künstlerischen Botschaft. Es gibt keine ‚Fülle' zu entfalten. Ein Blick genügt.
Bei einem Kunstwerk genügt dieser eine Blick nicht. Mit Eco gleicht das Kunstwerk einer ‚opera aperta', einem – gleichwohl nicht beliebig – offe-

nen, zugleich mehrdeutigen und komplexen Gefüge, das, wenn es ausgeschöpft werden soll, vom Betrachter ‚seine Zeit' fordert. Jede Erkenntnis in bezug auf das Werk ist eine Teil-Erkenntnis, die als Bindeglied einer Erkenntniskette zur nächsten Teil-Erkenntnis führt. Die Wahrnehmung des Werkes gestaltet sich wie eine Kettenreaktion. Sowie die Spielregeln erscheinen, ist das Spiel gewonnen und man begreift, daß sich hinter der „glatten und schroffen Kiste", wie Le Corbusier sich ausdrückt, unendliche Wahrnehmungsmöglichkeiten finden.[33]

2 Architektur als Kunstwerk (Der ästhetische Ansatz)

Der Weg als Ausdruck,
zugleich als Forderung eines Sensibilisierungsprozesses:
die Villa La Roche-Jeanneret, Paris 1923

„... *weil die verschiedenen Wirkungen des Bauwerks – die Sinfonie, die erklingt – nur in dem Maße greifbar werden, wie uns unsere Schritte hindurchtragen, wie sie uns hinstellen, uns weiterführen und unsern Blicken die Weite der Mauern und Perspektiven darbieten, das Erwartete oder das Unerwartete hinter den Türen, die das Geheimnis neuer Räume preisgeben, das Spiel der Schatten, der Halbschatten oder des Lichts, das die Sonne durch Fenster und Türen wirft. Jeder einzelne Schritt bietet dem Auge ein neues Klangelement der architektonischen Komposition, sei es den Ausblick auf die bebauten oder grünen Fernen oder die Ansicht der anmutig geordneten nahen Umgebung. Die Qualität des inneren Kreislaufes wird die biologische Kraft eines Bauwerks sein, die innere Anordnung ist abhängig von der Zweckbestimmung des Gebäudes. Gute Architektur wird >durchwandert, durchschritten<, innen wie außen.- Das ist lebendige Architektur. Schlechte Architektur ist um einen festgesetzten Punkt herum erstarrt, ist irreal, blind, dem menschlichen Gesetz fremd.*"[1]

Als Untersuchungsobjekt dient uns Le Corbusiers Haus La Roche-Jeanneret, Paris 1923.
Das künstlerische Werk offenbart sich durch die Dominanz der ästhetischen Funktion[2], ohne die anderen Funktionen auszuschließen. Diese Definition Jakobsons erlaubt uns, künstlerische von nicht künstlerischen Gegenständen zu unterscheiden. Die ästhetische Funktion bewirkt, daß ein Objekt, daß Formen und ihre gegenseitigen Beziehungen primär auf sich selbst verweisen (also autoreflexiv sind) und nicht als bloße Repräsentanten praktischer Funktionen wahrgenommen werden. Die Formen und ihre wechselseitigen Bezüge sollen die Aufmerksamkeit der Benutzer bzw. Betrachter auf sich selbst, auf ihre wechselseitigen Einflüsse und auf ihre Bedeutung hinlenken. Man könnte diesen Sachverhalt auch so ausdrücken: Um die verschiedenen Etagen

der Villa La Roche zu erreichen, würde eine einfache Treppe durchaus genügen. Um aber die Benutzer dieser Villa in einen engagierten Wahrnehmungsprozeß zu verwickeln, um sie den ganzen Reichtum der architektonischen Konzeption des Hauses spüren zu lassen, um das architektonische Projekt in der Fülle seiner Wahrnehmungsmöglichkeiten zu präsentieren, führt Le Corbusier die ‚promenade architecturale' mit dem Element der Rampe ein, über die das vielfältige Geschehen erschlossen werden kann.

„Kunstarchitektur unterscheidet sich von bloßer Gebrauchsarchitektur dadurch, daß die praktische Funktion der einzelnen Räume und Möbel sekundär wird und primär dazu dient, den Raum zeichenhaft zu gestalten, indem es den Blick und den Gang der Besucher entsprechend lenkt."[3]
So Elmar Holenstein, der zusammen mit Tarcisius Schelbert das genannte Buch von Jakobson herausgegeben hat und sich im Einführungsaufsatz mit der Möglichkeit der Übertragung des angebotenen Instrumentariums auf das Gebiet der Architektur befaßt.
Die Frage „Doch wozu dies alles? Weshalb ist es nötig, darauf hinzuweisen, daß das Zeichen nicht mit dem bezeichneten Gegenstand verschmilzt?"[4] beantwortet Jakobson ähnlich wie Le Corbusier (der immer wieder darauf hingewiesen hat, daß die Kunst nicht nur zu dienen habe, sondern die Menschen auch anleiten soll, sehen zu lernen): „Deshalb, weil neben dem unmittelbaren Bewußtsein der Identität von Zeichen und Gegenstand (...) auch das unmittelbare Bewußtsein der unvollkommenen Identität (...) notwendig ist; diese Antinomie ist unabdingbar, denn ohne Widerspruch gibt es keine Bewegung der Begriffe, keine Bewegung der Zeichen, die Beziehung zwischen Begriff und Zeichen wird automatisiert, das Geschehen kommt zum Stillstand, das Realitätsbewußtsein stirbt ab."[5]
Wir sehen uns hier der Forderung gegenüber, die den Widerspruch zwischen Zeichen und Bezeichnetem als künstlerisches Mittel begreift, um eine Bewegung sowohl auf der Seite der Zeichen und des Bezeichneten als auch auf derjenigen der Betrachter bzw. Benutzer des Kunstwerkes zu erzeugen. Durch das Mittel der Verfremdung soll das Realitätsbewußtsein geschärft werden. Wir finden hier dem Künstlerischen gegenüber dieselbe Grundhaltung wie bei Le Corbusier. Das künstlerische Werk hat die Aufgabe, den Menschen (im weitesten Sinne des Wortes) zu bewegen, Erschütterungen im Wahrnehmungsakt hervorzurufen und den Betrachter durch Regelbrüche auf die Regeln zu verweisen. Ohne diese bewegungsauslösenden Momente gibt es keine Entwicklung – das Sterben (sowohl des Werkes als auch der Wahrnehmung der Betrachter) beginnt. Die Automatisierung der Wahrnehmung und des Umgangs mit Werken deutet auf deren ‚Leere'.

Für Le Corbusier ist die ‚promenade architecturale' das Mittel, um das künstlerische Prinzip der Des-Automatisierung in den Wahrnehmungs- und Erlebensprozeß einzuführen.

So erzeugt das künstlerische Objekt je nach Wahrnehmungsstandpunkt eine bestimmte Erwartungshaltung beim Betrachter (= hervorstechendste Lesearten des Objekts), die aber durch die ästhetischen Botschaften des Werkes (= weitere Lesearten des Objekts, die erst auf den ‚zweiten' Blick, d. h. erst nach längerer oder intensiverer Auseinandersetzung mit dem Werk zutage treten) gestört wird.

Roman Ingarden[6] sagt in *Prinzipien einer erkenntnistheoretischen Betrachtung der ästhetischen Erfahrung,* die eine „Konkretisierung des ästhetischen Gegenstandes", unter dem das Kunstwerk zur Erscheinung gelangt, sei vom Kunstwerk selber, von seinem künstlerischen Gesamtpotential zu unterscheiden. Dieses ‚selber' erlaubt den „Vollzug mehrerer ästhetischer Erlebnisse, die aufgrund eines und desselben Kunstwerkes zu verschiedenen ästhetischen Gegenständen führen". Ingarden bezieht in seiner Ästhetik die Betrachter in analoger Weise in den „Umgang mit (Kunst-)Werken" ein, wie C. G. Jung in seiner Psychologie oder Le Corbusier und Provensal in ihren Feststellungen. Die Reichheit und die Fülle, die sich aus der Auseinandersetzung mit Kunstwerken ergeben, hängen nicht nur, aber zu einem signifikanten Teil, vom schöpferisch-kulturellen Potential der Betrachtenden selber ab. Es treffen sich hier die Auffassungen aus Ästhetik, Psychologie, Philosophie und moderner Physik. Die über einen Gegenstand gemachten Aussagen stellen nicht nur den Gegenstand, sondern auch die Aussagenden in ein spezielles Licht.

Um an unser Beispiel anzuschließen: Erst das Abschreiten der ‚promenade architecturale', die Weg-Begehung, ermöglicht die Summe mehrerer Lesearten des Objekts. Das Spannungsverhältnis, das die Mischung zwischen Bekanntem und Unbekanntem erzeugt, führt Betrachter oder Benutzer zu einer intensiveren Form der Auseinandersetzung. Prinzipiell kann es sich bei dem Objekt um ein Werk der Musik, der Malerei, der Architektur, der Dichtkunst usw. handeln. Jede dieser Künste hat ihre eigenen Mittel, diese Verfremdungseffekte herbeizuführen. Das dadurch entstehende Phänomen werden wir das *Prinzip der verlangsamten Wahrnehmung* nennen.

Die Gestaltung der ‚promenade architecturale' wird im Haus La Roche-Jeanneret als Mittel zur Realisierung des ‚Prinzips der verlangsamten Wahrnehmung' eingesetzt. Sie ist, wie der Besucher selbst nachprüfen kann, zugleich Ausdruck und Forderung eines Sensibilisierungsprozesses.

Die Beziehung der ‚promenade architecturale' zu einem erweiterten Außenraum fehlt leider bei diesem Beispiel weitgehend, da das Haus auf einem eng

begrenzten Grundstück steht. In anderen Fällen, wie beispielsweise beim Palast des Baumwollindustrieverbandes in Ahmedabad, spielt dieser Aspekt eine hervorragende Rolle.
Bei der Beschreibung der ‚promenade architecturale' in der Villa La Roche halten wir uns an ein Vorgehen, das Le Corbusier uns an die Hand gibt. Entsprechend seinen Ausführungen über die Grüne Moschee in Broussa werden wir den Weg abschreiten, mit unseren zwei Augen auf ca. 1,60 m über dem Boden. Wir werden versuchen, die den Augen und den übrigen Sinnen mit jedem Schritt vorgeführten ‚Klangelemente der architektonischen Komposition' zu sehen und zu beschreiben, zu beobachten, wie unsere Schritte uns hindurchtragen, wie sie uns hinstellen, uns weiterführen und unseren Blicken immer neue Perspektiven, erwartete und unerwartete Sequenzen bieten, Geheimnis um Geheimnis der architektonischen Räume und ihrer Beziehungen preisgeben.
Sucht man die Villa La Roche am Square du Docteur Blanche Nr. 8 in Paris, so braucht man schon beinahe detektivische Fähigkeiten. Nichts von einer großen architektonischen ‚Anlaufgeste' wie beispielsweise bei der Villa Savoye, keine großangelegte Wegführung.
Versteckt am Ende einer kleinen Pariser Sackgasse, von der Straße aus nicht sichtbar, liegt verborgen hinter Grün und Gartenhecken die heutige Fondation Le Corbusier.
Frontal und seitlich den kleinen Platz am Ende der Sackgasse umfassend, hat das Doppelhaus im Grundriß eine L-Form. Betrachtet man die Eingangsseite des Hauses, so sticht sofort die Widersprüchlichkeit in der Erscheinung der Hauseingangselemente ins Auge: Einerseits erscheinen sie karg gestaltet, bescheiden, ohne große plastische Gebärden, andererseits ziehen sie durch ihre kontrastierende Maßstäblichkeit (große Garagentore unmittelbar neben besonders kleinen Dienstboteneingängen) dennoch den Blick auf sich. Das im Umgang mit Maßstabskonventionen erfahrene Auge ist durch das unvermittelte Nebeneinander irritiert.
Im ersten Moment ist man verwirrt und unentschieden, welchen Eingang zum Haus man wählen soll oder muß. Mehrere mögliche Eingangssituationen konkurrieren miteinander, keine besonders einladend. Als Doppelhaus zeigt es alle Eingänge in doppelter Ausführung vor: die beiden Garagentore, vom Maßstab her sofort ins Auge springend, gleich daneben die beiden Dienstboteneingänge mit den kleinen Vordächern, ein erster Hinweis auf den sozialen Status der Bewohner, dann die beiden, an den Rand der durch den Fassadenaufbau angedeuteten Symmetrieachse gerückten Haupteingänge, von denen man auf den ersten Blick nur den einen sieht. Der Eingang, durch

Die ‚promenade architecturale'

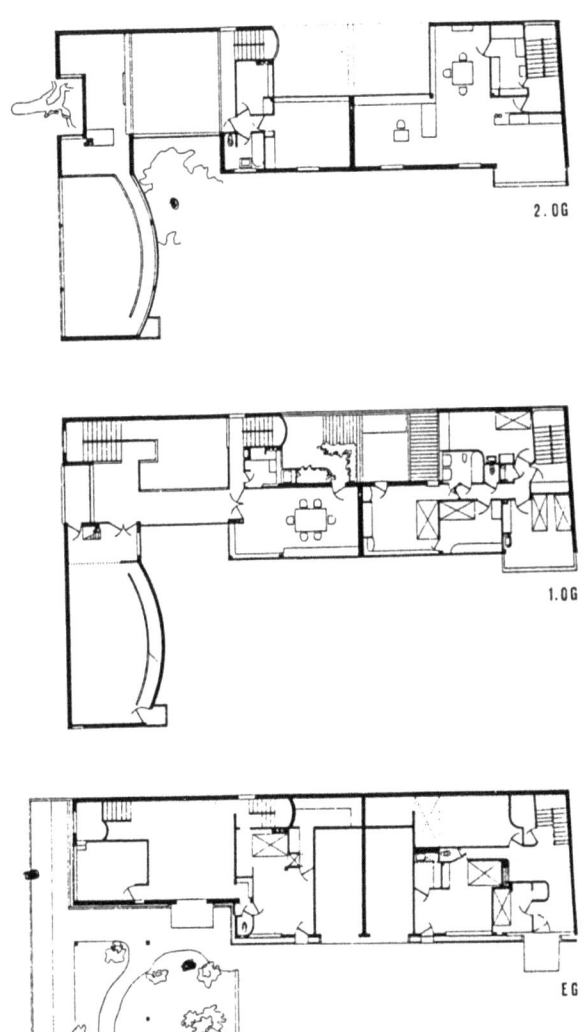

1–3 Le Corbusier, Maison La Roche-Jeanneret, Paris 1923, Grundrisse

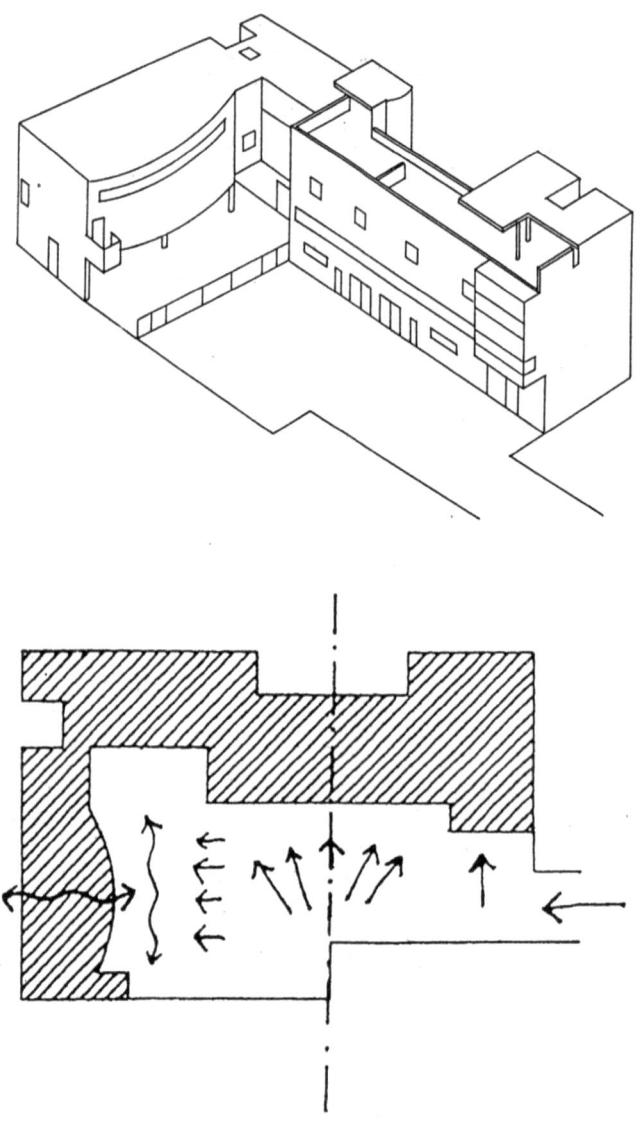

4, 5 Le Corbusier, Maison La Roche-Jeanneret, Paris 1923, Axonometrie und Ankunft

seine spiegelbildlich zum Eingang des Jeanneret-Hauses angeordnete Lage einerseits die Symmetrie des Gesamtkomplexes betonend, ist andererseits Indiz für das ‚Spiel mit der gestörten Symmetrie'. Er liegt, vorerst getrennt durch einen Garten, der als Schwelle zu einem nicht der oben beschriebenen Symmetrieordnung sich unterwerfenden Gebäudeteil gelesen werden kann, versteckt in einem zurückspringenden Gebäudeteil. Dieser zurückversetzte Teil vollendet einerseits die Symmetrie und zerstört sie gleichzeitig, da er zugleich zu dem die Ordnung sprengenden, rechtwinklig gebogenen Galeriebereich überleitet.

Als Ganzes betrachtet, könnte man diesen Platz vor dem Haus als einen ersten gewaltigen Weg-Stop betrachten. Gefangen oder aufgehalten von zwei rechtwinklig zueinander stehenden, die Besucher zweiseitig umfassenden, von den Dimensionen her imposant wirkenden weißen Wänden, werden die Ankommenden am Ende des kleinen Zugangsweges abrupt gebremst. Erstaunt hält man inne, betrachtet die zwei extrem flach erscheinenden, von einer Reihe schwarz wirkender Löcher, die einer nicht sofort ins Auge springenden Ordnung zu gehorchen scheinen, belebten und durchdrungenen weißen Wände. Die Wand an der Stirnseite des Platzes folgt in ihrer Grundrißform einem konvexen Bogen, der sich gegen die Ankommenden wölbt und, trotz der abweisenden Geste, zugleich bewegungsführende Funktion hat. Sie leitet die Besucher auf den versteckten Eingang des Hauses La Roche zu. Oben und unten wird dieser geschwungene Gebäudeteil, der im Innern den Galeriebereich aufnimmt, von dunklen Zonen beinahe entmaterialisiert: oben durch ein Fensterband, im Erdgeschoß durch die Einbeziehung des nur durch die dünnen ‚pilotis' und zwei Wandelemente unterbrochenen Außenraumes. Die Besucher erleben durch diese Art der Gestaltung einerseits die Präsenz des weißen Baukörpers, der zu schweben scheint und eine Umlenkung des Weges anzeigt, andererseits den durch den Baukörper getrennten Außenraumbereich. Eine erste Umsetzung des Spiels der Bauteile mit gegensätzlichen Anspielungen: in den Weg gestellte, überdimensionale weiße Wände, die den Besucher abweisen und gefangennehmen, aber auch – durch ihre Form oder ihre Öffnungen – auf das jenseits der Wände sich Abspielende verweisen. Sie bremsen – und laden zugleich zum Weitergehen ein.

Hat man den Platz vor dem Haus verlassen und den als Schwelle ausgebildeten, dem gebauchten Galeriebereich vorgelagerten und dadurch eine Außenraumzone erhöhter Intimität abgrenzenden Garten durchschritten, so begibt man sich, geführt von der sanften Wölbung des erhöhten weißen Körpers, zur Eingangstür des Hauses La Roche.

Erneut wird man aufgehalten. Eine dritte, wiederum überdimensional wirkende weiße Wand, einem Bild gleich, empfängt die Ankommenden. Beeindruckt von der Einfachheit der Gliederung der weißen Fläche und der intensiven Wirkung, die sie ausübt, ist man zugleich über die ungleiche Größe der beiden dunklen Öffnungen erstaunt: eine in der Mittelachse liegende, ohne jeden Schmuck versehene, einer schwarz gemalten Fläche gleichende Eingangstür, darüber ein riesiges, querformatiges Fenster, das, verglichen mit der Größe der Tür, geschoßhoch sein muß. Schwarz gerahmt wie die Tür und mit schwarzen Sprossen gegliedert, wird es vom letzten Drittel der gesamten Gebäudehöhe überragt, das in reinem Weiß gehalten ist – insgesamt eine ungewöhnliche Verteilung der Hell-Dunkel-Anteile der Gesamtfläche und eine Provokation für das ‚eingerostete' Auge. Die Tür erscheint bei dieser Gestaltung der Fläche wie eine unbedeutende Angelegenheit.

Man betritt die Eingangshalle durch eine im Vergleich zu den bisherigen architektonischen Elementen auffallend kleine Öffnung, der eine besondere Aufgabe zukommt. Sie soll die Ankommenden vom Maßstabsbereich des Außenraumes in den anders gearteten des Innenraumes hinüberleiten. Die kleine Öffnung ist als Engpaß gedacht, als ‚Nadelöhr', das die Würde der jenseits der Tür liegenden Räume einleitet. Diese Wirkung des vorübergehenden Engpasses wird noch durch eine niedrigere, eingeschossige Zone verstärkt, die durch die direkt der Außenfassade entlanglaufende Passerelle in der Eingangshalle gebildet wird.

Und tatsächlich, hat man erstmals die räumlich verengte Eingangszone passiert, so ist man von der neuen Dimension der Eingangshalle und deren optischer Erscheinung überwältigt. Die Rückwand ist strahlend weiß, die Seitendurchgänge sind farbig und dunkel.

Wie gebannt steht man im Raum und vergißt zunächst einmal weiterzugehen. Wären die Spuren der an diesem Ort vollzogenen Bewegungen am Boden sichtbar, so hinterließen sie wahrscheinlich ein wirres Durcheinander kreisender Abläufe. Man ist gezwungen, sich nach allen Seiten umzudrehen, um die Vielfalt der neuen räumlichen Situation Schritt für Schritt wahrzunehmen.

Waren die Besucher auf dem zuvor beschriebenen Platz des Außenraumes von zwei rechtwinklig zueinander stehenden weißen Wänden umrahmt, so hat nun im Inneren der Grad der Raumdefinition zugenommen. Allseitig wird man von dreigeschossigen, weißen Wänden, wie wir sie vom Außenraumbereich her kennen, umfaßt. Man weiß zwar, daß man gerade erst eine

6–9 Le Corbusier, Maison La Roche-Jeanneret, Paris 1923, Bildelemente des Wegverlaufs und Eingangshalle (unten)

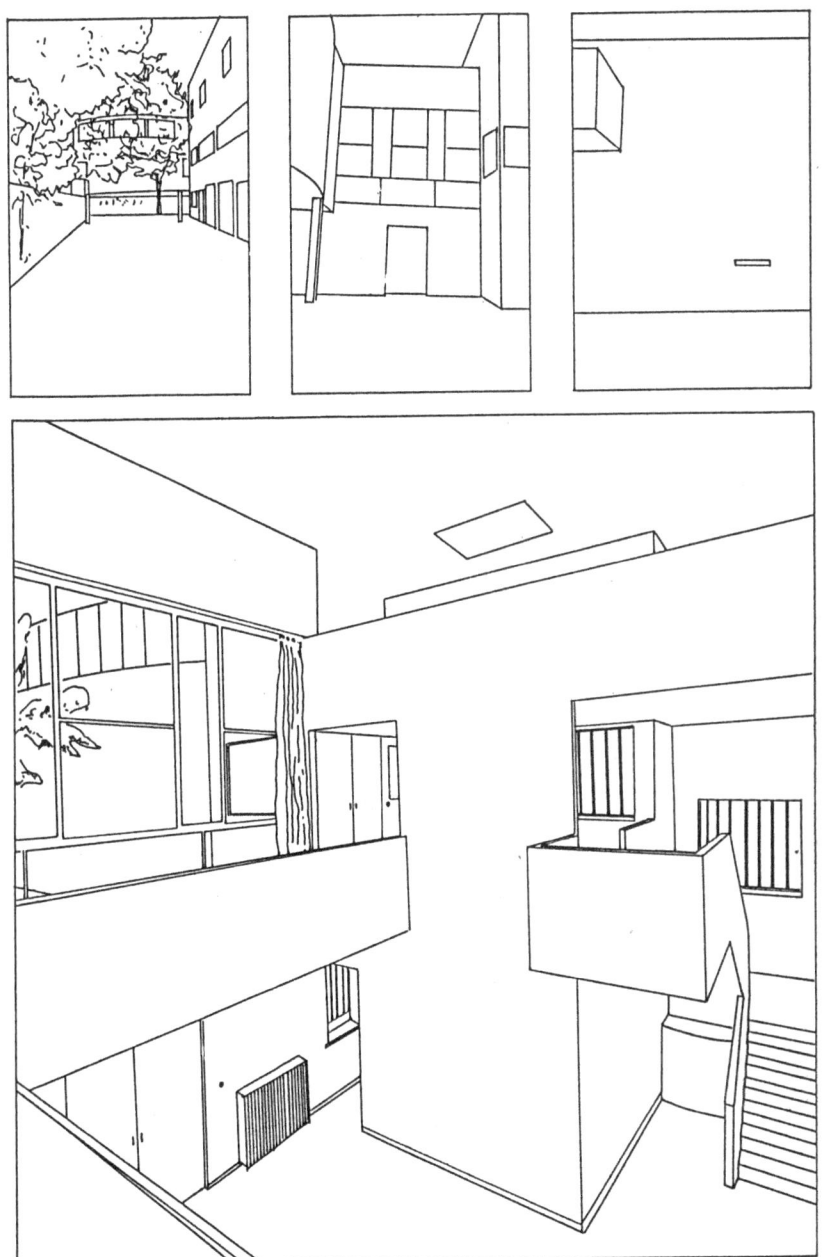

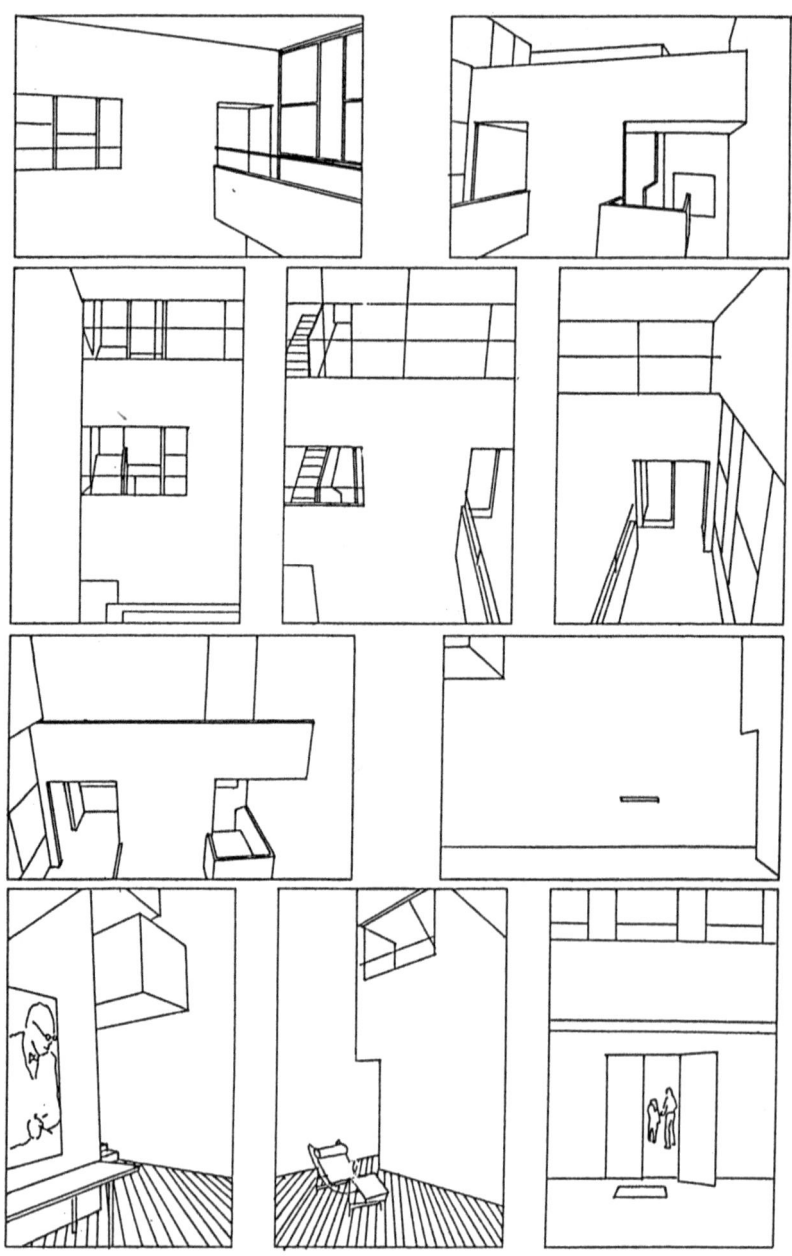

Tür durchschritten hat und sich in einem Innenraum befindet – und dennoch ruft dieser Ort Assoziationen an einen Außenraum wach. Man bemerkt einen kleinen Balkon, der aus der einen seitlichen Wand zur Halle hin sich ausstülpt, und schaut unwillkürlich nochmals zurück, geht noch einmal durch die Eingangstür in den Garten, um sich zu vergewissern, daß sich in der geschwungenen Außenwand wirklich ein Pendant zu diesem Innenraumbalkon findet. Die Idee, daß sich der Innenraum in gewisser Weise als Fortsetzung des eben durchschrittenen Außenraumes verstehen läßt, sieht sich bestätigt. Dieses Doppelspiel von Innen- und Außenraum verstärkt sich noch durch die Beschaffenheit und die Gestaltung der Innenraumwände. Neben dem schon erwähnten Weiß, das die Kontinuität des Außenraums in den Innenraum zeigt, fällt der Fassadencharakter der Innenraumwände ins Auge. Die Erinnerung an einen mittelalterlichen Platz taucht auf; man fühlt sich auf einem relativ eng begrenzten Platz, umgeben von seitlichen Fassaden, deren Wandöffnungen, teils vor-, teils zurückspringend oder verbunden durch eine den Platz überquerende Passerelle, die Besucher unmerklich dazu verführen, Mutmaßungen über den weiteren möglichen Verlauf der Wege anzustellen, über die möglichen räumlichen Beziehungen der zum Teil versteckten, zum Teil angedeuteten Räume hinter den Wänden.

Diese von sorgfältig eingefügten Öffnungen ‚durchbrochenen' Wände, die im Prinzip als dreigeschossige, durchgehende Elemente zu lesen sind, sind in ihrer Doppelfunktion als Trenn- und Verbindungselemente von einander zugeordneten Räumen ein ausgezeichnetes Mittel, die Besucher in eine aktive Auseinandersetzung mit den architektonischen Gegebenheiten zu verwickeln. Sie vermögen, die reichhaltigsten Vorstellungen über mögliche Ereignisse zu erzeugen, wie sie ihnen auf dem weiteren Weg begegnen könnten. Nach einer ersten Orientierung verspürt man das Bedürfnis, eine Wertung, einen Vergleich der die Eingangshalle umfassenden Wände vorzunehmen. Die zum Eingang frontal gestellte Wand steht außer Konkurrenz, sie ist einzigartig. Über drei Etagen verlaufend, ohne Störung oder Unterbrechung, in reinstem Weiß, mit nur einem kleinen Tableau versehen, das zur Aufnahme einer Skulptur dienen könnte, bildet sie ein weiteres Exemplar in der Serie der die Besucher auf ihrer ‚promenade' abrupt festhaltenden und umleitenden Wände dar. Als beinahe Ehrfurcht einflößendes Vis-à-vis stellt sie sich unvermittelt in den Weg und gibt ihm eine andere Richtung. Die Tatsache, daß sie von den drei restlichen Wänden Licht erhält, verleiht ihr eine trotz ihrer

10–19 Le Corbusier, Maison La Roche-Jeanneret, Paris 1923, Eingangshalle

Kargheit spürbare Dominanz. Trotz ihrer Stummheit überzeugt ihre Präsenz. Insbesondere die Rückwand mit ihrem geschoßhohen Nordfenster scheint in einem besonderen Dialog mit ihr zu stehen. Die beiden seitlichen Lichteinfälle am Ende der Halle deuten zugleich die nach den beiden Seiten weiterführenden Wege an. Sie kommen von den beiden seitlich angrenzenden Treppenhäusern.

Von der Halle aus gesehen hat man den Eindruck, daß der nach links führende Weg der bedeutendere sei. Wenn man herauszufinden versucht, wie dieser Eindruck zustande kommt, dann fällt sofort der klarere Bezug des hinter der Wand sich befindenden linken Hausteils zur dreigeschossigen Halle auf: die größeren und in den Dimensionen differenzierteren Öffnungen, die direkteren Beziehungen. Bei der Wegabzweigung gibt es einen zweigeschossigen räumlichen Bereich, der durch das sich in ihm befindende Balkonelement eine mehrdeutige und reichere Beziehung zur Halle entwickelt. Der in den Raum ragende Balkon verleiht als ‚Aussichtspunkt' den dahinterliegenden Räumlichkeiten ein besonderes Gewicht. Er verweist auf einen besonderen Dialog der durch ihn sich verbindenden Räume. Das Licht drängt von dieser Seite stärker in den Bereich der Halle, da ihm mehr Durchlaß gewährt wird.

Der nach rechts führende Weg scheint nicht mehr nach denselben Mitteln der Verbindung zu rufen. Die Wand ist weniger auffällig perforiert, flächig, eher karg. Es gibt kein skulptural ausgebildetes architektonisches Element, das in den Hallenbereich ragt. Die an sich schon kleineren Öffnungen sind zusätzlich mit einem Gitterwerk versehen, das, obwohl als dünne Stäbe und dunkel ausgebildet, dennoch eine Gitterwirkung hervorruft und den jenseits der Wand liegenden Bereich als weniger wichtig bezeichnet.

Von der Halle aus betrachtet, gewinnt man den Eindruck, daß man sich mit dem Verlassen der Halle in intimere Bereiche des Hauses begibt, daß man gleichsam von außen nach innen geht. Diese Idee wird durch die Entdeckung unterstützt, daß auf den ‚Hinterseiten' der Hallenfassaden die Räume Farben aufweisen; man wendet sich ab vom nach außen gezeigten anonymen weißen Gesicht und tritt ein in die Intimität der farbigen Räume.

Assoziation zur Eingangshalle: ‚Une maison – un palais'[7]

„Das Empfangszeremoniell war schon immer und ist heute noch ein wesentlicher Bestandteil der Courtoisie unter Herrschenden und die Treppe sein reizvollster Schauplatz (...). Empfing man einen Gast oben stehend? Kam man ihm einige Stufen entgegen? Begrüßte man ihn gar unten und stieg mit ihm gemeinsam in die Beletage? Oder blieb man im Kabinett und ließ ihn die Treppe hinauf und durch eine Folge immer prächtiger werdender Räume gehen, um ihn dann, eingeschüchtert, im schönsten von allen huldvoll zu empfangen? (...) Andernorts (als in Versailles; d. Verf.) mochte die Empfangszeremonie mehr dem Gepränge dienen als der Erhöhung oder Erniedrigung eines Menschen."[8]

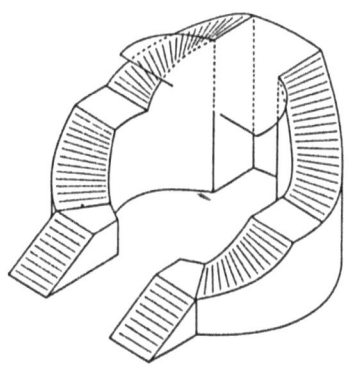

20 Schloß Bruchsal, Treppenskizze

21 Le Corbusier, Maison La Roche-Jeanneret, Paris 1923, Analogie der Hallengestaltung

Der weitere Wegverlauf nach links: zum Galerie- und Bibliotheksbereich

In der Tat stellen sich nach einiger Zeit des Verweilens in dieser Empfangshalle Erinnerungen an barocke Eingangshallen ein, nicht etwa primär durch das Weiß der Wände und deren Dimensionen hervorgerufenen Größenwirkungen wegen oder gar durch das Fehlen der Prunktreppen, sondern weil man das Gefühl nicht los wird, beobachtet zu werden. Die durch die Öffnungen der Wände und durch das unterschiedlich stark einfallende Licht in verschiedenen Hell-Dunkel-Valeurs in Erscheinung tretenden Verbindungen zu verborgenen Räumen erzeugen beim Besucher eine gewisse Befangenheit. Im Gegensatz zu einer barocken Anlage, wo die ganze Pracht des architektonischen Schauspiels sich vor den Augen der Besucher entfaltet, begegnet ihnen hier im ersten Moment nur eine abweisende, strahlend weiße Wand. Sie fühlen sich verunsichert und suchen nach weiteren räumlichen Bezügen, die sich ihnen erst durch die Bewegung im Raum erschließen. Die architektonische Pracht enthüllt sich in der Eingangshalle der Villa La Roche eher zu

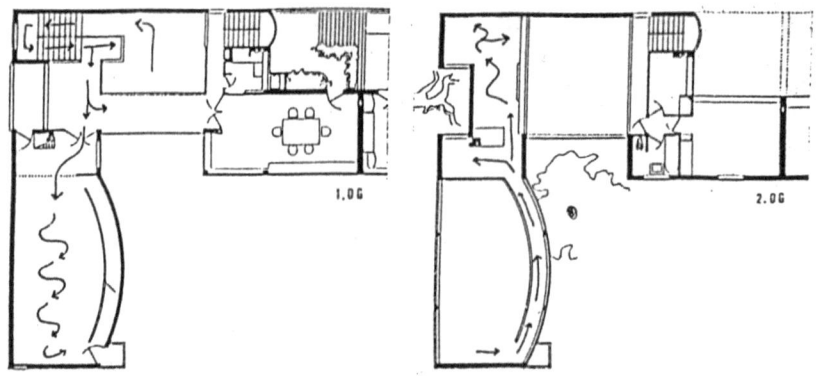

22, 23 Le Corbusier, Maison La Roche-Jeanneret, Paris 1923, Grundrisse

den beiden Seiten und im Rücken der Ankommenden, die Übersicht stellt sich nicht unmittelbar ein. Haben die Besucher sich erstmals im Raum gewendet, so bemerken sie die seitlichen Galerien und die im Rücken der Eintretenden sich befindende Passerelle. Die für den Kontakt zu den Bewohnern entscheidenden architektonischen Elemente befinden sich also hinter den Angekommenen oder seitlich von ihnen. In ihrem Rücken bemerken sie nun auch die riesige Lichtquelle, die der sie empfangenden Wand ihren hellen Glanz verleiht. Unwillkürlich fühlt man sich an die Bemerkung über die Taktik der Verunsicherung der Ankommenden erinnert.
Könnte man von der barocken Ankunftssituation in bezug auf die Ankommenden sagen, daß sie dreiseitig von vorne mit zu Treppen ausgebildeten ‚offenen Armen' in Empfang genommen werden, so müßte man bei Le Corbusiers Villa gerade umgekehrt sagen, daß die Angekommenen durch eine blanke Wand angehalten werden, um dann zu bemerken, daß sie rückwärtig dreiseitig von Galerien und Aussichtspunkten umgeben sind. Die typischen Schautreppen der Barockanlage haben sich in der Villa La Roche in versteckte, geheime Treppen verwandelt. Sie sind aus der Halle verbannt und hinter die den Platz bildenden Fassaden verlegt. Die in den hinteren seitlichen Bereich verlegten Treppen, die im ersten Moment gar nicht wahrzunehmen sind, machen die von der Halle aus zu bemerkenden angedeuteten Räume um so geheimnisvoller. Offensichtlich lassen sich bestimmte Elemente der Herrschaftsarchitektur von Villen und Palästen, wenn auch in abgewandelter Form, in der Gestaltung der Eingangshalle der Villa La Roche wiederfinden. Die Halle kann als ‚ausgezeichneter' Ort, als besonderes Ereignis der ‚promenade architecturale' bezeichnet werden, zu dessen Erlebbarkeit architektoni-

sche Vorbereitungen, spezielle Inszenierungshilfen und ein auf den weiteren Wegverlauf hinweisendes Spannungspotential mobilisiert werden. Ein Wegstopp, der die Besucher innehalten läßt und sie für das Kommende sensibilisiert.

Für beide vom hinteren Ende der Eingangshalle wegführenden Wege übernimmt die weiße Frontwand bewegungsführende Funktion; beide weiterführenden Wege gleiten an ihr entlang und werden von ihr umgelenkt.

Folgen wir dem linken Weg, der hinter dem skulptural vorspringenden Balkon weiterführt, so werden wir in eine zweigeschossige Nische geführt, die durch ein massives Balkongeländer zusätzlich eine Verengung erfährt. Am Ende des ersten Treppenlaufes wird der Weg einerseits durch eine Fensteröffnung optisch in den Grünraum verlängert, andererseits auf einem engen Podest angehalten und um 180 Grad gedreht. Der Bezug nach draußen wird von einem erneuten Bezug nach innen abgelöst. Dem Einatmen folgt das Ausatmen. Die vollzogene Kehrtwendung führt die Besucher zu dem schon von der Halle aus entdeckten, aus der Wand ragenden Balkon. Auf dem Aussichtspunkt, der die gestalterischen Qualitäten der gegenüberliegenden Fassade und der an der Außenwand entlanglaufenden Passerelle in einem veränderten Blickwinkel erscheinen läßt, endet der eine Weg. Geschützt durch die bis zum Balkon weitergeführte massive Geländerbrüstung, erleben die Betrachter eine neue Inszenierung der Halle. Ihre Dimensionen erscheinen in anderer Art. Die Besucher haben jetzt den Eindruck, von einem Innenraum in einen Außenraum zu schauen. Die Differenzierung nach unterschiedlichen Graden von Intimität der Innenräume wird ihnen zum bewußten Erlebnis. Die hinter der gegenüberliegenden Wand liegenden räumlichen Verhältnisse lassen schon etwas klarere Vermutungen zu. Die Passerelle als einzige Verbindung zum Gegenüber läßt sich sozusagen im Überblick betrachten. Die Exponiertheit des früheren Wegabschnittes hat einer Geborgenheit Platz gemacht. Trotzdem ist diese auf die Dimensionen eines einzelnen Menschen abgestimmte Balkonzone kein Platz zum Bleiben. Nach der unwiderstehlichen Anziehungskraft, die von diesem ‚Ausguck' ausgeht, wendet man sich der erweiterten räumlichen Situation zu. Der Raum, in dem man sich befindet, macht einen zwiespältigen Eindruck; eine präzise Charakterisierung macht Schwierigkeiten. Man ist unentschlossen, ob man ihn als Aufenthalts- oder Durchgangsraum bezeichnen soll. Links, gegen die Halle, ist er ein Stück weit ganz geschlossen, zur rechten gibt es ein breites Fenster. Von ihm aus führen zwei Wege weiter: Der eine – die schon mehrmals genannte Passerelle – führt auf die andere Seite der Halle zu den privaten Wohnbereichen. Sie wird

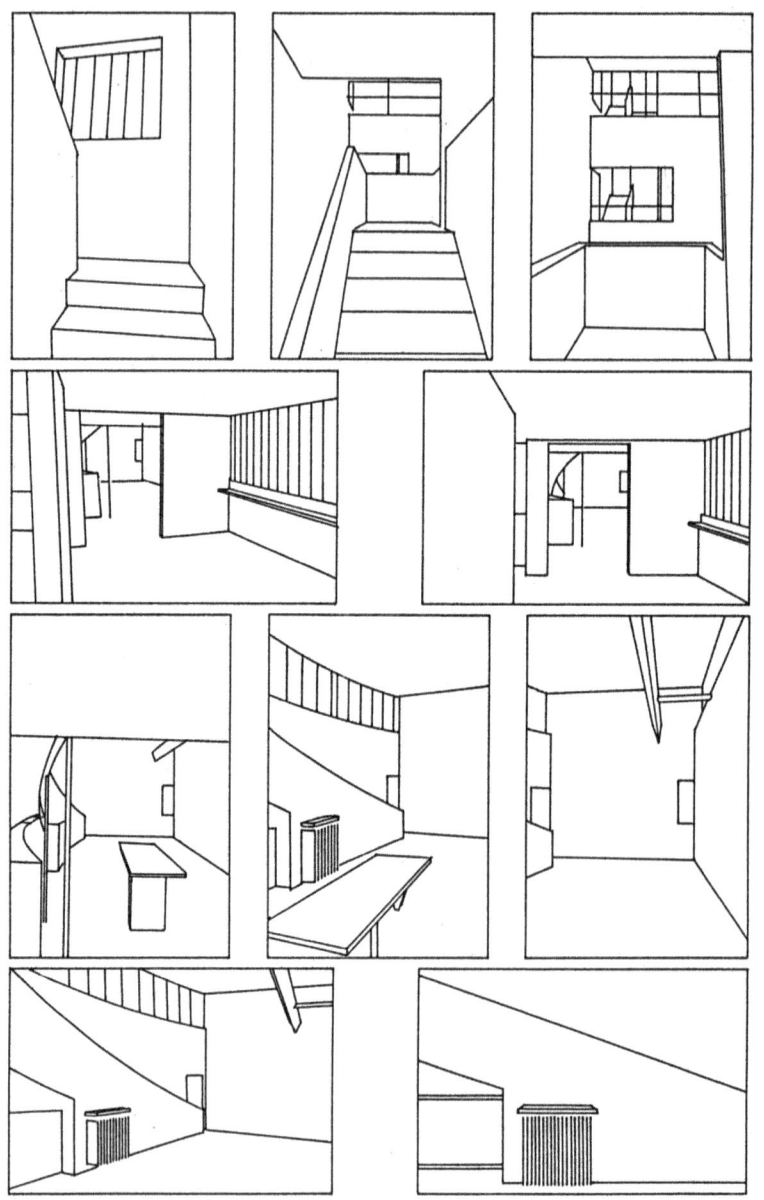

24–43 Le Corbusier, Maison La Roche-Jeanneret, Paris 1923, Wegverlauf

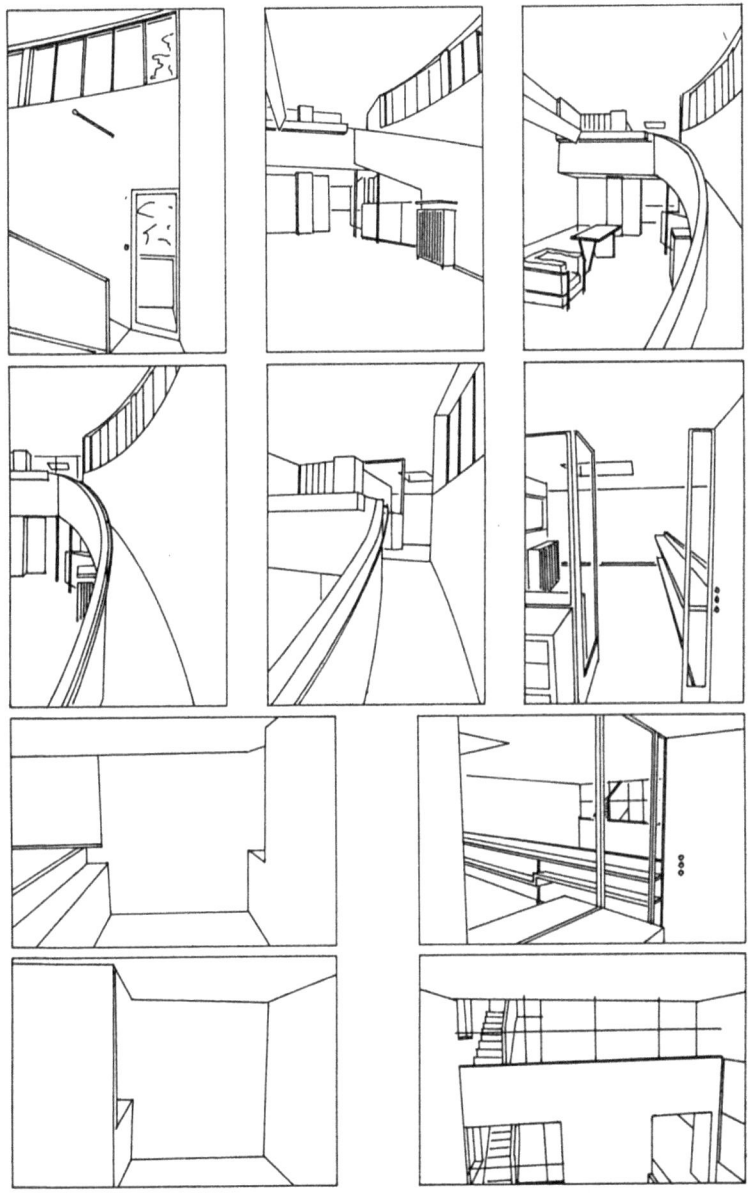

47

gegen den Außenraum von dem riesigen Fenster begrenzt, das jetzt zum Licht- und Sichtfenster geworden ist.
Gegen die Halle hin bietet ein massives Geländer optischen Schutz. Die Passerelle erinnert an eine Brücke, die zwei Bereiche über einen dazwischenliegenden Großraum verbindet. Man wird Zeuge der intensiven Spannung, die durch das immer neue Gegeneinanderausspielen der beiden sich gegenüberliegenden Wände aufgebaut wird. Das Abschreiten der ‚promenade' erzeugt immer neue Bilder, die durch stets neue Dimensionen und Proportionen der zusammenspielenden Flächen und Räume überzeugen.
Die Passerelle führt auf der andern Seite in den dortigen ‚salle à manger' und wird optisch eigentlich erst durch die hintere Wand des Wohn-Eßbereichs begrenzt, die zugleich den Endpunkt der Villa La Roche kennzeichnet.
Vom Vorraum im ersten Obergeschoß führt der andere Weg geradeaus weiter in den großzügigen, mit feinen Farben versehenen Galerieraum. Zweigeschossig in seiner vertikalen Ausdehnung, sind seine beiden längsseitigen Begrenzungsflächen, die in unterschiedlichen Grautönen erscheinen, an ihrem oberen Ende gleich unter der Decke mit Oberlichtern in der Form der ‚fenêtres en longeur' versehen. Die rechte Wand, die primär als ‚Bildträger' dient, fällt durch die leicht unterhalb des ganzseitigen Oberlichts angebrachte hellblaue Blende auf, die das einfallende Licht an die Bilderwand zurückwirft. Die frontale Kurzseite des Raumes wirkt, obwohl sie nur eine winzige Öffnung enthält, dank ihrer gelben Bemalung hell und freundlich. Die geschwungene linke Wand erscheint zugleich skulptural und raumhaltig als auch, wenn man frontal davorsteht, wie eine sorgfältig gestaltete Bildfläche. Der räumliche, teilweise sogar skulpturale Eindruck entsteht durch die an der Wand entlanglaufende Rampe, die ein herrliches Spiel der Richtungen auf dieser Wandfläche hervorruft. Die spätere Veränderung von Charlotte Perriand unterstreicht dieses Gegeneinanderausspielen der rechtwinkligen und schrägen Linienverläufe zusätzlich durch das nochmalige Nachzeichnen der unteren Schräge der Rampenneigung. In diese ausgeschnittene – und dadurch räumlich wirkende – Rampenwand stellt sie in dreifacher räumlicher Schichtung leicht zurückspringende Möbelelemente, in der Wandebene verlaufende Stützen und in eine dritte, leicht vor der Rampenwand liegende Schicht – und diese konstituierend – einen Radiator. Die ästhetische Funktion der Rampe wird mit reichen Mitteln zelebriert. Sie unterscheidet sich von den übrigen architektonischen Elementen in Richtung, Farbe und Dimension. Die vorher so bezeichnete ‚Rampenwand' mit ihrer auffälligen Schnittfigur, die durch den Farbwechsel noch unterstützt wird, wirkt stark raumgestaltend. Die mit ihr eingeführte Schräge – einzigartig in diesem Haus – zeichnet und rhyth-

misiert die Wand und den übrigen Raum und erzeugt eine immense Spannung zu den bis zu ihrer Maximalhöhe hinabreichenden und die Horizontale noch verstärkenden Oberlichtfenstern. Das ins nächsthöhere Geschoß führende Brüstungsband der Rampe erfährt eine Fortsetzung in der der Bibliothek vorgelagerten und räumlich noch zur Galerie gehörenden Balkonzone im zweiten Obergeschoß.

44 Le Corbusier, Maison La Roche-Jeanneret, Paris 1923, Perspektive der Galerie

Der Galerieraum hat primär Hallencharakter und enthält einige wenige ‚Möbelteile': die Blende, den Tisch mit festgefügtem Sockel und in einem gewissen Sinne die Rampe mit ihren genannten Zusätzen. Eigentlich könnte man der Rampe mindestens zweierlei attestieren: einerseits Teil der geschwungenen Wand, andererseits Möbelstück des Galerieraumes zu sein.
Der Rampe kommt außerdem als wegführendes Element, das auf den nächsten Weg-Abschnitt verweist, eine weitere Rolle zu. Sie zeichnet in ihrer Gestalt den Wegverlauf vor; sie ist Zeichen für den Weg, und sie ist dieser Weg selber.
Im übrigen erfährt das uns schon vertraute Spiel mit aufeinanderfolgenden imposanten Wänden auch in diesem Bereich der Villa seine Fortsetzung. Die dem Eingang gegenüberliegende Schmalseite ist wiederum mehrgeschossig, einfarbig und, von der schon erwähnten kleinen Öffnung abgesehen, stumm. Sie stoppt erneut den eingeschlagenen Weg und lenkt die Besucher in eine

andere Richtung. Man könnte das Zusammenspiel der an der Wand entlanglaufenden blauen Blende, der quergestellten, am Ende des Raumes stehenden gelben Wand und der auf der anderen Längswand sanft ansteigenden, geschwungenen Rampe als klug kalkuliertes Bewegungsspiel, als sanfte Wegführung durch diesen Galerieraum betrachten, die zwei gegenläufige, in ihrem Charakter sich sehr deutlich voneinander unterscheidende Wegverläufe in sich birgt:

Einen ersten Wegabschnitt, der eigentlich gar nicht mehr als solcher im engeren Sinne bezeichnet werden kann. Die Situation im Galerieraum ist derjenigen in der Eingangshalle in gewisser Hinsicht vergleichbar; der Weg wird vorübergehend zu einem Wegbereich, er erweitert sich zu einem Platz oder Aufenthaltsort. Stellt man sich wiederum die von den sich hier Aufhaltenden hinterlassenen Spuren bildlich vor, so ergäbe die Bildfläche ein diffuses Weggemenge, ein wirres Wegenetz. Die Ankommenden haben erneut eine Wand vor sich und werden seitlich (links) und von hinten umfangen. Sie müssen sich die neue räumliche Situation durch das Abschreiten des Raumes, durch Hin- und Hergehen, durch Wendungen und Drehungen erst erschließen. Auch die für den Raum vorgesehene Nutzung als Galerie verlangt ein anderes Bewegungsverhalten. Man macht einige Schritte auf ein Bild zu, geht wieder zurück, um das Kunstwerk in seiner Fernwirkung zu begutachten, tritt erneut näher, um Details zu studieren und bewegt sich dann weiter auf das nächste Bild zu. Diesen räumlichen und funktionellen Verhältnissen entsprechend ist dieser erste Teil des Galerieraumes dimensioniert. Fast die gesamte Raumbreite steht für dieses In-Besitz-Nehmen des Raumes zur Verfügung. Man kann sich vorübergehend zerstreuen und von den architektonischen und künstlerischen Details ablenken lassen, sich dazu setzen oder stehenbleiben.

Ganz anders verhält es sich beim zweiten Wegabschnitt in diesem Raum, dem Rampenweg. Als ‚kanalisierter' Weg bildet er einen wunderbaren Kontrast zum ‚Streuweg' des weiten Raumes. Seine Krümmung zeigt noch deutlicher seine Zugehörigkeit zur Wand und bringt gleichzeitig seine Orientierung zum Innenraum, dem er sich zukehrt, zum Ausdruck. Zudem erinnert seine geschwungene Linie an diejenigen des Barocks. Obwohl seine periphere Lage zum Raum eine maximale Distanz für die Betrachtung der an der gegenüberliegenden Wand hängenden Bilder schaffen würde, laden seine – eng bemessenen – Dimensionen nicht zum Verweilen ein.

So bietet dieser Raum den Weg-Abschreitenden zwei extrem kontrastierende Wegerfahrungen, die in ihrer unmittelbaren Aufeinanderfolge das Erleben der ‚promenade architecturale' zusätzlich intensivieren.

Vom ersten Weg könnte man als raumverbrauchendem, vom zweiten als raumsparendem Weg sprechen.

Der Rampenweg führt vorerst zu einem um ein Geschoß erhöhten, der Bibliothek vorgelagerten Galeriebereich, der formal durch die schon erwähnte Weiterführung des Brüstungsbandes als der Rampe zugeordnetes Element betrachtet werden kann. Dieser Galeriebereich liegt über dem Eingang, ist, wie die Rampe, auf den Galerieraum ausgerichtet und endet mit einem beidseitig von Fensteröffnungen flankierten Wandelement.

Vom Ende der Rampe aus gibt es eine zweite Wegführung: Durch eine Glastür betritt man den L-förmigen Bibliotheksraum. Zu seiner Linken ist er von einer fensterlosen Wand begrenzt, die jedoch am Ende in einer kleinen, nochmals nach links verschobenen Nische mit einem vom vorderen Teil der Bibliothek aus nicht sichtbaren Fenster versehen ist. Dieser Raum bietet eine erneute und von dieser Seite des Hauses aus letzte Perspektive der Eingangshalle.

Die von hier oben dem Auge sich bietenden Dimensionen und Proportionen versetzen die Besucher nochmals in Erstaunen: Man sieht das Treppenhaus im gegenüberliegenden Hausteil als durchgehendes Element, das über die Gesamthöhe des diesseitigen Hausteils hinausführen muß und vermutet in der Folge einen Dachgarten. Man spürt die Erschließungszone auf der anderen Seite als raumhaltige Wand und stellt fest, daß auf jener Seite Räume oder Raumabschnitte durch parallel hintereinander stehende Wände gebildet werden. Man nimmt weiter wahr, daß das riesige querformatige Fenster der Außenwand genauso hoch reicht wie die massive Gestaltung der Wand vis-à-vis. Diese Beziehungen der architektonischen Elemente und ihrer Ordnungen lassen sich von hier oben bequem genießen. (Da man den Endpunkt der Wege dieses Hausteils erreicht hat, wird man nicht mehr so häufig gestört.) Die Bibliothek hat Sackgassencharakter. Von hier aus führt kein Weg weiter, es gibt nur den Weg zurück. Man ist erstaunt über seine Länge, die von den Bibliotheksbenutzern zurückgelegt werden muß, um in den Wohnbereich und zur Toilette zu gelangen. Die Bibliothek, einerseits durch einen direkten Sicht- und Hörbezug zur Eingangshalle charakterisiert, ist durch ihre Lage architektonisch dennoch als Rückzugsterritorium formuliert.

Der zweite, nicht ganz so ‚spektakuläre' Weg: von der Halle in den Wohnbereich der Villa La Roche und zu den Dachgärten der beiden Häuser

Ein zweiter von der Halle wegführender, dem ersten gegenüberliegender Weg, wird durch einen bewußt kleiner gehaltenen Wandeinschnitt eingeleitet

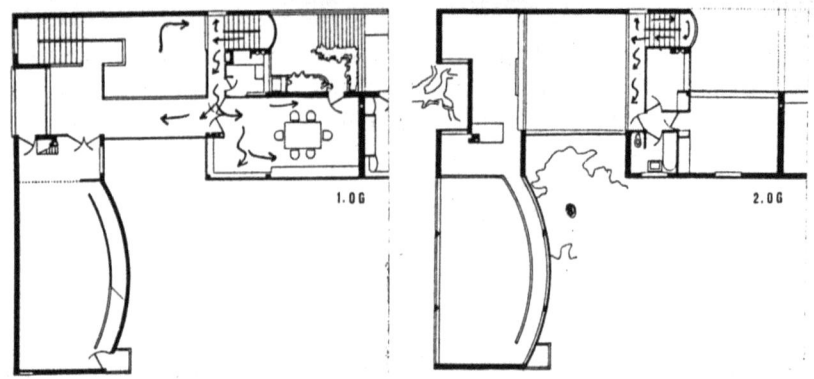

45, 46 Le Corbusier, Maison La Roche-Jeanneret, Paris 1923, Grundrisse

und durch diese gestalterische Maßnahme dem ersteren hierarchisch deutlich untergeordnet. Für diese Annahme spricht auch, daß die Nische, in die man hineingeführt wird, statt des frontal einfallenden Lichts nur seitliches erhält und in ihren Abmessungen minimal gehalten ist. Die dunkel ausgelegte Treppe führt an kahlen, weißen Wänden entlang ins obere Stockwerk, das einen ersten, fensterförmigen Ausblick auf die gegenüberliegende Fassade freigibt. Zum erstenmal steht man dem ausgestülpten Balkon der Gegenseite auf gleicher Höhe gegenüber und nimmt durch das dahinterliegende Fenster den Bezug zum Außenraum wahr. Die ganze Pracht der Gegenseite erscheint in einem neuen Licht: Passerelle und Balkon erweisen sich als auf die Betrachter direkt Bezug nehmende, auf sie zukommende Elemente. Sie provozieren zu möglichen Spielhandlungen mit dem Vis-à-vis. Hat man sich von diesem faszinierenden Ausblick lösen können und folgt dem zwischen zwei geschlossenen Wänden in engem Zwischenraum verlaufenden Weg, so wird man an dessen Ende erneut durch ein, diesmal allerdings in bescheideneren Dimensionen erscheinendes, weißes Wandstück aufgehalten. Der Weg gabelt sich: Rechts führt er über die vorher gesichtete Passerelle zum andern Hausteil und schließt somit den Kreislauf der beiden Hausteile, der nur auf dieser Etage existiert. Dieser Weg über die Passerelle erweitert sich optisch wiederum in den Außenraum, da in seiner Verlängerung im andern Hausteil eine Fensteröffnung angebracht ist. Dieser dreiseitig die Halle umfassende Weg, von einem Hausteil zum andern pendelnd, verführt die Besucher zum ständigen Hin- und Hergehen; immer neue Details der Gestaltung, immer neue Lichtverhältnisse, stets wechselnde Beziehungen zwischen architektonischen Gegebenheiten, erst im Laufe der Zeit sich erschließende räumliche Spielereien, denen immer neue Geheimnisse zu entlocken sind, nehmen die Betrachter gefangen.

Jeder Schritt führt den sich hier Aufhaltenden neue Bilder, die von den stets sich ändernden Proportionen und Zusammensetzungen von Hell und Dunkel, von Fläche und Raum leben, vor Augen.
Vom eingangs beschriebenen Treppenhaus führt der Weg dieses Hausteils allerdings noch zwei Stockwerke höher hinauf. Das zweite Obergeschoß unterscheidet sich vom ersten durch den Grad der Öffnung gegen die Halle. Die Balkonzone hier ist auf die ganze Länge ausgebreitet. Diese Öffnung ist, wie diejenige des untern Stockwerkes, mit einem Gitterwerk zwischen Brüstung und Decke versehen, eine Maßnahme, die einer größeren Geschlossenheit der Fassade dient. Sie wirkt dadurch kontrastierend zur anderen Fassadenwand. Dieser Kontrast erweist sich als wohltuend und sinnvoll, da die beiden Wände, identisch in ihrer Farbe, sich so in ihrer gegensätzlichen Wirkung potenzieren. Sie konkurrieren nicht primär, sondern unterstreichen ihre unterschiedliche Aufgabe und Wirkung. In diesem zweiten Obergeschoß sehen die Dimensionen und Proportionen der Halle und ihrer Elemente ganz anders aus: Der Blickwinkel von oben läßt – verzerrt – eine andere Hierarchie der architektonischen Elemente entstehen. Die vorher nicht besonders ins Auge stechende gegenüberliegende Bibliothek wird jetzt zum eigentlichen Vis-à-vis. Erst jetzt nimmt man den dort stehenden Stuhl wahr. Zwei sehr verwandte Zonen liegen einander gegenüber. Man steht selber an einer die ganze Hausbreite einnehmenden Brüstung und hat eine ebensolche gegenüber. Balkon und Passerelle haben etwas von ihrer Mächtigkeit verloren. Denselben Eindruck hat man von dem nach unten verschobenen riesigen Fenster. Das Erdgeschoß ist in weite Ferne gerückt und zum Teil in Schatten getaucht. Auch von hier aus geht der Weg zweifach weiter: Auf derselben Etage führt er am Ende der Galerie, wiederum umgelenkt durch ein kleines, in den Weg gestelltes Wandelement, in den Schlafbereich, der über dem Wohnbereich liegt, und endet dort.
Der andere Weg führt durch dasselbe von der Halle herkommende Treppenhaus zu einem letzten Geschoß, das den gegenüberliegenden Hausteil überragt, auf das Dach und zu den Dachgärten der beiden Villen. Über einen gedeckten Vorplatzteil führt er die Besucher unter freien Himmel, von wo aus das Doppelhaus erstmals von oben und in seinem baulichen und außenräumlichen Kontext gesehen werden kann. So fallen hier die Rückseite des Hauses und dessen hofartiger Einschnitt oder die Ankunftsseite mit dem vor dem Haus liegenden Platz und dem Garten erstmals auf. Dachgartenmöbel bieten die Gelegenheit, sich von der ‚promenade architecturale' zu erholen und sich an sie zu erinnern. Der Rückweg kann die Mängel der Erinnerung durch erneutes – umgekehrtes – Erleben beheben.

47–66 Le Corbusier, Maison La Roche-Jeanneret, Paris 1923, Wegverlauf

Die am hier gewählten Objekt angestellten Beobachtungen erheben in keiner Weise den Anspruch auf Vollständigkeit. Zur vollständigen Erfaßbarkeit des architektonischen Kunstwerks bei Le Corbusier gibt es nur einen Weg: das wiederholte Abschreiten der ‚promenade architecturale', des ‚poème de l'architecture', immer wieder von neuem.
Die Villa ‚La Roche' wurde gewählt, weil hier erstmals die Rampe als Teil der ‚promenade architecturale' in Erscheinung tritt und weil wir hier den Rang der ästhetischen Anforderungen an die Architektur im Bereich der privaten Villa beobachten können. Rampenanlagen erwarten wir schon eher bei öffentlichen Gebäuden, im Maßstabsbereich des Privaten erstaunen sie uns. Erinnern wir uns an die von Le Corbusier erhobene Forderung, Architektur habe nicht nur dem „Tier, sondern auch dem Gott in uns zu dienen". In engstem Zusammenhang mit diesen Anforderungen steht die Auffassung, in der Architektur sei nicht zwischen wichtigen und unwichtigen Bauaufgaben zu unterscheiden, alles habe seine Bedeutung, ob Wochenendhaus, Palast, Stauwerk oder Fabrik.[9] Für Le Corbusier ist alles architektonische Einheit, vom Haus bis zum Palast. Jede Bauaufgabe hat ihre Bedeutung, da sie sowohl den Menschen als auch die nähere und weitere Umgebung beeinflußt. In diesem Zusammenhang gehört Le Corbusiers „rendre le temple dans la famille". Es geht darum zu zeigen, daß auch das gewöhnliche Haus derselben Aufmerksamkeit bedarf wie zu früheren Zeiten der Palast.
„... als wir die ‚Wohnmaschine' forderten, haben wir seither unsere noch ganz junge Meinung dahingehend revidiert, daß wir behauptet haben, diese Wohnmaschine könne auch ein Palast sein. Unter Palast wollten wir verstanden wissen, daß jedes Organ eines Hauses allein durch seine Anordnung innerhalb des Ganzen so ergreifend auf uns wirken könne, daß es die Größe und den Adel einer Absicht verriete. Und diese Absicht, das war für uns gleichbedeutend mit Architektur. Denen, die sich inzwischen mit dem Problem der ‚Wohnmaschine' beschäftigten und die erklärten, ‚Architektur heißt dienen', haben wir geantwortet: ‚Architektur heißt ergreifen'. Und man hat uns verächtlich als ‚Poeten' abgetan".[10]
Diese Anforderungen stellen hohe Ansprüche an die Architekten. Von ihnen wird nichts weniger verlangt, als daß sie eine Vorstellung darüber zu entwickeln vermögen, wie das dem heutigen Menschen adäquate Haus auszusehen hat. Die Villa La Roche ist ein solcher, wenn auch außergewöhnlicher Versuch. Die Frage stellt sich, ob ‚Paläste' dieser Größenordnung überhaupt ein Beitrag zur modernen Wohnungsfrage zu sein vermögen, oder ob sie bestenfalls als außergewöhnliche Einzelstücke überleben.

3 Architektur als Mittel zur Realisierung des ‚Prinzips der kosmischen Integration von Mensch und Bauwerk' oder: Aufruf an die Architektur, Mitspielerin im kosmischen Drama zu werden (Der symbolische Ansatz)

„Kunst ist eine Aufführung des kosmischen Dramas, bei dem in ergreifenden Bildern, zu symbolischen Zeichen, das kosmische Geschehen in beredten, tief überzeugenden Handlungen gezeigt wird. Die kosmische Geschichte, das kosmische Drama, die kosmische Figur, das kosmische Bild, der kosmische Bau, kurzum die Harmonie, der ganze Kosmos in einer einzigen Ansicht zusammengezogen, wie eine Photographie die ganze Szene wiedergibt."[1]

J. L. M. Lauweriks' Bemerkung könnte stellvertretend für eine zu Beginn des 20. Jahrhunderts insbesondere in expressionistischen Kreisen weit verbreitete Auffassung der Künstler betrachtet werden. Die Kunst wurde als Übermittlerin übergeordneter Zusammenhänge und Ordnungen, als Übersetzerin kosmischer Gegebenheiten in irdische verstanden.

„Es sind kosmische Gesetze, die den Plan bestimmen – jene Gesetze, die seit Ewigkeiten die Menschen mit der Natur verbanden. (...) Diese Umgebung von Sonne, Raum und Grün, die das menschliche Naturgesetz verkörpert, ist auch das Gesetz der Natur des Menschen"[2], schreibt Le Corbusier und zeigt damit, daß es dieselben Gesetze, dieselben grundlegenden Prinzipien sind, die den Menschen als Teil des Kosmos regieren, andererseits vom Menschen in seiner Außenwelt entdeckt werden können. Für den Menschen geht es darum, diese ihm nicht mehr bewußten Zusammenhänge wieder zu suchen und zu entdecken, die hinter den menschlichen Werken und den Dingen der Natur gemeinsam waltenden Prinzipien zu erkennen und sie durch die Kunst auszudrücken. Der Mensch selber entdeckt sich und seine Umgebung so als mikrokosmisches Abbild des Makrokosmos. Die Ordnung ‚im Großen' läßt sich in der Ordnung ‚im Kleinen' wiederfinden. Dieses ‚Entsprechungsgesetz' hat in der Geschichte der Mysterienweisheiten einen festen Platz und einen Namen. Es wird dem Ägypter Hermes Trismegistos zugeschrieben und lautet in der kürzesten Form: ‚So wie oben, so unten.'

Le Corbusier ist dieses Gesetz, das auf die innere Verwandtschaft aller Teile mit dem Ganzen und des Ganzen mit seinen Teilen hinweist, sicher über Schurés Buch *Die Großen Eingeweihten*[3], bekannt gewesen, wo ein ganzes Kapitel Hermes gewidmet ist. So ist das Interesse der Künstler jener Zeit für das Studium von Naturerscheinungen – wie beispielsweise das Suchen von Gesetzmäßigkeiten im Aufbau von Blättern, Schneckenhäusern usw. – zu verstehen. Man glaubte, in diesen, den vielfältigen Erscheinungsformen der Natur zugrunde liegenden Prinzipien Abbilder, Sinnbilder oder, anders ausgedrückt, Symbole für die ewigen Gesetze, für die Ordnungen im kosmischen Maßstabsbereich zu finden. So ist beispielsweise die Faszination der Künstler der ‚Gläsernen Kette' für die Kristalle zu verstehen.

Durch die Verwendung reiner Kristallformen wollte man auf die Reinheit der kosmischen Gesetze verweisen und bei Benutzern oder Betrachtern jene inneren Vibrationen hervorrufen, die eine Besinnung auf die wahre Menschennatur und ihre Bestimmung evozieren sollten. Der moralische Anspruch der Kunst bzw. der Künstler wird hier transparent. Die Kunst hatte, wie Maurice Denis in seinem im Jahre 1912 erschienenen, von Le Corbusier gelesenen Buch sagt, die Aufgabe, die universellen Gesetze auszudrücken[4]. Auch Provensal sieht die vornehmste Aufgabe der Künstler darin, Werte zu schaffen, die widerspiegeln, was sie in sich selber finden, eine Synthese des Universums.[5]

Für Le Corbusier sind es ebenfalls Naturerscheinungen, deren Gesetzmäßigkeiten ihn faszinierten, so etwa die Spiralformen, die ihren Niederschlag in Form von Weg-Konzepten in seinen Museumsprojekten gefunden haben oder die Blattformen, wie jene der Brunnenkresse, von denen er in einem Skizzenbuch aus den fünfziger Jahren sagt, daß er 70 Jahre alt werden mußte, um herauszufinden, daß das Wachstum dieser Blätter auf dem rechten Winkel basiere.[6]. Le Corbusier formuliert dieses ‚Entsprechungsgesetz', eine wichtige Grundlage seines Schaffens, sehr genau:

„Die Natur ist durch und durch organisiert, vom unendlich Großen bis zum unendlich Kleinen. Und des Menschen Herz wird gestärkt und sein Geist gefestigt sein, weil er sich durch seine Werke mit dem Universum und den Gesetzen der Natur, die besagen, daß alles durch Geburt, Wachstum, Tod und ewige Wiederkehr geregelt ist, in Übereinstimmung gebracht hat. Die Technik braucht kein Widersacher des Geistigen zu sein."[7]

Diese hinter den Dingen ‚waltenden Prinzipien' gilt es für Le Corbusier zu finden und durch die Kunst auszudrücken. Die Kunst hat somit nichts mit Zufall zu tun. Sie ist eine rigorose Materialisation einer „Konzeption", wie Le Corbusier es nennt.[8]

Le Corbusier weist darauf hin, wie dieses Entsprechungsgesetz als Entwurfs-Instrument zu verstehen sei; daß es nicht darum gehen könne, einzelne Erscheinungen minutiös wiederzugeben, sondern im Gegenteil darum, unter den unendlich vielen Erscheinungsformen der Wirklichkeit die sie konstituierenden Muster zu entdecken und diese ins künstlerische Werk umzusetzen. Diese ewigen Prinzipien lassen sich, Le Corbusier zufolge, in Symbolform ausdrücken. Die Geometrie als materieller Träger der Symbole ist das geeignete Mittel, die Beziehungen zwischen Mikrokosmos und Makrokosmos auszudrücken. Die Geometrie, schreibt er, sei „das Mittel, das wir selbst uns geschaffen haben, um die Umwelt zu erfassen und um uns auszudrücken. Die Geometrie ist die Grundlage. Sie ist zugleich der materielle Träger der Symbole, die die Vollkommenheit, die das Göttliche bezeichnen. Sie schenkt uns die erhabenen Befriedigungen der Mathematik."[9]

Die Geometrie, die diesen Prinzipien zu einem adäquaten materiellen Ausdruck verhelfen kann, wird somit zu einer Sprache des Menschen, zu einem Mittel der Kommunikation mit der nicht-materiellen Wirklichkeit. Sie ist für Le Corbusier Ausdruck des Geistigen oder, wie er in *une maison – un palais*[10] sagt, Ausdruck „spiritueller Strukturen", verbunden mit den universellen Rhythmen, die demzufolge auch geometrischer Natur sind: Figuren, die Charaktere sind.

Le Corbusier schreibt der Geometrie als Symbolträgerin eine so eminent wichtige Rolle zu, daß er überzeugt ist, durch diese Symbole direkt auf den Menschen einwirken zu können; sie gehören zu ihm und berühren ihn dadurch. Für ihn ist es eine Gewißheit, daß der Geist sich durch die Geometrie manifestiert, daß diese Geometrie sogar seine Sprache ist, Ordnung eine Eigenschaft der Geometrie und der Mensch sich durch Ordnung manifestiert.[11]

Eine grundlegende Voraussetzung dafür, daß der Mensch durch die Werke der Architektur bewegt wird, ist, wie Le Corbusier sagt, die „Konzeption der kosmischen Reintegration von Mensch und Bauwerk". Die Aufgabe der Künstler bestehe darin, den kosmischen Gesetzen durch ihre Werke adäquaten Ausdruck zu verleihen. Der Mensch verbinde sich durch das Kunstwerk mit den Gesetzen des Kosmos. Die wahre Kunst sei also Bindeglied zwischen Mensch und Kosmos, Vermittlerin zwischen ewigen und vergänglichen Ordnungen: „Der Mensch, Geschöpf des Weltalls, erfüllt, von seinem Standpunkt aus, das Universum; er vollzieht dessen Gesetze, er hat geglaubt, sie zu lesen; er hat sie formuliert und in ein zusammenhängendes System gebracht. Zustand rationellen Wissens, nach dem er handeln, erfinden und schaffen kann. Dieses Wissen setzt ihn nicht in Gegensatz, sondern in Einklang zum All".[12]

Le Corbusier versteht den Menschen als Teil des Kosmos, der dessen Gesetze bewußt oder unbewußt, lebt oder vollzieht, da es ja auch seine Gesetze sind. Der Mensch hat die Möglichkeit, durch bewußte Weiterentwicklung seiner selbst ein Mensch-Sein zu erreichen, bei dem er sich mit den Gesetzen des Kosmos wie mit seinen eigenen in Einklang weiß.

Le Corbusier hat für diese Wesensverwandtschaft von Mensch und Kosmos häufig einen Ausdruck gebraucht, dem wir nicht nur bei ihm begegnen, sondern auch bei Provensal, Kandinsky und anderen Künstlern dieser Zeit. Er spricht in diesem Zusammenhang von einer geheimnisvollen *Vibration* der menschlichen Seele, von einer ‚inneren Achse' des Menschen, die bei der Konfrontation mit wahren Kunstwerken berührt werde. Vibration bedeutet Übereinstimmung. Le Corbusier sagt, daß wir in uns einen Stimmumfang oder Schwingungsbereich besitzen, der einen Boden der Resonanz und Harmonie bildet und bei wahren Werken der Kunst zu vibrieren beginne.[13]

Diese ‚innere Verwandtschaft' von Mensch und Kosmos läßt sich mit einer Schwingungsverwandtschaft vergleichen, die sich in Kunstwerken offenbaren kann und den Menschen in einen Zustand des ‚inneren Mit-Schwingens' zu versetzen vermag. Diese Schwingungsverwandtschaft zu erzeugen, ist ein Hauptanliegen von Le Corbusiers Architektur.

Voraussetzung für die Einlösung dieser ‚inneren Verwandtschaft' ist jedoch eine ‚einheitliche Schöpfungskonzeption'. Harmonisch und ihm wesensverwandt erscheinen dem Menschen Kunstwerke dann, wenn sie ihn in eine harmonische Beziehung zum Mikro- und Makrokosmos bringen. Schön nennen wir demzufolge Werke des Menschen, die auf denselben Prinzipien beruhen, die auch den vielfältigen Erscheinungsformen der Welt zugrunde liegen. Le Corbusier schreibt dazu:

„Man sagt von einem Gesicht, es sei schön, wenn die Feinheit der Modellierung und die Gliederung der Züge Proportionen haben, die man als harmonisch empfindet, weil sie in unserm Innern über die sinnliche Wirkung hinaus Widerhall erwecken, gleichsam einen Resonanzboden in uns zum Schwingen bringen. Spuren eines undefinierbaren Absoluten, das im Grunde unseres Wesens seit jeher lebt.

Dieser in uns nachschwingende Resonanzboden ist unser Kriterium für Harmonie. Es muß wohl jene Achse sein, auf der der Mensch aufgebaut ist, in vollem Einklang mit der Natur und wahrscheinlich auch mit dem Universum; es muß wohl jene Achse sein, die alle Erscheinungen, alle Dinge der Natur ausrichtet, die uns nahelegt, eine Einheit im Weltgeschehen anzunehmen und einen einzigen Schöpfungswillen vorauszusetzen. Die Gesetze der Physik wären demnach aus dieser Achse abgeleitet, und wenn wir die Naturwissen-

schaften (...) anerkennen (und lieben), so vor allem deshalb, weil wir annehmen dürfen, daß sie von jenem einen Willen am Ursprung der Schöpfung vorgeschrieben worden sind. (...)
Von hier aus wird eine Begriffsbestimmung der Harmonie möglich: Moment der Übereinstimmung mit der Achse, die im Menschen ruht, also Übereinstimmung mit den Gesetzen des Universums, Rückkehr zur Weltordnung. Dies könnte die Ursachen für die Befriedigung beim Anblick gewisser Gegenstände erklären (...). Wenn man vor dem Parthenontempel stehenbleibt, so deshalb, weil sein Anblick eine innere Saite in uns zum Klingen bringt; die Achse wird berührt."[14]
Die Vorstellung eines einzigen Schöpfungswillens, dem sowohl die Künste als auch die Wissenschaften entspringen und der beim Schöpfungsakt des Universums Spuren seiner selbst, Spuren eines undefinierbaren Absoluten hinterlassen hat, birgt eine progressiv-evolutionäre Weltanschauung, deren Ziel es ist, den Schöpfungselementen über den Weg eines Bewußtseinsprozesses die „Rückkehr zur Weltordnung" zu ermöglichen, die kosmische Re-Integration. Die menschliche Seele bildet sozusagen einen Resonanzboden, der bei entsprechender Einstimmung auf kosmische Schwingungen oder auf Kunstwerke, die jene Ordnungsbeziehungen auszudrücken vermögen, zu reagieren vermag. Für Le Corbusier ist die Auseinandersetzung mit der Wissenschaft der Zahlen, der Proportionen und der Geometrie, die das Entdecken der inneren Verwandtschaft zwischen Mensch und Bauwerk (Mikrokosmos) sowie All (Makrokosmos) zu einem ihrer Untersuchungsgegenstände zählt, zu einem Lebensthema geworden. Er war überzeugt von der Möglichkeit, eine Sprache wiederzuentdecken, die uns mit den alten Weisheiten, mit der „Sprache der Götter", wie er es nennt, verknüpfen könnte: „Architektur und Musik sind Schwestern, die beide die Zeit und den Raum in ein ausgewogenes Verhältnis zueinander setzen. Die Proportion ist das Werkzeug, das Verzauberung zuwege bringt. Ihr sind die Seelenregungen so eng verknüpft, daß sie in ihren äußersten Möglichkeiten an das Esoterische rührt, an die Sprache der Götter. Die Empfindung, die uns vor großer Architektur ergreift, wird hervorgerufen durch das Maß der Abstände, der Dimensionen, der Höhen, der Volumen – eine Mathematik, zu der es einen Schlüssel gibt (...). Dieser Schlüssel (...) – die Proportion – ist verlorengegangen (...). Die Proportion, die gewissen Epochen alles war, die bis zu den Mysterien führte, ist versunken (...)."[15]
In Edouard Schurés Buch, das die Geschichte der alten ‚Mysterien-Weisheiten', also der verborgenen esoterischen Erkenntnisse, die nur den Eingeweihten oder den Schülern der Einweihungsstätten allmählich, entsprechend ihrem persönlichen Entwicklungsstand, zugänglich waren, wiederzugeben

versucht, ist ebenfalls von der ‚heiligen Wissenschaft der Zahlen' die Rede. Im Abschnitt über Pythagoras erfahren wir Näheres über die im südlichen Italien, in der Stadt Krotona am Golf von Tarent liegende ‚Einweihungsschule'. Dieses Institut, von Pythagoras geleitete Schule für moralisch-ethische und geistige Erziehung wie Akademie der Wissenschaften, versuchte die Einzuweihenden auf einem vierstufigen Initiationsweg zu jener vollkommenen Harmonie der Seele und des Verstandes mit dem Universum zu bringen, die auf der bewußten Erkenntnis der allem Seienden zugrunde liegenden Gesetzmäßigkeiten beruht. Für die Pythagoräer enthielten die Zahlen die Geheimnisse der Dinge, und Gott bedeutete für sie die universelle Harmonie. Die sieben Tonarten entsprachen den sieben Farben des Lichts, den sieben Planeten und den sieben Arten des Daseins, wie sie sich in allen Sphären der materiellen und geistigen Welt finden. Die Melodien der Tonarten sollten die Seelen der Menschen zum Vibrieren bringen. Stetige Wiederholung bewirkte, so die Lehre, eine Läuterung der Seele.[16]

Dem Gedanken der Vervollkommnung der menschlichen Seele durch das Angerührtsein, durch die von Kunstwerken evozierten inneren Erschütterungen, begegnen wir nicht allein bei Le Corbusier. Das Buch des Theosophen Schuré, so ist zu schließen, gehörte wohl zu den in Künstlerkreisen viel gelesenen und profund bekannten Arbeiten. Kandinsky schreibt in der Einleitung zum Bühnenstück ‚Der gelbe Klang' im Jahre 1911/1912:
„Jede Kunst hat eine eigene Sprache (. . .). Sie ist ein Reich für sich. Deswegen sind die Mittel verschiedener Künste äußerlich vollkommen verschieden. Klang, Farbe, Wort (. . .) im letzten innerlichen Grunde sind diese Mittel vollkommen gleich: das letzte Ziel löscht die äußeren Verschiedenheiten und entblößt die innere Identität. Dieses letzte Ziel (Erkenntnis) wird in der menschlichen Seele erreicht durch feinere Vibration derselben. Diese feineren Vibrationen, die im letzten Ziele identisch sind, haben aber an und für sich verschiedene innere Bewegungen (. . .).
Der undefinierbare und doch bestimmte Seelenvorgang (Vibration) ist das Ziel der einzelnen Kunstmittel. Ein bestimmter Komplex der Vibrationen – das Ziel eines Werkes. Die durch das Summieren bestimmter Komplexe vor sich gehende Verfeinerung der Seele – das Ziel der Kunst. Die Kunst ist deswegen unentbehrlich und zweckmäßig (. . .)."[17]
Und bei Provensal heißt es:
„Schönheit erschaffen, heißt das nicht, der Menschheit in einer den essentiellen Formen der Natur entliehenen, abstrakten Form die Unerschöpflichkeit der Mysterien zugänglich zu machen? Heißt das nicht, (. . .) die bewegte Seele

der ganzen Menschheit zum Vibrieren zu bringen? Das was wirklich schön, wahr, groß ist, ist ewig und allgemein gültig."[18]
Vergleichen wir die diesen Aussagen zugrundeliegenden geistigen Haltungen – wir könnten ohne Schwierigkeiten weitere Aussagen von zeitgenössischen Künstlern hinzufügen[19] –, so spüren wir sofort eine auffällige ‚Geistes-Verwandtschaft'. So ist es auch nicht erstaunlich, wenn sowohl Le Corbusier als auch Kandinsky immer wieder die Verwandtschaft von Architektur und Musik betonen; die Musik ist wohl die reinste Form der Übersetzung von Schwingungsbeziehungen – und demzufolge auch von geistigen Beziehungen.
Innerhalb dieses weltanschaulichen Kontextes werden Geist und Materie nur als verschiedene Stufen ein und desselben Seins gesehen, als verschiedene Schwingungszustände des göttlichen Seins. Wie wir später beobachten werden, sahen sich die Künstler dieser Zeit ganz im Einverständnis mit den neuesten naturwissenschaftlichen Erkenntnissen; die Möglichkeit der Umwandlung von Masse in Energie erschien ihnen als empirische Bestätigung ihrer Vorstellungen. So lassen sich die im Geistigen erkannten ewig-gültigen Gesetzmäßigkeiten durch die verschiedenen ‚Kunstmittel', wie Kandinsky sie nennt, ausdrücken. Die Künstlerfreundschaft zwischen Kandinsky und Schönberg beruhte nicht zuletzt auf ihrem gemeinsamen Interesse, nach Übersetzungsmöglichkeiten geistiger Inhalte durch ihre Kunst zu suchen. Jelena Hahl-Koch schreibt dazu:
„Schönbergs und Kandinskys Grundeinstellung ist, wenn auch nicht in engem kirchlichen oder dogmatischen Sinne, religiös. Beide glauben fest an eine andere, unerfaßbare Welt, die es in der Kunst sichtbar zu machen gilt."[20]
Dies gilt auch für Le Corbusier. Die hier gemeinte Religiosität ist nicht konfessioneller Natur, nicht äußerlichen Regeln verhaftet, sondern stellt einen inneren Zustand, eine innere Offenheit allen Phänomenen der Wirklichkeit gegenüber dar, nicht nur den mit den fünf Sinnen erfaßbaren. Diese Art der Religiosität ist nicht anti-wissenschaftlich; sie setzt den Erkenntnissen aber nicht die engen Grenzen der sogenannten ‚positiven Wissenschaften', sondern erweitert die wissenschaftliche Erkenntnisfähigkeit auf die geistigen, nicht-sinnlichen Bereiche. Sie verfügt über einen erweiterten Wissenschaftsbegriff, der auch die Künste mit einschließt und diejenigen Wirklichkeitsaspekte nicht ausschließt, die noch nicht in unsere begrenzten Denkmuster einzuordnen sind.
In diesem Sinne zeigt Schurés Buch sehr schön, wie sich hinter den im Verlaufe der Geschichte in verschiedenen Gewändern erscheinenden Formen der Einweihungsstätten dieselben Inhalte aufdecken lassen. Auch für Le Corbu-

sier ergeben sich ohne Probleme die gemeinsamen Kristallisationspunkte der äußerlich verschieden anmutenden Lehren Schurés und der Katharer[21]:
Die Etappen und Ereignisse des zu begehenden Weges, der einem geistigen Vervollkommnungsprozeß gleichkommt, finden ihren Ausdruck in der Kunst oder, präziser formuliert, in den verschiedensten Sparten der Kunst, zu denen auch die Wissenschaften, wenn sie zur vollen Entfaltung gelangt sind, gehören. Pythagoras nannte seine Schüler Mathematiker, weil seine höhere Unterweisung mit den ‚heiligen Zahlen' oder der ‚Wissenschaft der Prinzipien' begann. Die Zahl wurde aber nicht als abstrakte Größe betrachtet, sondern „als die wesentliche und aktive Eigenschaft der höchsten Eins, Gottes, der Quelle des universellen Zusammenklangs. Die Wissenschaft der Zahlen war diejenige der lebendigen Kräfte, der in den Welten und in dem Menschen, im Makrokosmos und im Mikrokosmos tätigen göttlichen Eigenschaften (...). Indem er sie durchdrang, sie voneinander unterschied und ihren Zusammenhang erklärte, schuf Pythagoras nichts weniger als eine Theogonie oder eine rationelle Theologie (...). Sie [die Wissenschaft der Zahlen] erhob den Anspruch, den Schlüssel des Seins, der Wissenschaft und des Lebens zu liefern."[22]
Dieser Ausschnitt aus Schurés Buch mag verdeutlichen, wie eingehend Le Corbusier sich mit diesen Inhalten auseinandergesetzt hat. Von Turner[23] wissen wir, daß Le Corbusier insbesondere am Kapitel über Pythagoras interessiert war, daß ihn die unzugänglichen, verborgenen Aspekte der pythagoräischen Mathematik faszinierten. Wie sehr er beeindruckt und geleitet war von den Vorstellungen dieser Schrift, zeigt eine Notiz aus dem Jahre 1929: „Architektur und Musik sind die instinktiven Manifestationen der menschlichen Würde. Durch sie bestätigt sich der Mensch: ‚Ich existiere, ich bin ein Mathematiker, ich bin religiös. Das heißt: ich glaube an irgendein erhabenes Ideal hoch über mir, das ich möglicherweise erreichen kann...' Architektur und Musik sind sehr vertraute Schwestern: Materie und Geist; Architektur ist in der Musik, und Musik ist in der Architektur. In beiden schlägt ein Herz, das danach strebt, sich zu sublimieren."[24]
Wie Provensal, Kandinsky u. a. geht Le Corbusier von der Annahme aus, daß das Wissen um die ewigen Gesetzmäßigkeiten der menschlichen und der kosmischen Evolution sich zu allen Zeiten in den großen Kunstwerken niedergeschlagen hat, mit andern Worten: daß die wirkliche ‚Kunst-Architektur' als Ausdrucksmittel für diese Wahrheiten und Erkenntnisse gedient habe und wieder dienen könnte.
Für Le Corbusier gehört es zum Aufgabenbereich der Architektur-Künstler, die Voraussetzungen zur „kosmischen Reintegration" von Menschen und

Werk zu schaffen. In der Wahrnehmung ihrer eigentlichen Verantwortung und Aufgabenstellung, Abbilder des „Grand Architecte de l'Univers"[25] zu werden, eine Herzens- und Geistesbildung zu erfahren, die ein Hineinwachsen in die Gesetzmäßigkeiten des Universums ermöglicht, erfüllt sich die Arbeit der Architektur-Künstler. Diese ethisch-moralischen Anforderungen stellen höchste Erwartungen an den Menschen. Im *Modulor I* sagt Le Corbusier:
„Der Architekt allein ist imstande, den Einklang zwischen dem Menschen und seiner Umgebung herzustellen (der Mensch = eine Psychophysiologie; die Umgebung = das All: Natur und Kosmos)."[26]
Ähnlich formuliert Provensal seine Anforderungen an den Künstler:
„Aber wie das Anschlagen einer Saite alle Gegenstände gleicher Resonanz zum Schwingen bringt, so muß der Künstler das im Menschen anrühren, was zu vibrieren und in Gleichklang mit des Künstlers Absicht zu treten vermag. Es handelt sich also um eine Art des Seelenzustandes, den der Künstler im Betrachter hervorzurufen versucht."[27]
Die Kunst bzw. der Künstler hat damit die große Aufgabe, den evolutionären Entwicklungsweg des Menschen anzuregen und ihn zu fördern. In diesem Zusammenhang verstehen wir die Aussage Kandinskys, die sich fast wörtlich mit derjenigen von Le Corbusier deckt, die Kunst sei deswegen unentbehrlich und zweckmäßig; innerhalb dieser Weltanschauung, die die Vervollkommnung des Menschen und somit dessen kosmische Reintegration zum Ziel hat, kommt den ‚Weg-Bereitern‘, als die sich die Künstler dieser Zeit verstanden, eine eminent wichtige Rolle zu.
Wenn wir in diesem Abschnitt unserer Überlegungen den Begriff ‚Symbolischer Ansatz‘ gebrauchen, um Le Corbusiers Versuche, das ‚Prinzip der kosmischen Einordnung‘ in seinen Entwürfen zu realisieren, zu charakterisieren, so wollen wir diesen Begriff in seinem Sinne verstehen: als Ausdruck kosmischer Gesetze oder geistiger Wirklichkeiten, als Sinnbild der den unendlichen Erscheinungsformen der materiellen Welt zugrunde liegenden universellen Prinzipien.
Nach C. G. Jung[28] veranschaulichen Symbole eine Art von Individualmythologie, die ihre Analogien in den kollektiven Mythologien, in den Sagen und in den Märchenwelten haben. Sie scheinen sowohl individuellen als auch kollektiven Charakter zu haben und müssen dementsprechend individuell, aber auch kollektiv gedeutet und bewertet werden. Sie gehören in einen subjektiven und in einen objektiven Zusammenhang.
Le Corbusier selbst betont den objektiven Gehalt der von ihm verwendeten Symbolformen. In seinem ‚poème de l'angle droit‘, einer Hymne an die Geo-

metrie des rechten Winkels, zeigt er sehr schön den Zusammenhang zwischen individuellem und kollektivem Inhalt der Symbole:
„On a
avec un charbon
tracé l'angle droit
le signe
Il est la réponse et le guide
le fait
une réponse
un choix
Il est simple et nu
Mais saisissable
Les savants discuteront
de la rélativité de sa rigueur
mais la conscience
en a fait un signe
Il est la réponse et le guide
le fait
ma réponse
mon choix."[29]

Jedes Individuum wählt entsprechend seinen Neigungen aus den immer schon vorhandenen, ewig gültigen Symbolen, die ‚seinen' aus, die es als Arbeitsinstrumente braucht.

Le Corbusier unterscheidet die beiden genannten Ebenen durch seine Wahl des Artikels, des unbestimmten für die kollektive Ebene und des Possessivpronomens für die Bezeichnung der Individualebene.

Wir sprechen hier vom ‚*Weg als Abbild geistiger Ordnungen*', von der Umsetzung geistiger Vorstellungen und Vorgänge in architektonische Konzepte. Die von Le Corbusier gebrauchten Symbole lassen sich entsprechend der oben erwähnten doppelten Betrachtungsweise untersuchen
– erstens als Ausdruck einer Individualmythologie oder individuellen Auswahl. Wir können uns an seine Ausführungen halten, seine Begriffsverwendungen zu verstehen suchen, uns in seine Art des Umgangs mit Symbolen vertiefen und seine Gedanken- und Arbeitsgänge nachzuvollziehen versuchen. Le Corbusier liefert uns reichhaltiges Material dazu. Die Betrachtung des individuellen Aspekts erfordert von uns die Bereitschaft, die Vielschichtigkeit und Widersprüchlichkeit im Gebrauch gleicher Symbole für unterschiedliche Inhalte in seinen Projekten zu beachten und die als Frucht des reichhaltigen und schöpferischen Charakters Le Corbusiers zu sehen;

– zweitens als Bestandteil einer umfassenderen Mythologie. Dies ermöglicht uns, Le Corbusiers individuellen Lösungsansatz in weitere gedankliche und geistige Bezugsfelder einzuordnen, sie als im Geiste verwandte Teile eines geschichtlichen Umfeldes zu verstehen.

Daß wir beide Ansätze der Betrachtung miteinbeziehen, scheint um so mehr gerechtfertigt, als Le Corbusier selbst uns den Hinweis auf seinen Bezugsrahmen gibt. Er selbst leistet in seinen Ausführungen einen Teil der kulturellen Zuordnungsarbeit: durch Andeutungen, die allerdings nur durch die Kenntnis seiner Hintergründe wahrnehmbar werden oder durch direkte Nennung seiner Vorbilder.

Symbole sind nach C. G. Jung ‚Sinnbilder'; schon der Begriff weist darauf hin, daß sie beiden Sphären – der rationalen wie der irrationalen – entstammen. Sie lassen sich nicht allein rational erfassen. Jung unterscheidet Allegorie und Symbol. Er bezeichnet ersteres als synonymen Ausdruck für einen bekannten Inhalt, letzteres als etwas, das immer einen Bedeutungsrest von etwas nicht Ausdrückbarem enthält. Dieser Teil entzieht sich der diskursiven Wiedergabe, er ist nur der Intuition zugänglich. Hier erinnern wir uns an Le Corbusiers Definition des Begriffs ‚Intuition', der für ihn als Synonym für die individuelle Erkenntniskraft steht.

Ob schließlich etwas ein Symbol ist oder nicht, hängt Jung zufolge vom betrachtenden Bewußtsein ab, davon also, ob ein Subjekt die Gabe besitzt, bzw. in der inneren Verfassung ist, ein Objekt nicht bloß in seiner konkreten Form zu erfassen, sondern darüber hinaus als Symbol für weitere Wirklichkeiten.[30] Es ist eine Frage der kulturellen Bezugsfelder des Betrachters, ob er eine reiche Beute in ihren verschiedenen Bedeutungsspektren zu erfassen vermag. Le Corbusier gibt uns Hinweise auf seine Verwendungsarten dieser Symbole; es liegt an uns, sie zu sehen.

Wenn wir uns in den nächsten beiden Abschnitten den Weg-Konzepten in den städtebaulichen Entwürfen für Südamerika und dem Weltstadt-Projekt für Genf zuwenden, so aus zwei Gründen: erstens, weil diese Projekte der Beweis dafür sind, daß ein einziges Prinzip – in verschiedene Erscheinungsformen gekleidet – im Entwurf auftreten kann; zweitens, weil beide Arbeiten aus der gleichen Zeit stammen und von Le Corbusier auch gemeinsam erwähnt werden, als Herausforderungen rationeller ebenso wie verrückter Ideen, als die Initiatoren großer lyrischer Unternehmungen und nicht zuletzt als Resultate der vergangenen zwölf Jahre, als sein Atelier, so Le Corbusier, nicht müde wurde, sich am Entdeckerwillen zu berauschen und die „Substanz der Jetzt-Zeit" knetete.[31]

Aus der gemeinsamen Erwähnung dieser Aufgabenbereiche geht hervor, daß die unterschiedliche Verwendung derselben Symbolform wohl als Resultat der bewußten Auseinandersetzung mit den Möglichkeiten zu sehen ist, diese Arbeitsinstrumente ganz auszuschöpfen. Die Bedeutung, die diese nur Projekt gebliebenen Arbeiten in Le Corbusiers Atelier hatten, zeigt sich daran, daß Le Corbusier von der Entwurfszeit als einer zwölfjährigen Zeitspanne spricht, in der „Knet-Arbeit" an der „Substanz der Jetzt-Zeit" geleistet worden sei. Die Ansätze aus dieser Zeit sind in den Städtebauprojekten für Algier zu weiterer Reife gebracht worden.

Die südamerikanischen Städtebauprojekte 1929:
São Paulo, Rio, Montevideo, Buenos Aires

Das ‚Gesetz des Mäanders': ein Weg-Problem

Le Corbusier schreibt über die südamerikanischen Vorträge vom Jahre 1929, daß sie ihm in aller Bescheidenheit Tür und Tor geöffnet hätten. Skizzen, unter den Augen des Publikums entstanden, hätten es den Zuschauern und auch dem Verfasser ermöglicht, wieder einmal ganz unbefangen sich damit zu

67, 68 Le Corbusier, Rio de Janeiro, 1929, Reiseskizzen

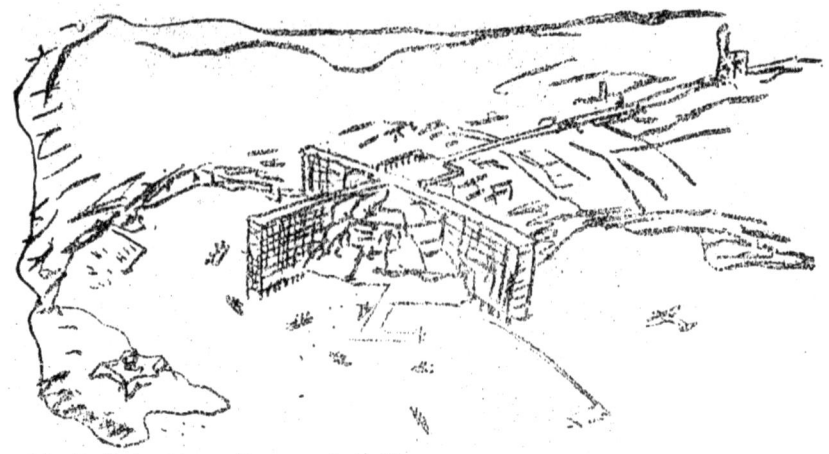

69 Le Corbusier, Montevideo, 1929, Reiseskizze

70 Le Corbusier, São Paulo, 1929, Reiseskizze

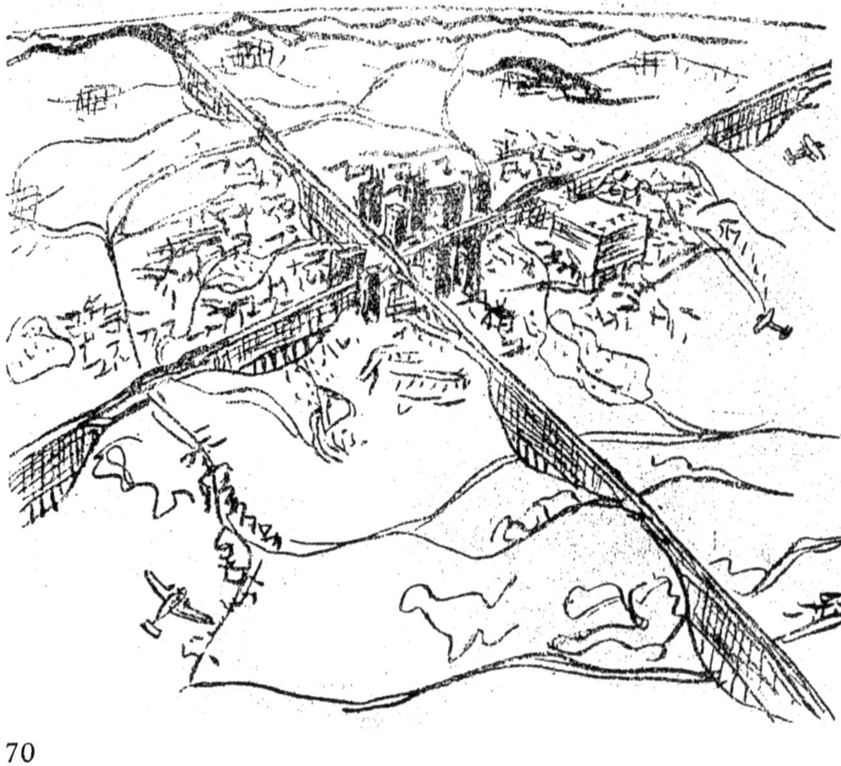

71 Le Corbusier, Buenos Aires, 1929, Reiseskizze

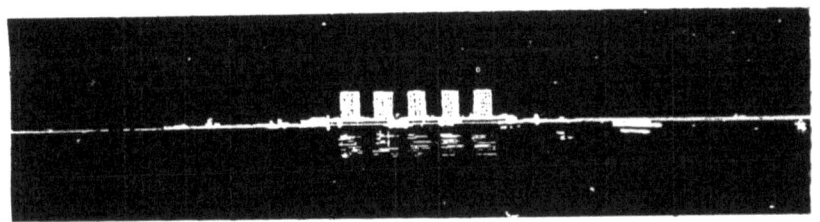

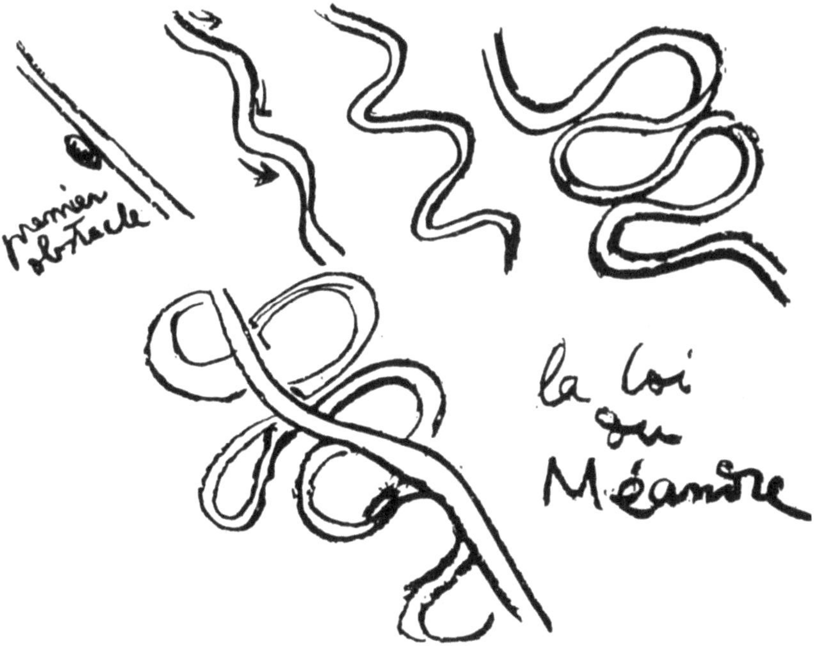

72 Le Corbusier, La loi du méandre

begnügen, Fragen zu stellen und die selbstverständlichsten Antworten auf sie zu geben.
Im übrigen hätte er etwas sehr Tröstliches im Beruf des „improvisierenden Wanderredners" entdeckt. Er habe von fast schmerzlicher Klarheit geprägte Augenblicke erlebt, in denen sich Gedanken kristallisierten. Die Feindseligkeit des Publikums sei verständlich gewesen; es habe sich in der unangenehmen Lage befunden, vergleichbar einer Situation, in der jemand die Aufgabe hätte, ein Hühnchen zu essen, ohne zu kauen. Zu viel Neues sei über das Publikum gestürzt, sein Fassungsvermögen sei überfordert gewesen. Diese Wanderrednertätigkeit ermögliche jedoch das Entstehen von „Augenblickskristallisationen", zu denen man bei der täglichen Arbeit kaum herausgefordert werde. Hier hingegen müsse man mit immer neuen Worten „erklären, verdeutlichen, formulieren". Das sei zwar ermüdend, gleichzeitig jedoch die „gesunde Gymnastik des improvisierenden Redners"[1].
Eine dieser „Augenblickskristallisationen", die als Resultat der Südamerikareise, insbesondere der Art und Weise der Anreise, betrachtet werden kann, ist das von Le Corbusier so genannte ‚Gesetz des Mäanders' oder ‚Gesetz der mäandrierenden Linie'. Es ist das den südamerikanischen Entwürfen zugrunde liegende gemeinsame Prinzip. Dieses ist doppelter Natur: Einerseits enthält es die Erkenntnis, daß allen diesen städtebaulichen Situationen dasselbe Problem zugrunde liegt, von Le Corbusier mit dem Begriff der „Stadtmittelpunkts-Krankheit"[2] bezeichnet, andererseits die Auffassung, daß dieser Problemstellung in allen vier Fällen mit derselben Lösungsidee begegnet werden kann, der großen Geste des ‚Prinzips des Pont-du-Gard'.
Die Diagnose „Stadtmittelpunkts-Krankheit" meint die durch das rapide Wachstum der Städte entstandene Verkehrskrise und die mit diesem verbundene Ungenügsamkeit des alten, kleinmaßstäblichen, verwickelten Straßensystems:
„Buenos Aires gehört zu den schönsten Dingen in meinem Leben. Buenos Aires ist die unmenschlichste Stadt, die ich kennengelernt habe; nein, wirklich: das Herz dieser Stadt ist zermartert. Ich bin wochenlang wie im Traum durch diese ‚Straßen ohne Hoffnung' gelaufen. Ich war bedrückt, niedergeschlagen, wütend, verzweifelt."[3]
Zu Montevideo notierte er:
„‚Spanische' Straßen und ein Gedränge von Autos lassen für die nächste Zukunft schon das fatale Schicksal des heutigen Buenos Aires voraussahnen. Dringende Notwendigkeit in Montevideo – wie überall –: die Gründung eines Geschäftsviertels. Aber wo?"[4]
Und zu São Paulo:

„Im geographischen Zentrum (...) kann man sich nicht mehr bewegen."⁵
Bei der Lösung dieser verwirrenden Verkehrssituationen, dieser Anhäufung von „Eselswegen", wie er sie auch nennt, die sich auf den ersten Blick als völlig hoffnungsloses Durcheinander darstellen, erinnert sich Le Corbusier seiner Anreise in diese Länder und der mit ihr gewonnenen Einsichten.
Die Art und Weise der Ankunft spielt in diesen Entwürfen eine entscheidende Rolle und markiert zugleich ihren Schwachpunkt. Sie entspricht der eines Reisenden, der, je nach der geographischen Situation der Stadt, entweder mit dem Schiff vom Meer aus, oder mit dem Flugzeug sein Ziel zu erreichen versucht. In entsprechender Weise ist der ‚Betrachter-Standpunkt' in die Ferne gerückt, im Gegensatz zum Standpunkt der Stadtbewohner, die in der Situation eingeschlossen sind. Die städtebauliche Situation kann im Überblick betrachtet werden; die sie konstituierenden Elemente rücken näher zusammen, es eröffnen sich neue und umfassendere Lesarten der räumlichen Gegebenheiten.
Daß diese Fernsicht der Situation für Le Corbusier zur Quelle neuer Inspirationen für seine städtebaulichen Entwürfe wurde, bestätigen die folgenden Aussagen:
„Der Blick eines Mannes, der weiten Horizont vor sich hat, ist stolz; weiter Horizont verleiht Würde. Das sind Betrachtungen eines Städtebauers. Man steigt in ein Flugzeug und segelt wie ein Vogel über alle Buchten hinweg, umschwebt alle Gipfel, dringt ins Innerste der Stadt ein, entreißt ihr mit einem einzigen Blick aus der Vogelperspektive alle Geheimnisse, die sie dem armseligen, auf zwei Füßen kriechenden Erdenwurm mit Leichtigkeit verbergen konnte – und nun hat man alles gesehen, alles begriffen; man wendet und fliegt noch einmal zurück (...). So ist dir nun vom Flugzeug aus alles klargeworden, du hast diese Landschaft – diesen bewegten und komplexen Körper – jetzt verstanden; nachdem die Schwierigkeiten überwunden sind, hat dich Begeisterung ergriffen, du fühlst Ideen in dir wachsen, du bist in Herz und Seele der Stadt eingedrungen, du hast einen Teil ihres Schicksals begriffen."⁶
Diese Feststellungen – sie gelten Rio – stehen, wie spätere Stellen zeigen werden, auch für die übrigen städtebaulichen Konfigurationen, die Le Corbusier ebenfalls vom Flugzeug aus studiert hat. Um die Probleme, die sich einem Entwurf stellen, wirklich zu begreifen, scheint ihm kein Aufwand zu groß zu sein. Erst die Summe der Erkenntnisse, die aus den verschiedenen Betrachter-Standpunkten resultieren, läßt überzeugende, in neuen Dimensionen und Zusammenhängen erscheinende Lösungen zu. Wie sonst könnte man zu der Einsicht gelangen, daß eine Landschaft sich mit einem bewegten und komplexen Körper vergleichen läßt.

Vom analogen Denken als Entwurfshilfe

Wie dieser komplexe Körper in die Entwurfskonzeption integriert werden könnte, im Zusammenhang mit der Lösung der verzwickten Verkehrsprobleme, der Befreiung der Stadt von ihrer „Stadtmittelpunkts-Krankheit", wie dieses komplizierte Zusammenwirken der einzelnen Faktoren zu einer einheitlichen, befriedigenden städtebaulichen Lösung gebracht werden kann – das ist die Problematik der südamerikanischen Städtebauprojekte.
Das dieser Problemstellung adäquate, den vier Entwürfen gemeinsame Lösungsprinzip entdeckt Le Corbusier durch die Betrachtung einer Analogie-Situation. Durch bewußtes Wahrnehmen und Überdenken des Phänomens der mäandrierenden Linie von Flüssen beim Überfliegen des weiteren Entwurfsraumes gelingt ihm eine erstaunliche und präzise Übersetzung eines vorhandenen Potentials in einen städtebaulichen Entwurf. Das Phänomen des sich entwickelnden Flußlaufes und die ihm zugrundeliegenden Gesetzmäßigkeiten inspirieren Le Corbusier zu einem Transfer der Erkenntnisse in einen Weg-Entwurf. Le Corbusier drückt seine Erfahrungen folgendermaßen aus:
„Vom Flugzeug aus habe ich Schauspiele gesehen, die man als kosmisch bezeichnen könnte. Welche Anregung zum Nachdenken, welch ein Sichzurückbesinnen auf die fundamentalen Wahrheiten unserer Erde! Von Buenos Aires aus haben wir das Delta des Paraná überflogen, eines der größten Ströme der Welt (...) stundenlang sind wir stromaufwärts geflogen (...). Der Lauf dieser Flüsse in dem unendlichen flachen Land erläutert friedlich die unerbittliche Konsequenz der Physik: das Gesetz vom größten Neigungswinkel und später, dort, wo alles flach geworden ist, den Lehrsatz von der mäandrierenden Linie. Ich sage ‚Lehrsatz' –, denn die Windung, die durch Erosion entsteht, ist ein zyklisch sich entwickelndes Phänomen, das unbedingt dem des schöpferischen Gedankens, dem der menschlichen Erfindungsgabe gleicht. Während ich aus luftiger Höhe den Verlauf der Windungen verfolge, erklären sich mir die Hindernisse, auf die die menschlichen Dinge stoßen, die Sackgassen, in die sie geraten, und die plötzliche Entwirrung verwickelter Situationen, die wie ein Wunder erscheint. Für meinen eigenen Gebrauch habe ich dieses Phänomen ‚das Gesetz des Mäanders' getauft, und während meiner Vorträge in São Paulo und Rio hab' ich dieses wunderbare Symbol benutzt, als ich meine Vorschläge für städtebauliche oder architektonische Reformen unterbreitete, um mich einem Publikum gegenüber, das ich unter den gegebenen Umständen für fähig hielt, mich der Aufschneiderei zu beschuldigen, auf die Natur berufen zu können."[7]

Das ‚Gesetz des Mäanders' zeigt dem aufmerksamen Betrachter den doppelten Aspekt der anspruchsvollen entwurflichen Ausgangssituation: das Problem und die Lösung. Es ist zugleich auch Sinn-Bild für den Verlauf geistiger Prozesse, wie beispielsweise schöpferischer Denk- und Schaffensvorgänge, und insofern auch Sinnbild für einen wesentlichen Charakterzug Le Corbusiers: das Sichzurückziehen, das Insichgehen, um Zeit und Ruhe zu haben, die verwirrten Situationen aus geistiger und räumlicher Distanz in einfache und klare Fragestellungen zu verwandeln, nach dem Wie und dem Warum zu fragen. Dieser Vorgang – eine sich verschärfende Problemsituation und deren sich aus sich selbst abzeichnenden Lösung – ist, wie Le Corbusier bemerkt, ein zyklisches Phänomen, dem sich der wache Mensch immer wieder gegenübergestellt sieht. Die richtige Betrachtung des Problems kündigt die Lösung an. Der Fluß verhält sich wie die Idee, die Idee wie der Fluß. Der Störenfried selbst ist es, wie Le Corbusier sagt, der die Lösung erbringt: „Ich zeichne einen Fluß (...); das Ziel ist deutlich, der Lauf geht von einem Punkt zum anderen: Fluß oder Idee. Eine (...) Schwierigkeit des Geistes: als Folge eine winzige Krümmung (...). Von links nach rechts wälzt sich das Wasser, immer tiefer nagt es, bohrt und frißt; die Idee verschwimmt in die Breite. Die gerade Linie ist zur Schlangenlinie geworden (...). Die Schlangenlinie wird zum Charakteristikum, der Mäander zeichnet sich ab; die Idee hat sich verzettelt. (...) die Lösung (wird) schrecklich kompliziert."[8] „Der Störenfried selbst liefert die Fortsetzung des Phänomens und die Lösung: Jedes Hindernis zergeht in Nichts und schwindet (...). Das lästige Geschwür bricht auf – und der Weg läuft schnurstracks weiter. Das ist die Lehre vom Mäander, vom Sieg über sich selbst".[9]

Das Sinnbild des Mäanders überträgt Le Corbusier in seine städtebaulichen Entwürfe. Die Idee der großen Weg-Geste, die Nutzung des Prinzips des Pont-du-Gard, das Le Corbusier immer wieder als beispielhaft anführt[10], erlaubt ihm, das Phänomen der Korrektur ausgewaschener Flußwindungen so in die Architektur zu übertragen, daß sich ein Gewinn auf mehreren Ebenen erzielen läßt:

– Aufwertung der alten Stadt durch Schaffung einer starken architektonischen Gesamtform, die die Merkmale der gegebenen Situation, der schon bestehenden Elemente durch ihre kontrastierende Haltung bzw. Erscheinung hervorhebt und sie zu neuen optischen und räumlichen Zusammenhängen verknüpft;

– optimaler Verkehrsfluß für die neue Stadt auf einer bestimmten Höhe: Das Prinzip des Pont-du-Gard wird als eine die Stadt überspannende Autobahn entworfen;

- der Pont-du-Gard als antithetisches Element zu den natürlichen Gegebenheiten und auch zur schon bestehenden Stadt, die zur Topographie keine Kontrastform bildet, sondern sich im Gegenteil den Unebenheiten des Geländes entlangwindet;
- der Pont-du-Gard als ein „plastisches Ereignis im Herzen der Natur";
- der Pont-du-Gard als die zu den vertikalen Erhebungen der Natur hinzugefügte und sie ordnende und betonende Horizontale;
- die neue, übergeordnete Einheit, die durch das harmonische Zusammenwirken der bestehenden und der neu hinzutretenden Teile entsteht.

Städtebauer und Landschaftsarchitekten seien angesichts so gewaltiger Probleme (Verkehrschaos, Topographie) entweder ratlos oder gerettet, falls sie die technischen Mittel zu nutzen wüßten und an ihren kreativen Lyrismus appellieren könnten. In einer unaussprechlichen Symphonie wird die Natur, vereint mit der Geometrie, ein ‚poème plastique'[11] zum Klingen bringen. Der gordische Knoten ist gelöst; die übergeordnete Einheit will nicht die Zerstörung der Gegensätzlichkeiten, sondern ein durch spannungsvolles Gegenüberstellen, durch gegenseitiges Sich-Abgrenzen der Elemente sich ergebendes neues Gleichgewicht, die Ausgewogenheit der kontrastierenden Teile. Diese sich widersprechenden Teile bestärken sich gegenseitig im eigenen Wert, sie ergeben in ihrem Zusammenwirken etwas Drittes, Neues, das mehr ist als die Summe seiner Teile, oder, wie Le Corbusier es ausdrückt, ein unser Herz und unseren Geist aufwühlendes Konzert.[12]

Ziel der südamerikanischen Städtebauprojekte ist es, solche verblüffenden Synthesen zu schaffen. Ein ergreifendes Konzert der aus Gegensätzen bestehenden neuen Einheit wird angestrebt, Lösungen, die, wenn sie wirklich groß sind, sich der Natur mit Heiterkeit vermählen[13] und zu jener Einheit führen, zu der die pausenlose und alles überwindende Arbeit hinführen würde.

Das Prinzip des Pont-du-Gard, eingesetzt als Weg-Gerade, als stadtüberspannende Autobahn, ausgezeichnet als die den topographischen Gegebenheiten entgegengesetzte Horizontale, soll die neue Einheit erzeugen. Zu Rio schreibt Le Corbusier:

„Ich habe mir diesen Anblick aus der Ferne vorgestellt: die schöne breite Reihe der Gebäude – und horizontal über sie hinlaufend die Autobahn, die von Berg zu Berg reicht und die Hand von einer Bucht zur andern streckt (...). Nun hab' ich – bei diesem Fernblick auf Rio – meinen Skizzenblock wieder zur Hand genommen; ich habe die Berge gezeichnet und zwischen den Bergen die künftige Autobahn und die Reihe der Bauten, die sie tragen werden; und eure Bergspitzen, euer Zuckerhut, euer Corcovado, eure Gavea, euer Gigante Tendido – sie alle wurden durch diese klare Horizontale betont

(...). Die ganze Landschaft begänne zu sprechen – Wasser, Erde, Luft; sie spräche die Sprache der Architektur. Es entstünde ein Gedicht aus menschlicher Geometrie und der Phantasie der Natur. Das Auge erblickte zweierlei: die Natur und das Ergebnis menschlicher Arbeit. Die Stadt würde angedeutet durch die einzige Linie, deren Gesang mit dem feurigen Capriccio der Berge zusammenstimmt: die Horizontale."[14]
Durch die Einbeziehung der Natur in das städtebaulich-architektonische Konzept oder, umgekehrt, durch die Integration der architektonischen Idee in die Umgebung, begännen beide, These und Antithese, sich jeweils in der Sprache des andern auszudrücken: Die Architektur spräche von der Landschaft, und die Landschaft spräche von der Architektur. Beide würden sich gegenseitig formulieren, präzisieren und in ihrem Aussagewert potenzieren. Das Symbol des rechten Winkels erscheint im Falle von Rio als das den komplizierteren äußeren Erscheinungsformen – der geschwungenen Autobahn (der Horizontalen) und der in unendlich viele Vertikalen zersplitterten Elemente der Natur – zugrunde liegende Prinzip. Horizontale und Vertikale sind nur als Abstraktionen vorhanden; der Weg (die Autobahn) selber beansprucht für sich nur die eine Hälfte des Symbols, um im Zusammenspiel mit der andern die neue, übergeordnete Einheit zu erzeugen.
Auch im Falle von Buenos Aires ist dies der Fall. Die Projekte für São Paulo und Montevideo zeigen zwar die Form des rechten Winkels auch in ihrem Grundriß, wobei im letzteren Falle der eine Arm der Anlage eine Verlängerung erfährt. Es ist wichtig, auf die komplexe Art der Verwendung desselben Symbols in diesen Entwürfen hinzuweisen. So wird Le Corbusier etwa im Falle von Buenos Aires durch die Erinnerung an seine Ankunft auf dem Schiff, die ihm die Idee der „majestätischen Horizontale" – gebildet aus der einzigen Linie, die durch die einfache Begegnung von Pampa und Meer entsteht, inspiriert, die Stadt durch eine weitere, zusätzliche Horizontale – gebildet aus einer riesigen, ins Meer hinausragenden Plattform, Träger der neuen Geschäftsstadt und der Autobahn – zu bereichern. Allen südamerikanischen Städtebauprojekten Le Corbusiers ist die Idee des aufgestellten rechten Winkels – gebildet aus der Natur (zusammengefaßt in der abstrakten Vertikalen) und der hinzutretenden Geometrie (Weg-System/Bauwerk: zusammengefaßt in der abstrakten Horizontalen) immanent. Der aufgestellte rechte Winkel ist als abstraktes Symbol der neu gewonnenen Einheit der Gegensätze zu sehen.
Zum Projekt in São Paulo schreibt Le Corbusier:
„Wie, wenn man folgendes machte: wenn man von Hügel zu Hügel, von Gipfel zu Gipfel eine horizontale Verbindung von 25 km Länge und dann, unge-

fähr im rechten Winkel, eine zweite Verbindung herstellte, die die übrigen Hauptpunkte berührte? Diese im rechten Winkel zueinander verlaufenden horizontalen Verbindungswege sind die großen Zufahrts- und Durchfahrtsautobahnen der Stadt (...). Diese Autobahnen, die ich euch vorschlage, sind riesige Viadukte (...). Ein präzises Projekt, ein Erlaß. (...) Dieser herrliche Anblick, den die Landschaft dann böte! Welch ein vergrößerter Aquädukt von Segovia, welche gigantischen Ponts du Gard! Der Lyrismus käme hier auf seine Kosten. Gibt es etwas Eleganteres als die klare Linie eines Viadukts in einer bewegten Landschaft, gibt es etwas Abwechslungsreicheres als diese Substruktionen, die im Bestreben, dem Erdboden zu begegnen, tief in die Täler hinabtauchen?"[15]

Die neue, als rechtwinkliges Weg-System entworfene Horizontale wird hier in direkten Zusammenhang mit den kulturellen Bezugspunkten, die eine Vorbild-Funktion innehaben, gebracht: dem Aquädukt von Segovia, dem Prinzip des Viadukts. Die Architektur wird als ein Element beschrieben, das den natürlichen Gegebenheiten mit Respekt begegnet, sich auf sie einläßt und mit ihnen zusammen eine neue Eleganz schafft. Le Corbusier betont auch die Bedeutung der Möglichkeit, in einer städtebaulichen Situation die Gelegenheit zu haben, mit einem „Erlaß" zu reagieren. Dies jedoch würde ein ‚geniales' Bewußtsein voraussetzen, dem eine solche ganzheitliche Lösung zugetraut, ja, dem das Geschick einer ganzen Stadt oder Region anvertraut werden könnte.

Auch im Projekt von Montevideo wird die wechselseitige Aufwertung von Bauwerk und Kontext angestrebt. Das Projekt sieht eine Verlängerung des Vorgebirges wiederum in Form eines Weg-Systems (Autobahn) vor, das sich bis über den Hafen erstreckt und jäh endet. Le Corbusier bezeichnet die optische Aufwertung des Vorgebirges als „Schauspiel der Architektur". Wiederum nennt er seine historischen Vorbilder: Marseille – Vieux Fort, Antibes – die Festung, die Villa ‚Hadriana' in Tivoli (die große Plattform über der römischen Ebene).

Wir können festhalten, daß in den südamerikanischen Entwürfen Le Corbusiers die Idee der übergeordneten Einheit der den Entwurf konstituierenden Teile zentral ist. Es geht um die Integration des Bauwerks, das in den vier diskutierten Fällen im wesentlichen aus einem Weg-System besteht, in die Gegebenheiten des Kontextes. Die Elemente der Situation spielen dabei eine maßgebende Rolle; sie werden als Bestandteile des Entwurfs so in das Gesamtkonzept integriert, daß das ‚Gebaute' als statische Kontrastform in bewußten Gegensatz zu den bewegten Formen der gegebenen Situation tritt.

Das Gebaute tritt auf als die mächtige (zusätzliche) Horizontale, die durch ihren auffallenden – geradlinigen oder geschwungenen – Verlauf die sie um-

gebenden Elemente erst zur Entfaltung bringt und ihre Wirkung aus den formal abweichenden, bewegten Elementen des Kontextes bezieht. Die Vertikale verleiht nach Le Corbusier der Horizontalen erst Sinn, oder umgekehrt, die Horizontale verleiht der Vertikalen Sinn und Bedeutung.[16]
Horizontale und Vertikale sind für Le Corbusier Instrumente, um Gegensätze zu harmonisieren. Dies setzt allerdings zweierlei voraus: erstens, die Fähigkeit, Horizontale und Vertikale auch in ihrer Abstraktion zu sehen. Le Corbusier bemerkt dazu: „Ich möchte so gern, daß Sie die Allmacht der Linien schätzen lernen (...), den Ort aller Maße (...); die(se) klare Linie ist die Grenze zwischen Meer und Himmel (...): ein vertikaler Fels. (...) Seine Vertikale bildet mit der Horizontalen des Meeres einen rechten Winkel. Kristallisation – ein Merkpunkt in der Landschaft. Hier ist der Platz, an dem der Mensch stillsteht – denn hier ist vollkommene Symphonie, das Wunder der Verhältnisse –, Adel. Das Vertikale gibt dem Horizontalen Sinn. Das eine lebt aus dem andern. Hier habt ihr die Macht der Synthese. (...) diesen ‚Ort aller Maße' (...) hier ist der Schlüssel zu den Gedichten der Architektur."[17]
zweitens ein brauchbares Konzept, diese übergeordnete Einheit in einem Entwurf zu realisieren, wie es Le Corbusier mit der Übertragung des Mäanderprinzips auf eine architektonische Weg-Situation gelingt. Das Problem ist ein dialektisches; es gilt aus der Konfrontation von These und Antithese eine Synthese zu entwickeln.
Die südamerikanischen Städtebauprojekte wirken wie eine vielschichtige Botschaft:
– Die Stadt ist als „gewaltiges Bild" zu betrachten, das uns, wie Le Corbusier schreibt, zur aktiven Auseinandersetzung und Bezugnahme herausfordert. In *Städtebau* sagt er:
„Die Poesie ist Menschenwerk – vereinbarte Wechselbeziehungen zwischen wahrnehmbaren Bildern. Die Poesie der Natur ist genau genommen nichts als eine Konstruktion des Geistes. Die Stadt ist ein gewaltiges Bild, das unsern Geist aktiviert. Weshalb sollte die Stadt nicht, auch heute noch, eine Quelle der Poesie sein?"[18]
Die Stadt als „Quelle der Poesie", das ist wohl die treffendste Bezeichnung für die Charakterisierung von Le Corbusiers südamerikanischen Städtebauentwürfen. Er versucht, die in *Vers une architecture* aufgestellten Forderungen – „wir brauchen Städte, (...) deren Gesamtbaukörper schön ist"[19], einzulösen. In *Feststellungen*[20] beklagt sich Le Corbusier über die Stadtväter, die noch immer nicht bemerkt hätten, daß die Straße kein Bodenbelag mehr sei, sondern „ein in die Länge gezogenes Bauwerk, ein Gebäude – ein Körper und

79

nicht eine Haut"; in *Städtebau*[21] redet er von der modernen Straße als einer Art „Fabrik von Länge", die ein Meisterwerk des Ingenieurbaus sein müsse, nicht mehr ein Produkt der Erdarbeiter. Hier spricht Le Corbusier eindeutig den Objekt-Charakter seiner städtebaulichen Weg-Konzepte an. Zugleich weist er auf die Rolle der Technik und des Ingenieurbaus hin, die als zeitgemäße Instrumente dazu dienen, das architektonische Meisterwerk der Poesie zu realisieren, dieses aber niemals selbst darstellen – die Technik im Dienste der ‚Kunst-Architektur'.

Le Corbusiers südamerikanische Stadtentwürfe basieren sowohl auf horizontalen als auch auf vertikalen Bildvorstellungen: „Die flache und leidenschaftslose Küste Argentiniens wird das Zeichen des Schöpfergeistes tragen."[22] Le Corbusier spricht von der „klaren Horizontale", von der von weitem sichtbaren Lichterkette Rios, von der Eleganz der Viadukte in São Paulo, von der „fingerförmig" gegen das Meer hin gespreizten Hand Montevideos als von Bildern, die durch jeweils unterschiedliche Betrachtungsstandpunkte zustande kommen.

– Auch das Hinzugefügte ist eine Botschaft, die verschiedene Lesarten in bezug auf die Rolle des Objekts im Kontext, bzw. des Kontextes in bezug auf das Objekt ermöglicht:

„Ich bin auf die Suche nach größeren architektonischen Wahrheiten gegangen. Ich stelle fest, daß das Werk, das wir errichten, nicht allein, nicht isoliert steht; daß die Atmosphäre der Umgebung weitere Wände, Decken, Böden bildet; daß die Harmonie, die mich vor dem Felsen in der Bretagne so plötzlich stillstehen ließ, überall und immer existiert – existieren kann. Das Werk ist nicht etwas aus sich allein Entstandenes: es gibt ein Außen. Und dieses Außen schließt mich in seine Gesamtheit ein wie in ein Zimmer. Die Harmonie entspringt in der Ferne – überall, aus allem.

Wie weit weg sind wir von den ‚Stilen' (...). Wir befinden uns in einer Ebene, einer flachen, offenen Ebene. Können Sie sich vorstellen, wie die Landschaft mit mir dichtet? (...) Das gleiche Haus ist hier ein ganz anderes (...) Jedesmal entdeckt unser empfindsames Herz neue Schätze. Diese immanenten Realitäten machen die architektonische Atmosphäre aus, und sie sind dem, der zu sehen versteht (...), immer gegenwärtig."[23]

Das kleine Haus, von dem Le Corbusier spricht, wird in den hier behandelten Entwürfen durch die Idee bzw. das Bild des ‚rechten Winkels' und der geraden oder geschwungenen Horizontale ersetzt, die in Form von ‚Weg-Bildern' entsprechend ihrer Umgebung Form und Bedeutung verändern, jedoch immer mit den sie umgebenden Massen und Elementen eine Symphonie, ein poetisches Gebilde zu erzeugen versuchen. In einem Vortrag für Studenten nennt

Le Corbusier die Elemente, die die Komposition einer Symphonie ermöglichen: „das Gesetz der Sonne, die Landschaft, die Topographie, den Maßstab der Bauwerke, die äußere Zirkulation (...), die innere Zirkulation, die zahllosen Hilfsmittel der technischen Erfindungen (...), die Einführung neuer Baustoffe und die Bewahrung der uralten Materialien."[24] Auf seiner ‚voyage d'Orient' im Jahre 1911 habe er die der Landschaft angepaßte Architektur entdeckt. „Mehr noch, die Architektur war Ausdruck der Landschaft, war Sprache, Beredsamkeit des Menschen (...)."[25] Der Parthenon, die Akropolis hätten ihm eine Lektion erteilt. Er legt seinen Zuhörern nahe, in derselben Weise vorzugehen, das Reich der engen viereckigen Zimmer auszuweiten bis zu den Grenzen des Horizonts. Das architektonische Werk sollte, wie Le Corbusier dies in seinen Stadtentwürfen für Südamerika versucht hat, dem Außen etwas zufügen, gleichzeitig aber dieses Außen ins Innere aufnehmen. Das sei „atmosphärisch" komponieren.[26] Für Le Corbusier ist eine Situation etwas, das sich durch architektonische Eingriffe verändert. Landschaftstypen sterben und erstehen wieder.[27] Das architektonische Werk und die Situation sind als Ganzheit, wie Kopf und Körper zu betrachten. Mit dem Zusammenfügen verändern sie sich gegenseitig: nicht durch Entgegensetzung, sondern durch die Bildung eines gleichgewichtigen Kontrastes. Durch seine kontrastierende Haltung macht das architektonische Objekt auf die Qualitäten des Kontextes aufmerksam und umgekehrt erhält es durch die gegensätzlichen Elemente der Natur seine andersartige Bedeutung. Um der Landschaft Gewicht zu verleihen, müßte man sie einschränken, ihr ein Maß geben.[28] Dieser Gedanke ist in den südamerikanischen Projekten spürbar. Mit der jeweiligen horizontalen Ordnungsstruktur, den Weg-Bildern, versucht Le Corbusier die Elemente der Situation zusammenzubinden, sie in präzise Bezüge zueinander und zur Architektur zu setzen. Die ‚objets trouvés' der Situation werden durch das architektonische Element der Weg-Struktur zu einem Ensemble, zu einem Gesamtgebilde arrangiert.

Le Corbusiers „La maison, qui fait le paysage" ließe sich ergänzen: ‚Le paysage, qui fait la maison' – so wäre das künstlerische Werk, das Le Corbusier in seinen südamerikanischen Stadtentwürfen gelungen ist, präzise umschrieben. „Das Gebäude mag 100000 Kubikmeter haben, aber das, was sich in der Umgebung befindet, hat Millionen von Kubikmetern und muß berücksichtigt werden."[29]

Im weiteren finden sich in diesen Projekten mehrdeutige Aussagen zum Thema Weg und Bewegung.
Einerseits zeigen die Stadtentwürfe die statische Darstellung des Phänomens

der Bewegung in der Ebene, in Form gewaltiger Horizontalen. Andererseits wird die effektive Bewegung durch dieselben architektonischen Elemente auch dadurch ermöglicht, daß diese Objekte Straßen, Autobahnen, also Wege sind. Als dritten Bezug zum Phänomen der Bewegung kann die Tatsache genannt werden, daß die architektonischen Objekte beim Betrachter eine Bewegung der Augen erzeugen, die dem horizontalen Verlauf der Formgebilde und der davon abweichenden Elemente der Umgebung folgen. Das Auge des Betrachters ist ständig in Bewegung, um das Schauspiel der sich in Harmonie befindenden Widersprüche zu erfassen.

– Zudem sind die Weg-Konzepte ‚multifunktionale' Elemente. Die südamerikanischen Projekte sind nicht nur Autobahnen, Straßen, sie sind Promenaden, „Gärten der Semiramis", befahrbare und begehbare Dächer, auch die „Linie gegen den Himmel", Profil der Stadt:
„Stadtoberfläche für Gärten und Promenaden. Poetisch ausgedrückt: die Gärten der Semiramis sind da; (...) Die Linie, die die Stadt an den Himmel zeichnet, ist rein, und sie vergönnt uns, die Stadtlandschaft in weiter Großzügigkeit zu ordnen. Und dies ist grundlegend. Ich wiederhole, diese Linie gegen den Himmel ist ausschlaggebend für die Empfindung; sie ist nichts anderes als beim Bildhauer das Profil, der Umriß (...) Prinzip der Linienführung."[30]

Das Dach der Stadt, diese für das Auge so wichtige Linie, die Schmerz oder Freude verursachen kann, das gewaltige zweite Profil, das dem ersten, von der Natur gebildeten, entgegengestellt wird, soll dem Menschen neben der Verkehrserleichterung auch Aufenthaltsort, Spazierweg und poetisches Element sein. Diese mehrfach nutzbaren Weg-Anlagen sind aber noch mehr: Sie werden von Gebäudeblocks getragen, die für Menschen bestimmt sind, von Villen-Blocks, die den Boden der Stadt aufwerten würden. Viadukte auf Stahlbetonkonstruktionen, die man im Zentrum der Stadt zu Büros, an der Peripherie zu Wohnungen ausbauen könnte.

„Wir werden dem, was den Mechanismus der Stadt ausmacht, das überordnen, was man die Seele der Stadt nennen kann. Seele einer Stadt ist das, was sich für die praktischen Gebärden des Daseins als unnötig herausstellt, was ganz einfach Poesie ist; Seele einer Stadt ist ein absolutes, mit unserem Wesen verknüpftes Gefühl, ein schlechthin einzigartiger Zustand (...). Ein Städtebau, der sich um Glück oder Unglück sorgt, der es sich zur Aufgabe macht, das Glück zu schaffen und das Unglück zu verbannen, das wäre eine würdige Wissenschaft in dieser Zeit der Verwirrung. (...) Einmal entsagt sie dem bitteren, blöden Sturm des Individualismus nach egoistischen Begierden. (...) Sie beweist vielmehr das Von-selbst-zur-Vernunft-kommen im kritischen Au-

genblick; (...) alles (...) einem mächtigen schöpferischen Ziel entgegengetrieben."[31]
Es genügt keineswegs, den funktionellen und mechanisch-konstruktiven Anforderungen gerecht zu werden. Eine Stadt gleicht einem Gebilde, das eine Seele hat und über eine Ausstrahlungskraft verfügt. Diesem Wesen Stadt gilt Le Corbusiers Aufmerksamkeit. Die Gesetzmäßigkeiten der Stadt unterliegen denselben kosmischen Gegebenheiten, die für Mensch und Natur gelten. Zu der neuen, der heutigen Zeit gemäßen und würdigen Wissenschaft gehört das „Prinzip der kosmischen Integration", dessen Berücksichtigung für den Menschen Möglichkeiten der Beziehung zu Architektur und Natur öffnet.
Was bleibt denn mehr zu tun, fragt Le Corbusier in *Städtebau*[32], beim Zusammentreffen der geometrischen Elemente der Architektur und der malerischen Elemente der Vegetation, angesichts eines solchen Reichtums an formgebenden Elementen, als diese Schätze zu entfalten? Darum bemüht sich Le Corbusier mit größter Hingabe – auch wenn man erwähnen muß, daß für die Menschen der Stadt die diesen Stadtentwürfen zugrunde liegenden Wahrnehmungspositionen Ausnahme bleiben, daß sie im wesentlichen ‚im Bild' leben, statt es aus der Vogelperspektive zu betrachten. Le Corbusiers Visionen bleiben im Maßstab des Territoriums. Sie kümmern sich weder um die riesigen Schatten, die die monströsen städtebaulichen Implantate auf das Leben am Fuße der neuen Ponts-du-Gards werfen würden noch um die möglichen Veränderungen des Mikroklimas etc.

Das ‚Mundaneum-Projekt', Genf 1929: eine Neuformulierung des Typs der ‚Heiligen Stadt'

Vom Weg-Kreuz als weltabbildender Architekturformel

73, 74 Le Corbusier, Mundaneum-Projekt, 1929, Übersichtsperspektive und Situation

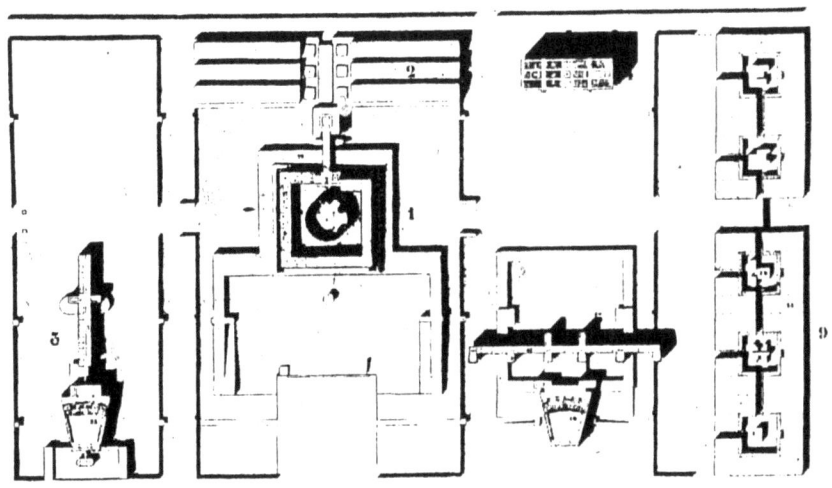

75, 76 Le Corbusier, Mundaneum-Projekt, 1929, Areal-Übersicht und Proportionstudien

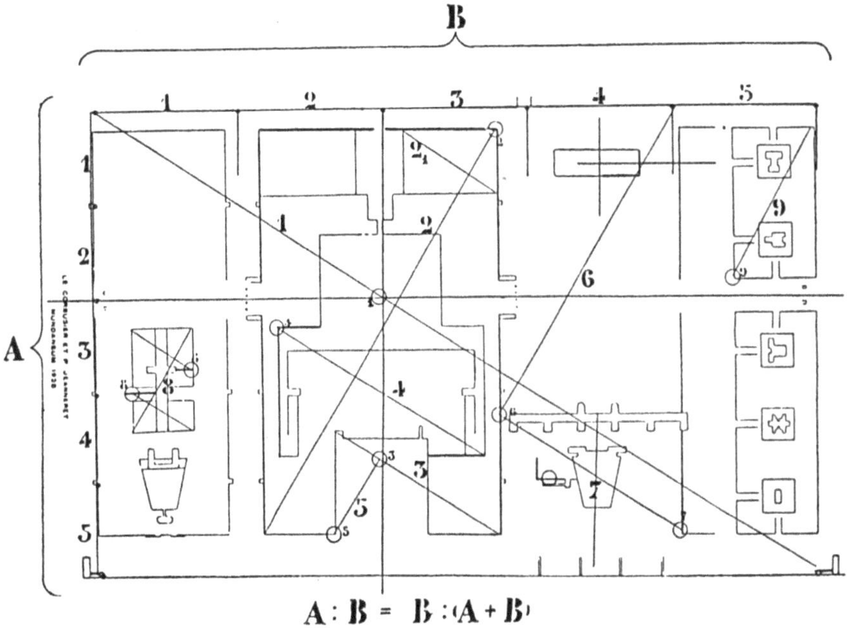

$$A : B = B : (A + B)$$

1929 formuliert die ‚Sociéte des Nations', die ihr zehnjähriges Bestehen feiert, die Idee eines ‚Weltstadtprojektes'[1]. Paul Otlet schreibt dazu:
„Dieser historische Moment – der unsrige – könnte er nicht derjenige sein, der, Tatsachen, Projekte und Umstände koordinierend, uns die Kräfte vereinen lassen würde, um an den Toren zu Genf jenes tatkräftige Instrument der aktuellen humanistischen Anliegen, welche nach Frieden und Fortschritt verlangen, zu erbauen: die Weltstadt?"[2]
Besondere Beachtung innerhalb dieses Projekts verdient die Besorgnis um das intellektuelle und moralische Zusammenleben auf internationaler Ebene. Otlet führt dazu aus, daß sich das universelle Leben nicht in politischen, ökonomischen und sozialen Aspekten erschöpfe, sondern daß auch die Wissenschaften, die Künste, die Erziehung, die moralischen und geistigen Fragen der Zeit als zentrale Bestandteile des menschlichen Lebens der internationalen Zusammenarbeit bedürften.
Le Corbusier wird eingeladen, einen Vorschlag für die städtebauliche Konzeption zu entwerfen, die aus vierzehn verschiedenen Teilen besteht. Das Mundaneum, auf das sich unser Interesse richtet, ist jener Teil der ‚Cité Mondiale', der den künstlerischen, moralischen und geistigen Aspekten des menschlichen Lebens gewidmet ist, ein erzieherisches Zentrum, das fünf große Institutionen vereint: Bibliothek, Museum, Wissenschaftsvereinigungen, Universität und Forschungsinstitute.[3] In *Extraits de l'architecture vivante* schreibt Le Corbusier über das Mundaneum-Projekt:
„Es handelt sich hier, vom architektonischen Standpunkt aus gesehen, um einen Versuch der ‚haute architecture' (...). Der gewählte Ort liegt zwischen dem Grand-Saconnex und Préfny, auf einem erhabenen Plateau, die ganze Umgebung von Genf beherrschend und sie, an den vier Hauptpunkten, mit den majestätischsten Ausblicken ausstattend. (...). Die Diagonalen des Weltmuseums, auf denen die architektonische Komposition aufgebaut ist, markieren rigoros die vier Kardinalpunkte (...) Die Längsachse öffnet sich auf der einen Seite auf den oberen Teil des Sees, auf der gegenüberliegenden auf die Berge von Ain. Der Ausblick ist nach allen Seiten dominant. Das Mundaneum ist als rechteckige Stadt konzipiert. Das Verhältnis von Breite und Länge (...) ist durch den Goldenen Schnitt gegeben. Alle übrigen inneren Unterteilungen des Rechtecks gehorchen demselben Modul des Goldenen Schnittes; so herrschen große Einheit und ausgewogene Proportionen. Die vier Ecken des Weltmuseums bezeichnen exakt die vier Kardinalpunkte. (...) Die Funktionen des Mundaneums sind sehr unterschiedlich. Jedes Gebäude ist eine Einheit, die mehr oder weniger von ordnenden Umfassungen umgeben wird. Diese Umschließungen öffnen sich nach Bedarf, vor allem entlang

der beiden Hauptachsen, deren Kreuzungspunkt die Spitze der Pyramide des Weltmuseums bildet; die beiden Achsen ergeben sich durch die Teilung der Seiten der Hauptumschließung im Goldenen Schnitt; durch die Neigung des Terrains öffnen die beiden Achsen die Komposition auf die zwei ergreifendsten Aspekte der Landschaft: den Mont Blanc und den Haut-Lac."[4]
Le Corbusier liefert mit dieser Charakterisierung der Mundaneums-Anlage eine exakte Beschreibung des Typs einer ‚Heiligen Stadt', wie Werner Müller sie in seinem gleichnamigen Buch[5] schildert. In seiner Forschungsarbeit weist er die Präsenz des Weg- oder Achsenkreuzes in Verbindung mit dem Stufenberg, der betonten Mitte, als ‚Weltabbildender Architekturformel' nach: vom Altitalischen (Roma quadrata) über den Germanischen (das Himmlische Jerusalem, mittelalterliche Idealstadt) und Indogermanischen (Uranopolis, indische und iranische Königsstädte, Städte in Hinterindien und Afrika) bis zurück zum megalithischen (Berg Zion und Schöpfungsfelsen, Stufenformen in Westeuropa) Kulturraum.
Müller hält es für undenkbar, daß eine solche Häufung derselben kosmologischen Architekturform, des ‚Viererweltbildes', wie er es nennt, sich einem Zufall verdankt.
Daß unterschiedliche Erscheinungsformen ein gemeinsames Prinzip besitzen, verweise auf verwandte geistige und geschichtliche Fundamente.

Charakteristika des Typs der ‚Heiligen Stadt'

1. Der rechte Winkel, die Vierung oder das Weg-Kreuz
Le Corbusier sagt, daß alles, das vom Menschen stamme, sich in einem Form-System ausdrücke, das ein „Spiegelbild des Geistes" sei, der seinen Aufbau befahl.[6] Er behauptet, daß namentlich der Gebrauch der Geraden und des rechten Winkels besonderes Zeugnis für Kraft und Willen ablegten. Die Anwendung dieser Formen falle in die Gipfelepochen der Menschheit. Kultur sei ein Geisteszustand der Rechtwinkligkeit; man müsse stark genug sein, Geraden ziehen zu können und zu wollen, daß der Augenblick der Geraden in der Geschichte einen Endpunkt bezeichne, dem Parthenon oder dem Typ des Voisin-Autos vergleichbar.
Zum Beweis nennt Le Corbusier Babylon, Peking, die ägyptischen Tempel, die rechtwinkligen Städte Nordafrikas, die Heiligen Städte Indiens, Städte des römischen Kaiserreiches.[7]
Das Prinzip der ‚Vierteilung mit betonter Mitte' scheint tatsächlich eine Art ‚Urzelle der Religionen' zu sein:

„Die prähistorische Pfahlbausiedlung, die Hütte des Wilden, Haus und Tempel Ägyptens, Babylon (...), die chinesische Stadt der hohen Kultur, Peking, alle zeigen einmal, wie der rechte Winkel und die Gerade sich unlösbar an jede Menschentat heften (...), beweisen sodann, wie der Geist auf der Höhe seines Könnens und seiner Größe sich durch den rechten Winkel ausspricht, (...) einziges, feststehendes, reines System, tauglich, sich und die Idee des Ruhmes (...) an die Idee der höchsten Reinheit zu knüpfen, Urzelle der Religionen."[8]
Le Corbusier versucht hier, ein Symbol als kollektives Gut der Menschheit zu verstehen. Die Anwendung des Symbols scheint sich nicht auf den Maßstab der Stadt zu beschränken; einzelne Gebäude – Tempel, Kirchen, Hütten – lassen sich ebenfalls als Beispiele anführen. Auch im Mundaneum-Projekt wird die zentrale Pyramide als auf diese Ordnung bezogen beschrieben.
Auf die Frage, welche möglichen kollektiven Inhalte oder Vorstellungen diesem Symbol bzw. Sinn-Bild des rechten Winkels, der Vier-Teilung, wohl zugrunde liegen, können wir hier keine auch nur annähernd vollständige Antwort geben; das wäre vielleicht sogar in einer gesonderten Untersuchung nicht möglich. Pennicks Beschreibung[9] soll uns hier deshalb, stellvertretend, als mögliche Antwort dienen:
„Ein menschliches Wesen sieht die Welt (...) mittels seiner körperlichen Anwesenheit in ihr, und, wie ein bisymmetrisches Tier, hat es vier Grundorientierungen oder Richtungen: vorne, hinten, links, rechts. Diese entsprechen im Kleinen dem Makrokosmos der Erde (...), die durch ihre Struktur vier Richtungen voraussetzt, welche durch die beiden Pole der Achse, um die sie sich dreht, Norden und Süden, und die Richtungen der aufgehenden und der untergehenden Sonne, Osten und Westen festgelegt sind (...). Geradeso wie das Individuum (...) der Mittelpunkt seiner Erfahrung ist, die in Beziehung zu vier Richtungen wahrgenommen wird, ebenso ist in geomantischer Überlieferung der Omphalos (Nabel) der zentrale Bezugspunkt, von dem aus die vier Richtungen betrachtet werden. (...) Die vier Richtungen versinnbildlichen die Stabilität des Omphalos, an dem sie ihren Anfang nehmen (...). So wie den vier Richtungen ihre heiligen Entsprechungen zugeschrieben wurden, so diente das kosmologische Schema der vier Viertel der Erde als Grundlage sowohl für den geomantischen Entwurf der Städte als auch (...) für die ideale Gestaltung ganzer Länder. Die Konzepte von der vierfachen Teilung der Welt und den entsprechenden Schutzmächten sind in nahezu allen Kulturen aufgetaucht."
Im Unterschied zu Pennick, der im Zusammenhang mit der Vierteilung die Abbildfunktion der vier Viertel der Erde betont, heben Werner Müller oder auch Aniela Jaffé, eine Mitarbeiterin C. G. Jungs[10], den Bezug des rechten

Winkels zum Achsenkreuz, dem Weltennabel oder Omphalos, besonders hervor. Interessant aber ist die bei allen drei Autoren auftauchende Idee der Stabilitätsfunktion, die dem Achsenkreuz mit dem Omphalos in der Mitte zugeschrieben wird.
Eine analoge Aussage, die auf den gleichen Vorstellungen beruht, findet sich auch bei Le Corbusier:
„Das Gesetz der Schwere scheint uns den Kampf der Kräfte zu entscheiden und das All im Gleichgewicht zu halten; dank ihm haben wir die Vertikale. Am Horizont zeichnet sich die Horizontale ab; eine Linie, die für uns Inbegriff der Unbeweglichkeit ist. Die Senkrechte bildet mit der Waagrechten zwei rechte Winkel. Es gibt nur eine Senkrechte, es gibt nur eine Waagrechte: Sie sind zwei feststehende Größen. Der rechte Winkel ist gleichsam die Integrale der Linie vom transzendentalen Grundriß der Unbeweglichkeit. Die Vertikale ergibt mit der Horizontalen zwei rechte Winkel. Es gibt nur eine Vertikale, es gibt nur eine Horizontale; es sind zwei Konstanten. Der rechte Winkel ist sozusagen der Totpunkt der Kräfte, die die Welt im Gleichgewicht halten. Es gibt nur einen rechten Winkel, aber es gibt eine unendliche Menge all der anderen Winkel."[11]
Der Begriff ‚transzendentaler Grundriß' deutet auf den nichtmateriellen Ursprung dieses Symbols hin, das auf einen geordneten Punkt im Kosmos verweist. Mit der Aussage, es gebe nur einen rechten Winkel, zeigt Le Corbusier in prägnantester Form die orts- und richtungsunabhängige oder, anders ausgedrückt, die universelle Brauchbarkeit dieses Sinnbildes auf.
Le Corbusier geht in der Beschreibung dieses Symbols über diesen kollektiven Gehalt hinaus, wenn er sagt, daß dieses Sinnbild der „Geste des menschlichen Bewußtseins" entpreche, also Symbol des menschlichen Geistes sei.[12]
Mit dem Konzept der Viertelung war gleichzeitig das architektonische Konzept der „vier Wege" geboren. Als Wege zum Zentrum oder Ziel, dessen ausgezeichnete Stelle im Mundaneum-Entwurf vom ‚Musée Mondial' besetzt wird, und als Wege vom Punkt der Mitte, vom Ort des Gleichgewichtszustandes wegführend in die vier Richtungen, die entweder den vier Himmelsrichtungen entsprachen oder auf sie in bestimmter Art Bezug nahmen, bedurften sie der besonderen Inszenierung.
Für die Beziehung der „vier Wege" oder der beiden Hauptachsen mit der sie umgebenden Landschaft hat Le Corbusier die Bezeichnung „Réponse aux quatre horizons" – Antwort auf die vier Horizonte – gewählt. Im Mundaneum-Projekt hat er in seiner Beschreibung auf diese Bezugnahme hingewiesen, auf die Öffnung der Achsen auf die beiden ergreifendsten Momente jener Landschaft.

Le Corbusier setzt seine architektonischen Ideen nie nur auf eine Art um. Auch in seinem Projekt für Ronchamps, das nicht in derselben Art das Vorhandensein der zwei Achsen zeigt, nimmt er Bezug auf die vier Himmelsrichtungen:
„Eine Kapelle der Pilgerfahrten auf den letzten Ausläufern der Vogesen, wird ein Ort der Sammlung und des Gebets sein. Sie beherrscht im Westen die Ebene der Saône, im Osten die Vogesenkette und im Süden und Norden zwei kleine Täler. Die Landschaften dieser vier Himmelsrichtungen sind eine Gegenwart, sind die Gäste. An diese vier Himmelsrichtungen wendet sich die Kapelle durch die Macht, eines in das ‚Reich der Formen eingeführten akustischen Wunders'." [13]

2. Der „Todpunkt der Kräfte" oder der Kreuzungspunkt oder Omphalos
Der „Todpunkt der Kräfte", wie Le Corbusier den Kreuzungspunkt der beiden sich schneidenden Geraden oder Achsen bezeichnet, dieser „ausgezeichnete Ort" ist seit jeher Gegenstand unendlich vieler, einander verwandter und doch in unterschiedlicher Verkleidung erscheinender mythologischer Geschichten. Er wird in der Fachliteratur Weltennabel, Grube, Mundus usw. genannt; immer ist er ein bemerkenswerter ‚Ort': Durch das Setzen eines Steins etwa wird die zügellose, „ungezähmte Energie eines Ortes" fixiert. In Omphaloslegenden geht es immer um die Errichtung einer Ordnung anstelle des Chaos; häufig werden Kämpfe mit der Schlangenkraft der Erde dargestellt. Die Setzung des Omphalos, als Ritual gestaltet, setzt die Fähigkeit des Aufspürens bestimmter ‚energetischer Orte' voraus und markiert dann eine Stätte, an der das Irdische und das Himmlische einander berühren. Le Corbusier hat an einen solchen ‚Ort' ein Instrument der Erkenntnis gesetzt, das den materialistisch ausgerichteten Menschen die Möglichkeit des Rückbezugs auf ihre geistigen Quellen gewähren soll: das Musée Mondial.[14]

3. ‚Hauts-Lieux' oder ‚Besondere Orte'
Im Zusammenhang mit der Situierung eines architektonischen Werks und der Wahl besonderer Orte findet sich bei Le Corbusier der Begriff ‚Hauts-Lieux'. Gemeint sind Orte, die besondere physische und moralische Qualitäten oder Ausstrahlungen haben und sich durch besondere Reinheit auszeichnen. Als Beispiel nennt Le Corbusier Ronchamps, ein auserwählter Ort, ein ‚haut lieu', an dem es früher heidnische Tempel, in späterer Zeit christliche Einrichtungen gab. In seiner Beschreibung, die in Andeutungen steckenbleibt, redet er von geweihten Orten, deren Hintergründe nur schwer zu verstehen seien.[15]

Vielleicht denkt er an Überreste von Katharerburgen. Die Katharer haben die Bezeichnung ‚hauts-lieux' für die besondere Lage ihrer Burgen, wie beispielsweise Montségur, gewählt, das sich im wahrsten Sinne des Wortes ‚en plain air' befindet, zu seinen Füßen ringsum die vier Horizonte ausgebreitet. Offenbar gehören zu diesen ausgewählten Orten der erhöhte Standpunkt, der die Sicht nach allen Seiten freigibt. Besonders wichtig war diese Voraussetzung natürlich für jene Anlagen, die als ‚Observatorien' vorgesehen waren. Die Sonne mußte freien Zutritt zur Architektur des Ortes haben. Niel[16] versucht in seinen Nachforschungen über die beiden Katharerburgen Montségur und Quéribus deren Bestimmung als Observatorien nachzuweisen.

4. Die sorgfältig aufeinander abgestimmten Maße der gesamten architektonischen Anlage
Auf die Bedeutung der harmonischen Übereinstimmung aller Teile mit dem Ganzen werden wir sowohl in der schon erwähnten Literatur als auch von Le Corbusier in seiner Projekt-Beschreibung hingewiesen. Le Corbusier betont, daß das Mundaneum nicht nur auf dem Weg-Kreuz und dem Todpunkt der Kräfte aufgebaut sei, sondern daß sich sämtliche Maße, sowohl von Körpern als auch von räumlichen Gliederungen, auf das harmonische Bezugssystem des Goldenen Schnittes beziehen.
Wie alt die Thematik der ‚Heiligen Stadt', der ‚Stadt als Abbild des Kosmos' ist, sollen die beiden folgenden Textstellen beleuchten:
„Und die Stadt liegt viereckig, und ihre Länge ist so groß wie die Breite. Und er maß die Stadt mit dem Rohr auf zwölftausend Feld Wegs. Die Länge und die Breite und die Höhe der Stadt sind gleich."[17]
„Das hohe Alter des viergeteilten Planes, der das überwältigend häufigste Bild der idealen Stadt ist, wird durch die alte ägyptische Hieroglyphe für Stadt bewiesen, die ein viergeteilter Kreis ist."[18]
Für Le Corbusiers Denken ist die Erkenntnis, daß die Architektur vergangener Epochen Ausdruck oder Sinnbild der jeweiligen religiösen bzw. geistigen Auffassung ist, grundlegend.
In einem Brief an seinen früheren Freund und Lehrer L'Eplattenier aus dem Jahre 1908 kommt er auf dieses Thema zu sprechen. Als Einundzwanzigjähriger, erstmals in Paris und ununterbrochen damit beschäftigt, seinen Horizont zu erweitern, schreibt er in innerlichem Aufruhr und voller Vorwürfe:
„Ihr, Grasset, Sauvage, Jourdain, Paquet und andere, Ihr seid Lügner, – Grasset, ein Muster an Ehrlichkeit, Lügner, weil Ihr nicht wißt, was es mit der Architektur auf sich hat – aber Ihr anderen, Ihr Architekten, Lügner, jawohl und noch mehr, Schwachköpfe. Der Architekt muß ein Mensch sein mit lo-

gischem Verstand; (...) ein Mensch der Wissenschaften und noch mehr des Herzens, Künstler und Gelehrter. Ich weiß es – und niemand von Euch hat es mir gesagt: die Ahnen reden wohl zu denen, die sie um Rat nachfragen. Die ägyptische Architektur war so, weil die Religion so war, und auch die zur Verfügung stehenden Materialien. Eine Religion der Geheimnisse, (...) – ägyptischer Tempel. Die gotische Architektur war so, weil die Religion so war und auch die Materialien. Eine Religion der Expansion und der kleinen Materialien – die Kathedrale. (...) Man spricht von einer Kunst von morgen. Diese Kunst wird sein. Weil die Menschheit ihre Art zu leben und ihre Art zu denken verändert hat. Das Programm ist neu."[19]

Le Corbusier nennt seine Lehrer und Lehrmeister ‚Lügner' nicht etwa weil er meint, sie hätten ihn bewußt belogen; Lügner sind sie infolge ihrer ‚Unwissenheit'. Diese Aussage, die an Platon erinnert, der Unwissenheit als Sünde bezeichnet, zeigt in ihrer Heftigkeit, wie aufgewühlt der junge Le Corbusier ist durch seine Funde, wie engagiert er sich mit der Beziehung zwischen geistigem Gehalt und äußerer Form in der Architektur beschäftigt. Man könnte diese Art der architektonischen Bezugnahme auf die geistig-religiösen Hintergründe als *„religiösen Symbolismus"*[20] bezeichnen. Damit eine solche Architektur überhaupt entstehen kann, genügt es natürlich nicht, bauen zu können; die Architekten solcher Werke müssen neben der Denkkraft auch über seelische und geistige Kräfte verfügen, sie müssen Künstler und ‚Wissende' sein.

Der von Le Corbusier in diesem Zusammenhang gebrauchte Ausdruck ‚savants' ist als deutlicher Verweis auf seine katharischen Hintergründe zu verstehen[21]; die Katharer nannten ihre Wissenden oder Eingeweihten ‚savants'.

Daß solche Überlegungen Le Corbusier zu einem Lebensthema geworden sind, zeigt uns eine weitere Aussage aus dem Jahre 1942, also 34 Jahre nach dem oben erwähnten Brief. Er spricht vom mittelalterlichen Architekten als einem privilegierten „maître d'oeuvre", dessen Wissen in einer religiösen Tradition wurzelt und der demzufolge eingeweiht sei in die Geheimnisse althergebrachten Wissens. Die Meister des Mittelalters wußten seiner Meinung nach wohl, wie sie den Grundstein legen mußten, wie sie ihn zu orientieren und wie sie die bedeutungsvollen, aufeinanderbezogenen Elemente einzuteilen hatten, um der hierarchischen Ordnung exakten Ausdruck zu verleihen. Le Corbusier nennt die Kathedrale von Chartres als Beispiel dafür, wie die ihr zugrunde liegenden Ordnungsbeziehungen (die übrigens auch in der Natur vorkommen) durch zahlenmäßige Proportionen sichtbar gemacht werden können.[22]

Im Zusammenhang mit dem Mundaneum-Projekt – vom Standpunkt der

Architektur aus gesehen ein „essai de haute architecture", ein Versuch, bedeutende, ‚höhere' Architektur zu schaffen – kann schon an dieser Stelle darauf hingewiesen werden, daß Le Corbusier sich in einer durchaus den mittelalterlichen ‚maîtres d'oeuvres' vergleichbaren Situation gesehen hat. Wie wir aus Paul Otlets Erläuterungen wissen, sollte der Mundaneum-Teil der Cité Mondiale den intellektuellen, erzieherischen, künstlerischen und moralischen Aspekten menschlicher Interessen gewidmet sein. Otlet greift sogar den Gedanken eines möglichen neuen internationalen Glaubens auf, der gleichsam eine weltweite gemeinsame geistige Grundlage der Völker bilden könnte: „Im geistigen und religiösen Bereich ist der Internationalismus ziemlich alt. Vor zwanzig Jahrhunderten wurde das Christentum als universelle Religion gegründet. Auch der Buddhismus, das Judentum, der Islam sind nicht mehr an nationale Grenzen gebunden (...). Im Bereich der Friedenskirchen und der sozialen Probleme, der gegenseitigen Verständigung und Respektierung der verschiedenen Religionen arbeitet man ständig zusammen, auch für eine gemeinsame religiöse Basis, die entweder in einem Minimum an gemeinsamen Prinzipien oder einem neuen Glauben bestehen könnte. Die Bedeutung dieser Bewegung wurde lange Zeit unterschätzt (...). Es wurde eine ständige interreligiöse Organisation gefordert; die Idee eines Tempels aller Religionen wurde formuliert (...)."[23]

Die Situation, in der sich Le Corbusier durch den Auftrag, einen Entwurf für eine Weltstadt zu konzipieren, befindet, bildet einen jener seltenen ‚Momente' der Geschichte, von denen Provensal in seinem Buch *L'art de demain* immer wieder spricht, eine ‚Wende', die es wahrzunehmen gelte. Die Zeit ist gekommen, die nach jenen wachen, bewußten, von Provensal als ‚phares' bezeichneten Zeitgenossen ruft, die, wie Le Corbusier es nennt, bereit seien, etwas Großes zu leisten. Eine neue Ära beginnt: Der Kunst wird Gelegenheit geboten, zu ihrer Quelle zurückzukehren und eine neue Richtung zu nehmen. Sie ist dazu aufgerufen, durch die im Dienste der Menschheit stehenden Künstler die großen Mysterien in die Welt der Stoffe zu übersetzen, ihnen Ausdruck zu verleihen. Unsere Epoche, sagt Provensal, biete ein ausgezeichnetes Terrain für das Aufblühen neuer Ideen und Gedanken, die eine solide Basis für das ‚Kolossale Monument' bilden könnten, für das ‚monument de la grande synthèse'[24], das die wunderbaren moralischen Inhalte der Religionen und Philosophien darstellen könnte.

Le Corbusier sieht sich zu diesem Zeitpunkt in die Lage versetzt, in einem Entwurf zu realisieren, was er schon in seinem Brief an L'Eplattenier von 1908 in bezug auf Provensals Gedanken anspricht: „das neue Programm". Er sieht den Augenblick gekommen, in dem alle Mittel erprobt sind und das

vollkommene Werkzeug eine vollkommene Ausführung gewährleistet:
„Die Zeit des Kampfes ist vorbei (...) und da wir in unserem Geist konstruieren, (...) erkennen wir das Beste; (...) wir schaffen in Verhältnissen. (...) Unter der Masse der Formen (...) treffen wir die Wahl der reinsten (...), unsere Schöpfungen sind formvollendet und rein, (...) ein Spiegelbild des Geistes."[25]
Dieses „neue Programm" zu formulieren, bedeutet für Le Corbusier, durch seine Architektur eine Orientierungshilfe zu schaffen, die den „Stand der Dinge" anzeigt.

4 Architektur als Erziehungsmittel (Der kulturpolitisch-pädagogische Ansatz)

Der Weg als Ausdruck,
zugleich als Forderung eines Erfahrungs- und Erkenntnisprozesses:
das ‚Musée Mondial', Genf 1929

„*Das Leben jedes Menschen ist ein Weg zu sich selber hin, der Versuch eines Weges, die Andeutung eines Pfades. Kein Mensch ist jemals ganz und gar er selbst gewesen; jeder strebt dennoch, es zu werden (...). Mancher wird niemals Mensch.*"[1]

77–80 Le Corbusier, Musée Mondial, 1929, Perspektive und Grundrisse

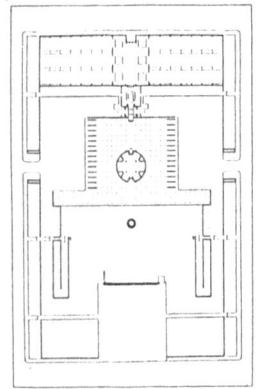 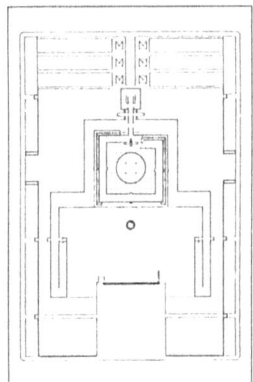 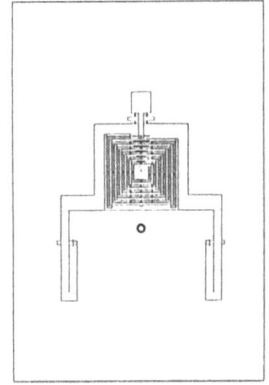

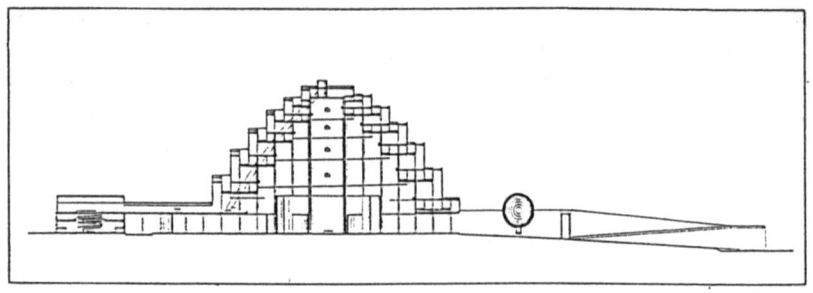

81–83 Le Corbusier, Musée Mondial, 1929, Schnitt und Ansichten

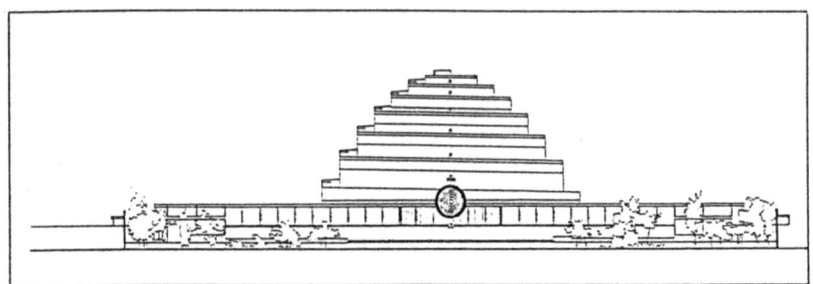

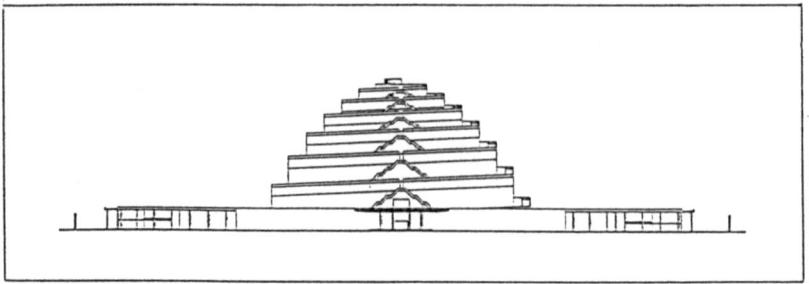

Die dritte Betrachtungsweise führt uns zum Kern der kulturpolitisch-pädagogischen Absichten Le Corbusiers, die er durch Architektur zu vermitteln versucht.

Den Anforderungen an die Architektur und an die Architekten, seiner Geschichtsauffassung und seiner Sicht des Menschen entsprechend, ist für Le

Corbusier eine der wichtigsten Forderungen an die Architektur kulturpädagogischer, didaktischer Art.
Die ‚neue Zeit' brauche wache Künstler, die die Umstände der Zeit, die ‚Zeitreife' erkennen, handlungsfähig und handlungswillig seien, die ‚Zeitqualität' in künstlerische Werke zu übersetzen. Die ‚neue Zeit' brauche ebenso neue Kunstwerke, die jene Zeit sichtbar machen, die Menschen wachrütteln und sie auf den Weg der Zeit und Selbsterkenntnis stoßen.
Das ‚Musée Mondial' ist Le Corbusiers zeitgemäße Antwort. Als Teil der Mundaneum-Anlage nimmt es innerhalb dieser architektonischen Konzeption eine Sonderstellung ein:
Formal, das heißt in bezug auf seine spezielle Lage in der architektonischen Grundrißkonzeption der Gesamtanlage, liegt das ‚Musée Mondial' im Zentrum der Weg-Kreuz-Anlage, oder, in der Terminologie Müllers[2], besetzt den Stufenberg in der Vierung: Es stellt die betonte Mitte der Achsen-Anlage dar.
Seine Form erinnert tatsächlich an die Form eines Stufenberges.
Inhaltlich, als „Werkzeug der Aufklärung", wie Le Corbusier das ‚Musée Mondial' nennt, kommt ihm eine ganz besondere Bedeutung zu: Es ist ein Lehr- und Lerninstrument par excellence oder, wie Fagiolo sagt, ein „S.O.S. lanciato alla coscienza"[3]. Es soll das „neue Programm der Jetzt-Zeit" formulieren. Dieses Formulieren bedeutet für Le Corbusier, ein adäquates Abbild der gegenwärtigen geistigen Verfassung der Welt mittels einer architektonischen Konzeption wiederzugeben. Das ‚Musée Mondial' soll den Menschen eine Orientierungshilfe sein, seine Form die zeitgemäßen Inhalte in eine plastische Form übersetzen. Um dieser Aufgabe gerecht zu werden und den Jetzt-Zustand der Menschheit begriflich zu machen, darf der Bezug auf Vergangenheit und Zukunft nicht außer acht gelassen werden. Als „Werkzeug der Aufklärung" soll das ‚Musée Mondial' den geschichtlichen Prozeß als Weg-Prozeß und die ihm zugrunde liegenden Gesetzmäßigkeiten mit den für die einzelnen Individuen resultierenden Verantwortungen zeigen. Darüber hinaus soll es den Weg als Lern- und Erkenntnismittel sowohl für das Individuum als auch für die Menschheit als ganze erfahrbar machen, ein Sinn-Bild enthalten über die Zielvorstellungen, die dieser geschichtlichen Weg-Konzeption zugrunde liegen.
Das Weltstadt-Projekt ist eine bedeutende Angelegenheit – eine weltweite dazu. Die das zeitgenössische Gedankengut vermittelnde materielle Form, das Symbol, muß die Herzen der Betrachter erschüttern und aufrütteln, und sie muß allgemein verständlich sein; das Symbol muß gelesen werden können – eine außergewöhnliche Aufgabe, die außergewöhnliche Mittel braucht. Es ist zu vermuten, daß sich Le Corbusier bei dieser Aufgabenstellung ganz

besonders an Provensals Appelle erinnert, daß er sich nie stärker identifizieren konnte mit dem von Provensal beschriebenen Künstlertypus und dessen Aufgabe als ‚phare', als ‚Leuchte der Menschheit', der in bestimmten geschichtlichen Momenten dazu aufgerufen ist, durch seine Kunst zu dienen, indem er den Menschen durch das ‚Erziehungsmittel Kunst' ermöglicht, einen Schritt nach vorn zu tun. Le Corbusier scheint sich in der Lage gesehen zu haben, der Welt ihr neues, zeitgemäßes Monument zu geben – nochmals: eine außergewöhnliche Aufgabe und, mit ihr verbunden, eine außergewöhnliche Selbsteinschätzung.

Das Volk erwartet nach Provensal von seinen Künstlern nichts weniger Bedeutungsvolles als die Materialisation des „geistigen Potentials" einer Zeit. Die zu wählende plastische Form soll für die Menschen aller Völker verständlich sein. Denen muß es eine unendliche Freude sein, ein unzerstörbares Werk zu schaffen, das mit dem Planeten lebt, mit ihm atmet und zur Wiedererstehung der Ausdrucksformen alten Wissens beiträgt, dessen Charakter so universell wie die Welt, so allgemein wie die Natur ist.[4] In Provensals Beschreibung des „Monuments von morgen", des Kunstwerks der Zukunft, hat Le Corbusier wohl einige der wichtigsten Hinweise und Ideen für sein späteres Schaffen gefunden. Was dieser schon im Jahre 1904 in Form von Zukunftsvisionen für die künstlerische Tätigkeit in naher Zukunft verheißt, wird für Le Corbusier 1929 mit der Auftragserteilung aktuell.

Die Aufgabe, ein Welt-Museum zu planen, ergibt insofern einen überraschenden direkten Bezug zu den Visionen Provensals, als auch jener ganz selbstverständlich vom „monument de la grande synthèse" als einem Monument der Menschheit redet, das die Kontinuität zu den historischen „religiösen Monumenten" wiederherstellt:

„Seit den Anfängen der Menschheit bis zur Renaissance kann man sich versichern, daß die religiösen Monumente die einzigen Orte sind, durch die sich die menschliche Seele im Laufe der Jahrhunderte zum Ausdruck gebracht hat. Versuchen wir also, diese Orte, wo der Mensch den Schleier des Geheimnisses gelüftet hat, zu durchschauen. Bitten wir sie, uns das Verborgene, das sie in ihrem innersten Heiligtum hüten, zu enthüllen; denn nur über eine gründliche Kenntnis der verschiedenen Phasen der Menschheit gelangen wir dahin, (...) erneut eine solide Basis zu schaffen für die Gebäude, durch die sich das religiöse Bewußtsein der Völker aufs neue mitzuteilen vermag."[5]

Wenn Le Corbusier sagt, daß die „Geschichte der Kultur" mit der ‚Geschichte der spirituellen Architektur'[6] gleichzusetzen sei, so liegt die Vermutung nahe, daß er sich mit dieser Äußerung auf Provensal bezieht und von jenem ‚roten Faden' in der Architekturgeschichte spricht, der aus all jenen Bauwerken gebildet wird, die „geistige oder religiöse Inhalte" in eine materielle Form zu übersetzen versucht haben.

Provensal fordert dazu auf, den „religiösen Monumenten" ihr Geheimnis zu entlocken, ihren Schleier zu lüften; sie seien die einzigen Stätten, an denen sich die Inhalte der menschlichen Seele geoffenbart hätten. Auch Provensal erwähnt das ‚Sanktuarium' oder ‚sacrarium' als besonders ausgewiesenen Ort innerhalb der architektonischen Anlage, als „Ort des Mysteriums". Derselbe Begriff und seine Übersetzung in ein architektonisches Element der Gesamtanlage begegnet uns beim ‚Musée Mondial'. Provensal empfiehlt den Baukünstlern, die solchen architektonischen Anlagen zugrunde liegenden Bedeutungen und ihre Basis aufzudecken, um die Grundlagen zu finden, auf denen sich auch heute wieder das „religiöse Bewußtsein" der Menschen in Form eines Monuments erheben könnte. Das wahre Kunstwerk habe Ewigkeitscharakter, es sei Ausdruck ewiger geistiger Werte, Kunst sei „religion purifiée de l'homme cultivé"[7].

Mit ‚religiös' meint Provensal nicht etwa eine besondere konfessionelle Prägung. Er versteht darunter die der äußeren, materiellen Wirklichkeit zugrunde liegenden geistigen Ordnungen und Wirklichkeiten, die das Überlieferungsgut der Mysterienstätten bilden und sich im Lauf der Zeiten in verschiedene Gewänder gekleidet haben. Die Kunst ist, wie die Mathematik oder die Musik, eine der Möglichkeiten, diese „geistigen Prinzipien" auf der Ebene der physischen Wirklichkeit zu manifestieren. Dazu sind aber Einblicke in diese Prinzipien und deren Gesetzmäßigkeiten Voraussetzung. Um wirkliche Kunstwerke schaffen zu können, müßten wahre Künstler „Eingeweihte" sein – Gedanken, die uns in ganz ähnlicher Weise bei Le Corbusier begegnen. Das zeitgenössische Museum, ein „*Werkzeug zur Vervollkommnung des Menschen*", existiert Le Corbusier zufolge noch nicht. Seine Voraussetzungen – etwa die Wahrnehmung der erzieherischen Verantwortung des Staates, die neue erzieherische Tätigkeit, deren Ziel das freie, selbstbestimmte und verantwortungsvolle Individuum sein soll – diese Voraussetzungen müßten erst geschaffen werden. Le Corbusier schildert das neue Museum folgendermaßen:

„Das wahre Museum ist jenes, das alles enthält, das über alles, was durch die Jahrhunderte passierte, unterrichten könnte. Es wäre ein ehrliches und rechtschaffenes Museum; es wäre deshalb gut, weil es erlauben würde, die Gründe der Ereignisse zu verstehen und dadurch zur Vervollkommnung anregen würde. Das Museum existiert noch nicht."[8]

Das wahre Museum nimmt die Gestalt eines universalen Lehr- und Lerninstruments an. Es informiert nicht allein über historische Tatsachen, es will darüber hinaus, daß man deren Hintergründe versteht. Le Corbusier legt die Betonung auf die Frage nach dem ‚Wie' und dem ‚Warum' der Dinge und Tatbestände, auf die das zukünftige Museum hinzulenken versucht. Die Benutzer sollten beim Begehen des Museums zum Verstehen-Wollen angeregt werden. Diese Evokation einer inneren Anteilnahme, eines Bewegt-Werdens und Wissen-Wollens würde sich von den äußeren Tatbeständen auch auf die innern verlagern. Durch das Verstehen-Lernen der den kollektiv-geschichtlichen Ereignissen zugrunde liegenden Prinzipien würde sich, parallel dazu, eine ebensolche Sensibilisierung in bezug auf die individualgeschichtlichen Ereignisketten und deren innere Zusammenhänge und Verknüpfungen ergeben. Die Individualgeschichte würde als analoger Prozeß der Kollektivgeschichte begriffen, denselben Gesetzmäßigkeiten unterliegend. Aufgrund der Einsicht, daß jede menschliche Tat ihre Auswirkungen zeitigt, würden die Menschen sowohl in bezug auf ihr eigenes Leben als auch, als verantwortliche Mitglieder des gesellschaftlichen Kollektivs, in bezug auf die gesamtgesellschaftliche Entwicklung aufgefordert, sich als menschliche Wesen zu vervollkommnen, um so zu würdigen Teilhabern und Mitgestaltern an der menschlichen Evolution zu werden.

Der Frage, mit welchen architektonischen Mitteln Le Corbusier seine anspruchsvollen Anforderungen in plastische Gestalt umzusetzen versucht, können wir uns auf zwei Ebenen nähern: auf der Ebene der Beschreibung der verwendeten formalen Elemente und den ihnen zugrunde liegenden Ideen und Absichten (1); auf der Ebene der diesen Elementen zugrunde liegenden kollektiven Bedeutung, derjenigen des symbolhaften Gehaltes also, der sich aufgrund ihres geschichtlichen Gebrauchs im kollektiven Gedächtnis niedergeschlagen hat (2).

Die formalen Elemente und die ihnen zugrunde liegenden Ideen und Absichten

Wir erinnern uns der einleitend gemachten Feststellung, daß das ‚Musée Mondial' in der Gesamtkonzeption des Weltstadt-Projekts eine besondere, auserwählte Lage hat. Die Weg-Kreuz-Anlage wird durch die Plazierung des ‚Musée Mondial' in deren Zentrum überhöht. Der einen Weggestalt (Weg-Kreuz) wird eine zweite überlagert, die in Form einer Stufenpyramide zum überhöhten Mittelpunkt der architektonischen Konzeption wird. Für die Gestalt des ‚Musée Mondial' wählt Le Corbusier die archetypische Form der aus einem als Doppelspirale angelegten Weg gebildeten Stufenpyramide: eine zweifache gebaute Weg-Anlage, die sich aus drei, bzw. vier für die doppelte Spirale charakteristischen Elementen konstituiert.

Der äußere Weg
Der die Pyramidenform im Außenraum begleitende viereckige Spiralweg führt auf einem 2500 Meter langen Aufwärtsgang von der Peripherie zum oberen Zentrum der Pyramide. Von jedem neu erreichten Niveau aus breitet sich vor den Augen der Betrachter ein neuer Horizont aus. Jede neue erklommene Stufe eröffnet einen noch umfangreicheren Blick auf die Naturschönheiten der Umgebung. Auf der Spitze der Pyramide angelangt, genießt man ein herrliches Panorama und den Blick von der oberen Mitte zur unteren: „Stellen wir uns den Besucher des Museums vor: Er ist eingetreten in den Vorhof des Weltmuseums; die Autos haben an der Sperre der langen Treppe angehalten, die nach einigen Stufen die große Avenue des Mundaneums dominiert. Von hier aus geht er zu Fuß durch den Vorhof, wo er die architektonische Anordnung erfaßt; die Pyramide, senkrecht über dem ergreifenden Leerraum des Peristyls, überragt ihn. Er bedient sich einer der großen Rampen links oder rechts und erreicht die erste große Plattform. Er begibt sich auf den Weg (...). Bei jeder Wendung ein neuer Horizont; mit jeder Spiralstufe ein Blick, der noch mehr freigibt. Die Umgebung wächst ständig. Auf der Spitze erscheint die ganze Situation wie ein Panorama: die erhabensten Alpen, der wildeste See, die sich duckende Stadt im Hintergrund; zu Füßen des horizontalen Gesteins die Rhône, dieser große Weltfluß, der zum Meer hinsinkt..."[9]
Wie wir Le Corbusiers Beschreibung entnehmen können, erfährt dieser äußere Teil des Doppelspiralweges eine ‚Einleitung'. Die Besucher betreten zunächst den über eine Treppenanlage erreichbaren Vorhof. Die Avenue und die sich daran anschließende Treppe sollen den Zugang zum leicht erhöhten und mit einem Vorhof versehenen Monument zelebrieren. Die riesigen Dimensionen des erhöhten Vorhofs, der zugleich als Sockel der monumentalen Anlage betrachtet werden kann und der die zur Pyramide hinführenden, links und rechts gelegenen Rampen trägt, erzeugen den notwendigen Umraum, von dem aus die Eintretenden das Monument von allen Seiten würdigen können. Die beiden peripher liegenden Rampen bringen die Besucher auf eine weitere Plattform, von der aus der äußere Spiralweg seinen Anfang nimmt. Dieser ist als ‚promenade architecturale en plein air', konzipiert, als Spaziergang im Freien. Die Idee der zwei sich schneidenden Achsen und der daraus resultierenden vier Kardinalpunkte wird durch das Element der ‚promenade' aufgewertet. Umgekehrt werden die Erlebnisse für die Benützer durch die

immer in veränderter Sicht wiederkehrenden und in vier Abschnitte gefaßten Ausblicke in die Umgebung intensiviert. Wir finden hier wiederum das ‚Prinzip der gegenseitigen Potenzierung' der Elemente realisiert. Die Promenierenden befinden sich, abgesehen von der Anstrengung, die ein 2500 Meter langer leicht nach aufwärts führender Weg mit sich bringen kann, in der Rolle der Genießenden. Die ganze Pracht des architektonischen und natürlichen Umfeldes wird ihnen in mannigfacher Variation vor Augen geführt. Die Promenierenden selber sind es, die sich die Vielfalt der möglichen Bezüge der an der architektonischen Komposition beteiligten Elemente durch das Abschreiten des Weges erschließen.

Das Zentrum oder der ‚Ort der Umkehr'
Da es sich bei der Gestalt des ‚Musée Mondial' nicht nur um eine horizontale, sondern um eine der Form eines Stufenberges folgende, in der Vertikalen sich erhebende und wieder senkende Doppelspirale handelt, ergibt sich eine Teilung des Zentrums in ein oberes und ein unteres. Das am Ende des äußeren Spiralweges sich befindende Zentrum der Stufenpyramide ist als Plattform ausgebildet, die einerseits einen Rundumblick, andererseits den Blick durch die gesamte Museumsanlage von oben ermöglicht. Die Plattform ist zugleich Ausgangspunkt für die zweite Weg-Etappe der Anlage, für den inneren Spiralweg.

Der innere Weg
Er führt zunächst vom Zentrum zur Peripherie, um am Ende des Spiralweges noch einmal zum Zentrum, nunmehr zum unteren, zu führen. Die Abwicklung dieses inneren Weges entspricht der des äußeren, aber in umgekehrter Richtung. Le Corbusier beschreibt ihn folgendermaßen:
„Und jetzt (...), hier steht der Mensch, allein dem Universum gegenüber. Der Mensch in Zeit und Raum. Das menschliche Werk, exakt in die Epoche seiner Entstehung gerückt und in den Kontext der Orte, die es haben entstehen sehen. Die Zeit – der Ort – das Werk. Wie diese Ausstellung durch eine ‚sofort wirksame' Visualisierung zusammenstellen? Weil sie in der Tat nur dann ergreifend und nützlich sein wird, wenn die Darstellung mit einem Blick überschaubar ist.
Dreiteiliges Museum: drei parallele Schiffe entfalten sich, Seite an Seite, ohne trennende Wand dazwischen. Im einen Schiff jenes menschliche Werk, welches die Tradition, der Respekt der Erinnerung oder die Archäologie uns überliefert haben; im danebenliegenden alle jene Zeit bestimmenden Dokumente, dargestellt in Graphiken, in übermittelten Bildern, in Rekonstruktio-

nen von wissenschaftlichen Abhandlungen etc. Direkt anschließend das dritte Schiff, das uns mit dem jeweiligen Ort bekannt macht, mit seinen Voraussetzungen, seinen natürlichen und künstlerischen Produkten etc. Diese Kette von Erkenntnissen, die das menschliche Werk durch die Jahrhunderte zeigt, beginnt in der Urgeschichte und erstreckt ihre immer wichtiger werdenden Glieder bis in die heutige Zeit, in der die Geschichte die Tatsachen schon klassifiziert hat.

Um die Kontinuität der drei Schiffe des Museums zu sichern und die ununterbrochene Aufeinanderfolge der größer werdenden Glieder der Kette auszudrücken, war eine fundamentale architektonische Konzeption erforderlich, die diese organische Form hervorgebracht hat. Diese Form ist ein sich entlang einer Spirale entrollendes dreigliedriges Schiff. Zu Beginn der Spirale: oben die prähistorischen Zeiten mit der kurzen – jedoch ergreifenden – Darstellung dessen, was wir von ihr wissen. Dann die ersten sog. geschichtlichen Epochen. Und die Spirale absteigend, aufeinanderfolgend, alle Zivilisationen dieser Welt. Durch die sich in der Geschichte und der Archäologie häufenden Dokumente wissen wir je länger desto besser, wie der Mensch sich durch die verschiedenen Organisationsformen und Kulturen erhalten hat. Das Diorama erweitert und präzisiert sich immer mehr. Die Spirale vergrößert ihre Abwicklung, der Platz wird größer. (...) Von Zeit zu Zeit, bei jeder Achse und auf jeder Stufe der Spirale ist der benommene Besucher auf einen sich nach außen hin öffnenden Balkon getreten, um aufzuatmen: Die weite Natur umgibt ihn (...). Oder er geht, gegenüber der äußeren Tür, durch eine innere Tür, welche sich auf einen dämmrigen Raum hin öffnet; sein Blick gleitet in die Dunkelheit, die sich allmählich, vom Inneren der Pyramide her, erhellt: Ein Wald von feinen Stützen erhebt sich in der Nacht; Glasbodenplatten zeichnen in einer leuchtenden Spirale den 2500 Meter langen Weg, den er gegangen ist."[10]

Der innere Spiralweg unterscheidet sich bereits auf den ersten Blick vom äußeren. Die Gehenden befinden sich nicht mehr primär in der Rolle von unbeschwert Genießenden; der lockere Spaziergang, der zum beliebigen Anhalten und Verweilen einlädt, wird durch eine dem Museum und den darin ausgestellten Objekten immanente Ordnung in eine strengere Form gefaßt. Das Muster der individuellen Zeitverausgabung hat demjenigen zu weichen, das der jeweilige Ausstellungsgegenstand erfordert. Die Benutzer werden dazu angehalten, sich bestimmten, von außen an sie herangetragenen Absichten zu öffnen und sich mit vorgegebenen Beziehungen der einzelnen Weg-Abschnitte auseinanderzusetzen.

Le Corbusiers Idee besteht darin, die Besucher des ‚Musée Mondial' in einen

Lernprozeß zu verwickeln. Er versucht, den kulturgeschichtlichen Werdegang der Menschheit verstehbar und in seinen Gesetzmäßigkeiten nachvollziehbar zu machen. Das Museum soll zum repräsentativen Träger des menschlichen Kulturwerkes werden. Zu diesem Zweck sollen in chronologischer Reihenfolge, im oberen Zentrum der Pyramide beginnend, die Entstehungs- und die Entwicklungsgeschichte der Menschheit dargestellt werden: beginnend bei den ersten, aus dem Sonnenmaterial entstehenden Urnebeln und der Scheidung der Elemente bis zu den ersten Pflanzen, Tieren und Menschen.[11] Genau dieser offenbar linear verknüpfte Ablauf hat Le Corbusier harte Kritik eingetragen.[12]

Die signifikanten Stufen der Entwicklung – so etwa das Auftauchen von Gräbern, die ersten zu architektonischen Gebilden gestalteten Steine (der Augenblick also, wo der Mensch zum Architekten wird), die Entwicklung und die Höhepunkte der Zivilisation – sollen im ‚Musée Mondial' repräsentativ vertreten sein und Zeugnis vom zurückgelegten Weg ablegen.

Die Elemente der Ausstellung sollen nicht isoliert und zusammenhangslos additiv aneinandergereiht werden. Vielmehr sollen die ihren wechselseitigen, komplizierten Beziehungen zugrunde liegenden Muster und Ordnungen zu erkennen sein; die sie hervorbringenden und zugleich regelnden Gesetzmäßigkeiten sollen deutlich werden.

Le Corbusier schlägt deswegen einen dreischiffigen Spiralweg vor. Die drei parallel verlaufenden, nicht durch starre Wände voneinander getrennten Schiffe enthalten repräsentative Werke, Dokumente der Geschichte – Kunst, Wissenschaft, Alltag... – sowie Dokumente des Ortes, zu dem das jeweilige Exponat gehört.

Jetzt läßt sich besser verstehen, warum es der innere Spiralweg ist, der die Funktion als Museumsträger übernimmt. Er beginnt symbolisch an einem Punkt, entspricht also der Vorstellung eines sogenannten ‚Nullpunktes' zu Beginn der Schöpfung: das Heraustreten der Schöpfung aus der Einheit.

Der Beginn am Ort des kleinsten Platzangebotes entspricht insofern der Darstellung des geschichtlichen Ablaufs, als das Angebot des zur Verfügung stehenden Materials mit zunehmender Entfernung zur Gegenwart rapide abnimmt. In umgekehrter Richtung, wo die Dokumentation in immer präziserer Form möglich wird, wächst die Spirale andauernd. Dieser innere Weg führt entlang der Zeitachse durch die Geschehnisse der menschlichen Entwicklungsgeschichte, eingebettet in den jeweiligen Kontext von Zeit und Ort; nur von Zeit zu Zeit kann dieser nach innen gerichtete Weg, der die ganze Aufmerksamkeit verlangt, durch einen Austritt auf einen der auf jeder Spiralebene sich findenden Balkone unterbrochen werden, um einen Moment in der Weite der Natur zu gewähren. Dann zieht der innere Weg erneut die Zuwendung auf sich. „Voici l'hommes seul, face à l'univers", so beschreibt Le Corbusier die grundsätzlich andere Haltung, in der sich der Mensch auf dem inneren Weg befindet. Man promeniert nicht mehr durch eine wunderbar inszenierte Natur-Umgebung. Der Mensch ist jetzt allein, der Geschichte des Universums und der seinen ausgesetzt. Er ist in sich gekehrt. Die extrovertierte Haltung auf dem äußeren Spiralweg hat sich in eine introvertierte verwandelt. Die Geschichte, als deren Bestandteil er sich im Laufe des Weges zu begreifen lernt, vermag in seinem Inneren immer heftigere Reaktionen hervorzurufen. Allmählich versteht er die den Verkettungen der Ereignisse zugrunde liegenden Regelsysteme. Er sieht, daß alles menschliche Tun Früchte trägt. Er lernt das *Prinzip der Eigenverantwortlichkeit* des Individuums kennen.

„Die Ausstellung der Objekte in Raum und Zeit provoziert ein immer stärker werdendes Aufschreien. Alles ist miteinander verkettet; alle verrückten, egoistischen, unbesonnenen oder unbeteiligten Taten haben ihre Auswirkung; dieser stellt sich entweder sofort oder in hundert oder in zweihundert Jahren oder noch später ein. Die Weltkarte wächst, verändert sich, zittert wie ein Erblühen im Zeitlupentempo. Welch eine Unterrichtung!
Welch eine Philosophie offenbart sich denen, die zu verstehen imstande sind! Mitten in Raum und Zeit bringt die menschliche Seele, eine Konstante, die hin- und hergerissen ist zwischen den Bemühungen der Vernunft, welche zu berichtigen versuchen, was die Leidenschaft entfesselt, jene Werke hervor, die für uns unsterblich sind – die Werke der Kunst, unverfälschliche Zeugnisse. Nehmen wir an, daß die Länder der Erde die großartige Konzeption des Weltmuseums verstehen (...). Welch einzigartiges Museum also."[13]
Le Corbusier spielt in dieser Beschreibung auf seine weltanschaulichen Hintergründe an; was sich den Besuchern enthüllen soll, entspricht Le Corbusiers progressiv-evolutionärem Geschichtsverständnis; ein komplexes Ursache-Wirkungsgefüge regele die Fortsetzung des eingeschlagenen Weges, die Rück- und Querverbindungen der Ereignisse. Der Spiralweg des ‚Musée Mondial' ist als *Erkenntnisweg* inszeniert, als Sinnbild eines von Stufe zu Stufe fortschreitenden *Initiationsweges*. Ruft man sich Paul Otlets Idee einer alle Völker der Erde verbindenden neuen religiösen Haltung in Erinnerung, so läßt sich unschwer vermuten, daß Le Corbusier mit der hier angesprochenen Philosophie auf Otlets Visionen zu reagieren versucht. Mit dem Projekt für das ‚Musée Mondial' will er jenem völkerverbindenden utopischen Zukunftsentwurf Gestalt verleihen, der als Voraussetzung eine Menschheit braucht, die auf ihrem Erkenntnisweg so weit fortgeschritten ist, daß sie zu den der Wirklichkeit zugrunde liegenden kosmischen Gesetzmäßigkeiten vorgestoßen wäre.

Das Sacrarium

Am Ende des im Inneren verlaufenden Spiralweges wird man ins Zentrum der Anlage zurückgeführt, diesmal zu jenem unteren Teil des Zentrums am Fuße der Pyramide, für den Le Corbusier eigens den Namen ‚Sacrarium' gefunden hat.

„Zurückgekehrt auf den Boden, entdeckt er [der Besucher], überwältigt von einem von weit her kommenden und flach einfallenden Licht, eine kreisförmige Umfassung, eine hohe und glatte Mauer, die etwas enthält: das Heiligtum.
Heraustretend aus diesem Museum (...) steht er unter einem schattigen Dach, auf einer Plattform, die sich großzügig nach allen Seiten ausdehnt. (...) Er tritt ein in diese zylindrische, glatte und stumme Ummauerung, die er schon von oben bemerkt hat, und innen findet er, gestaltet im Stein der Epoche, aus der sie hervorgingen und behauen durch die Hände jener, die sie bewunderten, die Figuren der großen Eingeweihten, durch die die Menschheit im Laufe der Zeit all ihre mystische Kraft, ihr Bedürfnis nach Erhabenheit, Hingabe und Altruismus zum Ausdruck gebracht hat."[14]

Was an dieser Beschreibung auffällt, ist die besondere Aufmerksamkeit, die Le Corbusier der Gestaltung des Sacrariums beimißt. Die immense Grundrißfläche an der Basis der Stufenpyramide, leicht in Schatten gehüllt und bestückt mit einem Wald von Stützen, wird von von weither einfallendem Licht berührt. Die architektonischen Elemente sollen dem Raum eine besondere sinnliche Stimmung verleihen. In der Mitte des Raumes liegt ein zylindrisch begrenzter Bezirk, das ‚Sacrarium', das *‚Heiligtum'* der monumentalen Anlage. In diesem Heiligtum stehen die *Statuen der großen Eingeweihten*.

Bei diesen Skulpturen handelt es sich um *die Eingeweihten Schurés*. Le Corbusier wählt für die Bezeichnung dieser kulturgeschichtlichen Monumentalgestalten dieselbe Bezeichnung wie Schuré.

In Schurés Geschichte der geistigen Entwicklung der Menschheit ebenso wie in Le Corbusiers Konzeption des ‚Musée Mondial' verkörpern die Figuren der Großen Eingeweihten das geistig-spirituelle Potential der menschlichen Entwicklung. Sie sind Sinnbilder für das ständige Streben des Menschen zur Vervollkommnung. Sie haben diesen Weg beschritten und sind am Ziel angelangt; sie haben den Prozeß der Selbstverwirklichung oder Gottesverwirklichung durchlebt, den Erkenntnisweg mit seinen Lektionen verstanden und stehen nun da, Symbol unseres eigenen noch zu vollendenden Weges. Sie haben die Funktion von Vor-Bildern oder *Identifikationsfiguren*. Ihr Platz innerhalb der architektonischen Anlage entspricht einer inneren Folgerichtigkeit: Am Ende des abgeschrittenen Weges haben sie ihren Platz in der Mitte der

architektonischen Anlage, die als Symbol für die Erreichung der eigenen geistigen Mitte (dem göttlichen Wesenskern des Menschen) zu lesen ist.
Le Corbusiers Hinweis auf die Figuren der Großen Eingeweihten ist in bezug auf das der Konzeption des ‚Musée Mondial' zugrunde liegende weltanschauliche Gedankengut eindeutig. Es mag erstaunen, daß Le Corbusier sich im Falle dieses Projekts so klar zu seiner Weltanschauung bekennt. Seine sonst übliche Zurückhaltung weicht hier einer klaren Stellungnahme. Es ist gut möglich, daß er damit gerechnet hat, mit diesem Hinweis auf seine kulturgeschichtlichen Vorstellungen genau jene zu erreichen, die ihm im Zusammenhang mit diesem Projekt als wichtig erschienen und von denen er annehmen konnte, daß sie diese Botschaft verstehen würden.
Zugleich scheint er bereit gewesen zu sein, ein Kopfschütteln bei all jenen in Kauf zu nehmen, die das immerhin ein Vierteljahrhundert zuvor erschienene Buch von Schuré längst vergessen hatten. Das ‚Musée Mondial' ist als Bild für Le Corbusiers geschichtliche Auffassung, für seine Vorstellung der menschlichen Evolution überhaupt zu sehen. Die Geschichte zielt auf die Vervollkommnung des Menschen, eine Idee, die in den ‚Großen Monumenten der Menschheit' sich zeigt. Diese wirken zu ihrer Zeit als Erwecker, als Mahner für den einzelnen und die Menschheit als ganze. Durch ihre ‚Sinnhaftigkeit' besitzen sie appellativen Charakter.
„Quel enseignement!", ruft Le Corbusier in seiner Beschreibung des Museums aus, welche Unterweisung für diejenigen, die zu verstehen wissen. Das Besondere an dem von Le Corbusier gewählten architektonischen ‚Weg-Symbol' liegt darin, daß die Bewegung nicht im Kreise geht, sondern gerichtet ist, eine Bewegung, die durch ihre zentripetale Ausrichtung sinnhafte Zielgerichtetheit zum Ausdruck bringt.
Ein letzter Hinweis: Le Corbusiers Formulierung „Grands et indiscutables moments de l'histoire humaine" ist nicht frei von Absolutsetzung. Darüber, daß es neben der in den Geschichtsbüchern vermittelten Sicht der Geschichte noch andere Arten der Betrachtung gibt, besteht kein Zweifel. Der Verabsolutierung der einen Auffassung in Form des geplanten Monuments wird zugleich die Relativität der andern gegenübergestellt.
Nach Provensal[15] vertreten wahre Kunstwerke hohe menschliche Ideale und rütteln die Menschen auf. Die Bestimmung solcher Werke liege darin, die Menschen der Vergöttlichung entgegenzuführen. Denn nur die Kunst bleibe als Kraft, menschliche Erkenntnis zu übersetzen. Provensal versteht das Kunstwerk als Mittel, die Vervollkommnung des Menschen voranzubringen, als entwicklungsfördernde Kraft, die das menschliche Denken in zukünftige Bahnen lenkt und es zu formulieren vermag. Er geht sogar noch einen Schritt

weiter, wenn er die wahre Kunst als die *purifizierte Religion des kultivierten Menschen* bezeichnet. Er versucht, die Beziehung zwischen Kunst und Religion zu klären, die für ihn zwei Ausdrucksformen ein- und derselben Motivationskraft sind.

Wir können in Le Corbusier Äußerungen über die Rolle der Kunst und deren Beziehung zu weltanschaulich-religiösen Hintergründen unschwer Provensals Auffassungen wiedererkennen. Ein zentrales Charakteristikum des ‚Musée Mondial' ist seine *erweckende* Funktion. Um dasselbe Gedankengut in einem erweiterten Bezugsfeld zu sehen, wollen wir einen Zeitgenossen Le Corbusiers zitieren, der sich zum selben Thema folgendermaßen äußert: „Diese Kunst, die keine Potenzen der Zukunft in sich birgt, die also nur das Kind der Zeit ist, und nie zur Mutter der Zukunft heranwachsen wird, ist eine kastrierte Kunst. Sie ist von kurzer Dauer und stirbt moralisch in dem Augenblick, wo die sie gebildet habende Atmosphäre sich ändert.

Die andere, zu weiteren Bildungen fähige Kunst wurzelt auch in ihrer geistigen Periode, ist aber zur selben Zeit nicht nur Echo derselben und Spiegel, sondern hat eine weckende, prophetische Kraft, die weit und tief wirken kann. Das geistige Leben, zu dem auch die Kunst gehört (...), ist eine Bewegung vor- und aufwärts. Diese Bewegung ist die der Erkenntnis."[16]

Bei Kandinsky begegnet uns ebenfalls der Gedanke des ‚Auf-dem-Wege-Seins'. Auch für ihn besteht die vornehmste Aufgabe der Kunst darin, die Menschen zu erwecken. Wie Le Corbusier sieht er die Künstler als Weg-Bereiter und ‚Erleuchter'.

Zum kollektiv-kulturellen Bedeutungshintergrund der für das ‚Musée Mondial' gewählten architektonischen Formen

Spirale/Doppelspirale
Karl Kerényi, der Mythenforscher und zeitweilige Gefährte C. G. Jungs, sagt in seinem zum 50. Geburtstag Jungs erschienenen Buch über die Spirale: „Die Spirale ist nicht nur eine menschliche Urgebärde, sondern als Bewegung ein Urgeschehnis, an dem man teilnimmt. Man konstruiert nicht geometrisch die Sonnenlaufspirale: man wiedererkennt sie als eine ähnliche Linie, wie jene ist, welcher man sich als Feiernder in kreisender Bewegung hingibt, um den Tod zu begehen und ihn zu überwinden. Sonnenbahn und Spirale sind hier ‚Gleichnisse' in goethischem Sinne (...). Sehr tief mag im Menschen der Grund zu jener Bewegung liegen. Denn was ist es? (...) dasselbe, was im Lebewesen das Keimplasma bewirkt: die Unendlichkeit des Lebens in der Sterb-

lichkeit selbst (...): was im Plasma Funktion ist (...), ist hier der Sinn (...), eine Wirklichkeit, (...) als mythologische Idee (...) vergegenwärtigt (...) die Unendlichkeit (...) Leben – Tod – Leben (...), die eigentliche Quelle [liegt] in den allerinnersten Tiefen des Menschen (...). Der Ursprung der Linie ist die Bewegung (...). Eine solche Bewegung hat ihren Sinn in sich. Sie ist ebenso sinnvoll wie jede musikalische Äußerung des Menschen. Die ein- und ausrollenden Spiralen entsprechen solchen Bewegungen."[17]
Eine Doppelspirale entsteht, wenn der Rückweg aus dem Zentrum derselbe ist – Doppelspirale: die ewig sich fortsetzende und wiederholende Linie von Geburt – Tod – Wiedergeburt."
Kerényi zeigt in seiner Forschungsarbeit, daß quer durch alle Kulturräume die Spirale als Ausdruck und Abbild einer hinter der materiellen Teil-Wirklichkeit bestehenden ‚geistigen Wirklichkeit' zu verstehen ist, wie die uralten ‚Labyrinth-Tänze' als eine Form der religiösen Praxis verstanden werden müssen, um diese geistige Wirklichkeit erlebbar zu machen. Hier ist wohl auch die ursprüngliche Bedeutung des Tanzes als Erlebnisform geistiger Wirklichkeiten zu sehen. Kerényi weist ebenfalls auf die Bedeutung des ‚Weg-Abschreitens' als eines Erkenntnisprozesses hin. Die Spirale bzw. Doppelspirale ist also gleichsam Ausdruck der ‚Bewegung als menschliche Ur-Gebärde', die letztlich Bild der Unendlichkeit des Lebens selber ist. Der Erkenntnisweg gleicht einem Initiations- oder Einweihungsweg, der dem Menschen die ‚Lüftung der ewigen Geheimnisse' als inneres Erlebnis, als Erfahrung bringt. Dieser innere Weg-Prozeß zeigt sich in den verschiedenen religiösen Kulturen im Abbild einer äußeren Weg-Gestaltung.
Im Phänomen der mittelalterlichen Prozessionen haben wir eine weitere bedeutende Wegauffassung, bei der nicht eine einzelne Kultstätte Bezugspunkt des religiösen Handelns ist, sondern der Weg selbst, der ganze Prozessionsweg als Kultstätte gesehen wird. Die Prozession, das Abschreiten des Weges, wird eine Form des Gottesdienstes, wie Oskar Sengspiel in seinem Buch *Die Bedeutung der Prozessionen für das geistliche Spiel des Mittelalters in Deutschland*[18] festhält.
Die Parallelen der hier erwähnten Auffassungen zu Le Corbusiers ‚Musée Mondial' sind vor allem in der Inszenierung der prozessualen Erkenntnis zu sehen.
Das Thema der ‚Bewegung als Ur-Gebärde', als ein dem Menschen innewohnendes und von ihm wieder zu entdeckendes Geheimnis, erfährt in diesem Projekt eine Wiederbelebung.
Die äußere Bewegung ist als Ab-Bild einer stets sich ereignenden inneren Bewegung zu sehen, die eine ursprüngliche, nicht zu definierende Form der

Wirklichkeit ist, die Kontinuität ‚des Lebens hinter den Leben'. Erkenntnis wird nicht als momentanes Ereignis begriffen. Sie gleicht nicht einem voraussetzungslosen und insbesondere nicht einem konsequenzlosen Zufallstreffer. Jede Einzelerkenntnis ist in den Erkenntnisstrom, der das Leben selbst ist, eingebettet.

Das ‚Musée Mondial' ist weit mehr als ein Spiel oder ein außergewöhnlicher formaler Einfall. Es ist auch, anders als Teige[19] meint, mehr als ein unzeitgemäßes Wiederaufgreifen archaischer Reste oder Formen. Für Le Corbusier ist die Visualisierung seiner Ideen so wenig anachronistisch wie der Gebrauch des rechten Winkels. Beide Formen sind für ihn brauchbare Symbole, um nichtmaterielle Tatbestände sichtbar werden zu lassen.

Das Mißverständnis liegt darin begründet, daß Le Corbusier nicht berücksichtigt, daß diese Symbolformen im Jahre 1929 nicht mehr allgemein verstanden werden. Teiges Kritik trifft nicht den Kern der Sache. Sie argumentiert von einem Standpunkt aus, der sich mit demjenigen Le Corbusiers vielleicht nicht einmal berührt. Die Polemik zeigt einmal mehr, wie weit Le Corbusiers weltanschauliche Auffassungen von denjenigen bestimmter Zeitgenossen entfernt waren.

Zur Form der Stufenpyramide

Provensal beschreibt an einer Stelle seines Buches einen chaldäischen Tempel, der einem quadratisch angelegten, pyramidalen Rampenweg entspricht, mit einer oben gelegenen Terrasse, die als Träger für die Altäre der priesterlichen Zeremonien diente. Er erwähnt in diesem Zusammenhang, daß diese Art des Turmbaus eine in verschiedenen Kulturen auftretende, den religiösen Monumenten geweihte Form darstelle.[20]

Provensal braucht nicht Le Corbusiers einzige Quelle bei der Wahl der Stufenpyramide gewesen zu sein. In der Zeit nach der Jahrhundertwende gab es mehrere Untersuchungen zu diesem Thema. Wir wissen jedoch aus Turners Schrift, daß Le Corbusier Provensals Ansichten schon sehr früh kannte.[21]

Im Laufe seines Lebens kommt Le Corbusier mehrfach auf das Thema des Museums als eines Erkenntnisinstruments zurück.[22] Nicht immer jedoch erlauben ihm die äußeren Umstände, seine weltanschaulichen Auffassungen so unmittelbar in architektonische Symbole zu übersetzen.

Im Falle von Ahmedabad – 1951, also im Alter von 64 Jahren – ergreift er die ihm gebotene Möglichkeit noch einmal und knüpft direkt an das Musée Mondial an. Wiederum nennt er es ‚Museum des Wissens' und kommt in seiner Beschreibung erneut auf die der äußeren Wirklichkeit zugrunde liegenden komplexen Ursache-Wirkungs-Muster zu sprechen:

„1951 gab mir die Verwaltung der Stadt von Ahmedabad (...) den Auftrag zu einem solchen Museum, das den Namen ‚Museum of the Knowledge' führen soll. Man hat die Absicht, den Einwohnern der Stadt kundzutun, was sie gewesen sind und was sie schon getan haben, was sie heute tun und was sie morgen tun könnten."[23]
Daß diese Gedanken Bestandteil seines täglichen Lebens waren, geht aus Le Corbusiers Äußerungen im *Modulor 2* hervor, wo er mit verschiedenen Episoden auf die Kontinuität dieser Auseinandersetzung hinweist.[24]

Synthese der Formen
Mit dem ‚Musée Mondial'-Projekt schafft Le Corbusier eigentlich eine Art architektonischen Pleonasmus: Er synthetisiert die Charakteristika der Spirale bzw. Doppelspirale und der Stufenpyramide.
Im Gegensatz zu Provensals Beschreibung der Stufenpyramide als des religiösen Gebäuden gewidmeten Typus, der eine ‚Ein-Weg-Spirale' aufnimmt, ist Le Corbusiers Stufenpyramide eine deutlich artikulierte Doppelspirale mit einem äußeren und einem inneren Weg, die den Doppelaspekt des Wegthemas, den physischen und metaphysischen zum Ausdruck bringt. Die Überlagerung der zwei architektonischen Symbolformen macht deutlich, wie Le Corbusier das Prinzip der gegenseitigen Potenzierung zur Bekräftigung seiner Aussagen einsetzt.
Mit dem Projekt des ‚Musée Mondial' reiht er sich in eine ganz bestimmte architekturgeschichtliche Tradition ein.
Die Architektur wird sowohl zum Ausdruck als auch zum Sinn- bzw. Abbild nichtmaterieller Inhalte und weltanschaulicher Ideen. Le Corbusier vertritt mit diesem Entwurf auch – aber nicht nur – um Kandinsky noch einmal zu zitieren, den Aspekt der *metaphysischen Kunstauffassung:*
„Diese metaphysische Auffassung ist mit der Erkenntnis gegeben, daß alle künstlerische Produktion nichts anderes ist als eine fortlaufende Registrierung des großen Auseinandersetzungsprozesses, in dem sich Mensch und Außenwelt seit Anbeginn der Schöpfung und in aller Zukunft befinden. So ist die Kunst nur eine andere Äußerungsform jener psychischen Kräfte, die in demselben Prozeß verankert das Phänomen der Religion und der wechselnden Weltanschauung bedingen."[25]

5 Weltanschaulich-kulturelle Hintergründe in Le Corbusiers Schaffen

„Hinter der Mauer spielen die Götter mit den Welten, mit den Seelen. Zuweilen, wenn die Menschen vorüberkommen, vernehmen sie Laute, vernehmen Worte und stehlen sich ein paar Krumen; es sind die Brosamen, die von des Reichen Tische fallen."[1]

„Es ist gut, zu wissen, daß die Utopie nie etwas anderes ist als die Wirklichkeit von morgen, und daß die Wirklichkeit von heute die Utopie von gestern war."[2]

Wie ist Le Corbusiers Faszination für die physische wie metaphysische Weg-Thematik zu erklären?

Um diese Faszination als ‚Wesensmerkmal' Le Corbusiers zu begreifen, werden wir die weltanschaulich-kulturellen Hintergründe seines Denkens und Schaffens beleuchten. Kulturelle Hintergründe sind sowohl (im engeren Sinn) familiärer als auch (im weiteren Sinne) ‚zeitgeistiger' Natur.

Für Le Corbusier ist das grundlegende Gesetz oder Kriterium allen Lebens – alles Lebendigen überhaupt – Bewegung. Bewegung bedeutet für ihn Aktiv-Sein im umfassendsten Sinne, sowohl auf physischer als auch auf psychischer und geistiger Ebene. Mensch-Sein heißt, über das Bewußtsein verfügen, sich als ein auf dem Weg seiendes Wesen wahrzunehmen, sich dann die Frage nach dem Woher und dem Wohin dieses Weges zu stellen und zu versuchen, im Laufe des Lebens mögliche Perspektiven einer Antwort zu entwickeln. Nicht-Bewegung, Nicht-Handeln, Nicht-Schaffen führen zum Tod; die Welt bescheidet sich nicht mit Warten. Sie wird schlaff, löst sich auf.

„Die Bewegung ist unser Gesetz: Niemals bleibt etwas stehen, denn was stehenbleibt, kommt zu Fall und verfault (dies ist die Definition des Lebens)."[3]

Dieselbe prägnante Formulierung der Idee des Lebendigen finden wir bei Provensal, der Bewegung als ‚Zeichen' des Lebens auffaßt.[4]

So wie das Leben, als Voraussetzung für Geschichte, Bewegung ist[5], so gleicht die Geschichte selbst einer immensen, vielschichtigen *Bewegungsgestalt*. Bei dieser Gestalt handelt es sich um eine sich verändernde, in die Zukunft gerichtete, die altes Wissensgut aufnimmt und es, bereichert durch die Neuerungen der Gegenwart, an die Zukunft weiterreicht. Weiterreichen – darin liegt für Le Corbusier der Sinn des Wortes Tradition.[6]

Für Le Corbusier laufen die individuell oder kollektiv vollzogenen Schritte des Entwicklungsweges in einem dreistufigen Modell ab. Die erste Stufe markiert den ‚unbewußten', ursprünglichen Gleichgewichtszustand. Die zweite den Ungleichgewichtszustand der aufgewühlten Phase, in der das Alte aufgebrochen wird, sich öffnet und Neues aufzunehmen bereit ist; der ursprüngliche Zustand erfährt also eine Umwandlung bzw. ein Wachstum, zugleich eine Reifung, die notwendigerweise eine Phase der Unsicherheit hervorruft. Die dritte Stufe bezeichnet einen neuen Zustand des Gleichgewichts, Resultat der geglückten Integration des Neuhinzugekommenen, zugleich aber Anfang eines neuen Stufenprozesses.
Kein Wachstum ohne die Bereitschaft, Krisen zu durchleben; der Weg des Wachstums und der Reifung zeichnet sich aus durch den ständigen Wechsel von Gleichgewicht und Ungleichgewicht, Sicherheit und Unsicherheit, Ruhe und Unruhe.
Diese Gesetzmäßigkeit ist für Le Corbusiers Lebensauffassung grundlegend. Er setzt das vom Menschen Geschaffene einem „Spiegelbild des Geistes" gleich:
„Alles, was vom Menschen stammt (...), drückt sich in einem Formensystem aus, das ein Spiegelbild des Geistes ist."[7]
Das Geistige selbst ist für Le Corbusier Bewegung, ‚Auf-dem-Weg-Sein' verursachendes Prinzip. Immer wieder begegnet man seiner Suche nach den der Wirklichkeit zugrunde liegenden geistigen Prinzipien.
Die Beziehungen zwischen der dinglichen Welt und der des Geistigen prägen seine Arbeit. So ist es zu verstehen, daß die Bewegung, das ‚Auf-dem-Weg-Sein' in Le Corbusiers Schriften ebenso wie in seiner Architektur gleichsam als unmittelbare Übersetzung geistiger Tatbestände in andere Wirklichkeitsebenen in Erscheinung tritt. Die Teilhabe des Menschen an diesem Austausch zwischen Realität und geistiger Wirklichkeit, der zu einer Verknüpfung und Re-Integration der verschiedenen Wirklichkeitsebenen im Bewußtsein führt, ist für Le Corbusier eine Form der *religiösen Praxis,* des Beschreitens eines eigenen, jedem einzelnen angemessenen Weges, der der Suche nach Antworten auf die ‚schönste aller Fragen', auf die Frage nach dem Sinn des Lebens.[8]
Le Corbusier ist dennoch vorsichtig; er bezeichnet seine Art zu arbeiten als quasi-religiöse Seite seines Wesens.[9] Paul Venable Turner weist in seiner Arbeit mehrfach auf die mit den Jahren zunehmende Vorsichtigkeit Le Corbusiers in der Preisgabe seiner Innenwelt hin.[10] Dennoch gibt es auch beim älteren Le Corbusier immer wieder die feurige Art seiner Anteilnahme und seiner spontanen Reaktionen.
Um das Ausmaß der reichhaltigen Auseinandersetzung mit den Grundfragen

der Existenz bei Le Corbusier richtig einschätzen zu können, muß man die zum Selbstschutz aufgebauten Tarngebilde durchbrechen, das zwischen den Zeilen Gesagte aufnehmen und auf die verwiesenen Quellen zurückgreifen. Paul Venable Turners Arbeit über die frühe Erziehung Le Corbusiers erschließt uns in eindrücklichen Schilderungen Le Corbusiers Wesen. Turner versucht uns mit den frühen Erfahrungen Le Corbusiers vertraut zu machen, mit dem Geist der Zeit, in die Le Corbusiers Jugend fiel. Von den wichtigen Einflüssen seien hier zwei als wesentliche genannt.

Das katharische Gedankengut

„Ich stamme aus dem Süden von Frankreich, und der Name Jeanneret schreibt sich im ‚pays d'Oc‘ in Wirklichkeit: Janeret, und wir sind ganz einfach Albigenser. Man wollte uns niedermetzeln, früher (...). Übrigens sei das hier nur geschrieben, um ein für allemal den tieferen Grund meines unbesiegbaren Hingezogenseins zum Mittelmeer zu erklären. Die Erforschung meiner Herkunft macht mir die unerschütterbare Anziehungskraft verständlich, welche die reinen Formen im Raum und die Reinheit des Denkens auf mich ausüben und ebenfalls meine vollständige Freiheit des Denkens sowie jene idealistische Seite, die seit jeher den fundamentalen Charakter derer prägte, die im rauhen Neuenburger Bergklima leben."[11]
Auffallend ist der besondere Nachdruck, mit dem Le Corbusier und seine Familie sich auf die Herkunft und damit implizit auf die religiös-weltanschaulichen Auffassungen berufen, die den katharischen Lehren zugrunde liegen. Le Corbusier scheint Zeit seines Lebens stolz auf diese Herkunft gewesen zu sein und auch diesbezüglich persönliche Nachforschungen betrieben zu haben. Aussagen seines Bruders Albert zufolge bestand dieses Interesse nicht nur seit frühester Jugend und im Kreise seiner Familie, sondern war bis zu einem gewissen Grad Teil jener regionalen Kultur.[12]
In Le Corbusiers persönlicher Bibliothek findet sich entsprechendes Schrifttum, dessen mit Anmerkungen und Kommentaren überfüllte Seiten den Umfang der Auseinandersetzungen mit diesem Gegenstand demonstrieren. Allerdings stammen diese Schriften aus Le Corbusiers Spätjahren; Spuren der von Turner erwähnten frühen Auseinandersetzung sind mir nicht aufgefallen.[13]
Gedankliche Querbezüge zum eigenen Leben, zur eigenen Ethik und zur eigenen Arbeit lassen deutlich erkennen, daß die Herkunft eine innere, geistige Angelegenheit war. Le Corbusier glaubte etwas von der Spiritualität der Katharer zu besitzen. Die in den Schriften datierten Eintragungen zeigen, daß

diese Auseinandersetzung bis zu seinem Lebensende angedauert hat, daß seine Weltanschauung und sein Werk – eine untrennbare Einheit – stark von ihr geprägt worden sind.
Der Bibliotheksbestand macht auch deutlich, daß Le Corbusiers Interesse für die geistigen Dimensionen der Wirklichkeit weit über den Rahmen der katharischen Literatur hinausreichte.

Die Schriften von Schuré und Provensal

In der frühen Zeit ist die Begegnung mit L'Eplattenier[14], dem Lehrer an der Kunstgewerbeschule in La Chaux-de-Fonds, in die Le Corbusier mit dreizehneinhalb Jahren eintrat, wohl das zentrale Ereignis. Weit davon entfernt, seinen Schützlingen oberflächliche Stilgeschichte zu vermitteln, legte L'Eplattenier, der seinem Schüler Jeanneret so etwas wie ein Meister war, den Schwerpunkt des Unterrichts auf die Erlebbarkeit der den äußeren Erscheinungsformen zugrunde liegenden Prinzipien, auf das „Sehen lernen"[15]. Le Corbusier schreibt über ihn:
„Er ist es, der mir die Türen zur Kunst geöffnet hat. Mit ihm haben wir die Meisterwerke aller Zeiten und aller Länder studiert. Ich erinnere mich an jene bescheidene, in einem simplen Schrank unseres Zeichnungssaals eingerichtete Bibliothek, in der unser Lehrer alles vereint hatte, was er für unsere spirituelle Nahrung als nötig erachtete."[16]
Zu dieser „spirituellen Nahrung" gehörten, unter anderen, insbesondere die zwei schon mehrfach erwähnten Bücher, *L'art de demain*, von Henry Provensal sowie *Die Großen Eingeweihten* von Edouard Schuré.[17] Diesen beiden für Le Corbusiers Denken entscheidenden Veröffentlichungen ist eine nichtmaterialistische Grundauffassung gemein.
Provensal, der an der Ecole des Beaux-Arts studiert hatte und dessen Auffassungen auf Strömungen der deutschen Philosophie des 19. Jahrhunderts zurückreichen[18], geht von der Wirklichkeit einer geistigen Welt aus, die der materiellen zugrunde liege.
Der Untertitel seines Buches – *Vers l'harmonie intégrale* – zeigt seine Absicht, eine Harmonie zwischen geistiger und materieller Wirklichkeit, zwischen Kunst und Wissenschaft zu formulieren und den Menschen wieder mit den ‚ewigen Prinzipien' des Kosmos zu vereinigen. In diesem Zusammenhang kommt den Künstlern die zentrale Rolle der Vermittler zu. Provensal nährt mit seinem Buch in ausgeprägter Weise den ‚Geniekult' und liefert so Le Corbusier die Möglichkeit, sich mit den Gedanken zu identifizieren.

Ganz ähnlich verhält es sich mit Schurés Buch, das Le Corbusier von seinem Lehrer 1907 mit einer herzlichen Widmung[19] erhält. Edouard Schuré (1841– 1929), ein französischer Dramatiker und Kritiker aus dem Elsaß, spielte die Rolle eines Vermittlers zwischen dem französischen und dem deutschen Kulturraum. Als Theosoph stand er in freundschaftlicher Beziehung zu Rudolf Steiner[20], der Schurés Mysteriendramen zwischen 1907 und 1913 in München zur Aufführung kommen ließ.

Schurés Buch, eine ‚histoire secrète des religions', versucht zu zeigen, daß die ‚ewigen Wahrheiten' im Laufe der Menschheitsgeschichte im Prinzip auf zwei Wegen weitergegeben worden sind: einerseits in exoterischer, veräußerlichter Form, gekleidet in unterschiedlichste konfessionelle Ausprägungen, andererseits in esoterischer, also geheimer Form, in den verschiedensten Mysterien- oder Eingeweihtenschulen.

Genau dieselbe Auffassung begegnet uns bei den Katharern; auch sie verfügen über zwei Formen der Überlieferung, die esoterische Form für die sogenannten ‚Savants' (Wissenden) oder ‚Parfaits', wie die Eingeweihten auch genannt wurden, und die exoterische Form für die ‚Masse der Gläubigen'.[21]

Bei Schuré, Provensal und auch bei den Katharern ist die Vorstellung zentral, daß der Evolutionsprozeß als ‚Weg der Vervollkommnung' zu betrachten sei. Diese ‚Weg-Thematik' setzt einen Ausgangspunkt und ein Ziel voraus. Schuré beschreibt die ‚Weg-Begehungen' der ‚Großen Eingeweihten' unserer Geschichte: von Rama (der arische Zyklus), Krishna (Indien und die brahmanische Einweihung), Hermes (ägyptische Mysterien), Moses (die Mission Israels), Orpheus (die Mysterien des Dionysos), Pythagoras (die Mysterien von Delphi), Platon (die Mysterien von Eleusis) und Jesus (die Mission Christi). Die von Schuré beschriebenen ‚Einweihungswege' gehen von der göttlichen Abstammung des Menschen aus und sehen als Ziel des Evolutionsweges die bewußte Re-Integration des Menschen in das göttliche oder kosmische Bewußtsein. In der umfassenden Studie über die Katharer von Nelli, Niel, Duvernoy und Roche[22] verweist Roche auf die Zusammenhänge zwischen katharischen Lehren und den an den Einweihungsstätten praktizierten Auffassungen. Er beschreibt, wie die Einzuweihenden im Inneren der Mysterien Unterweisungen erhielten; durch die Kenntnis von Vergangenheit, Gegenwart und Zukunft des Menschen sollte der Weg der Befreiung verständlich werden. Diese spirituellen Wissenschaften schlugen sich in zahlreichen Schulen nieder; ihre Anhänger nennt man Gnostiker. Ihre Philosophie war, nach Roche, jene des Pythagoras und des Platon; sie basiert auf spiritueller Erfahrung. Für Roche bilden die durch die pythagoräische und platonische Philosophie inspirierten Lehren die Grundlage der katharischen Auffassungen.[23]

Als Gnostiker glaubten die Katharer an den Weg der Selbsterkenntnis und Selbsterlösung. Dieser Weg, in der Teminologie C. G. Jungs als Ganz-Werdungs- oder Individuationsprozeß bezeichnet, geht von einem mehrschichtigen Aufbau des menschlichen Wesens aus: dem unvergänglichen (göttlichen) Kern, häufig Geist oder, differenzierter, Geist und Seele genannt, und der Physis.

Roche nennt mehrere Untersuchungen, die sich mit diesen Themen bei Platon befassen, für den die Seele einem anderen Ort, einer anderen Welt entstammt und in den Körper wie in ein Grab gefallen ist. Das wahre Leben siedelt Platon jenseits des Todes an, von wo die ‚reinen Seelen' nicht zurückzukehren verpflichtet sind. Eine erneute Existenz erfahren nur jene, die in den vorangegangenen nicht gut genug gehandelt haben.[24] Die Wiedergeburtslehre, für die Katharer eine Selbstverständlichkeit[25], stellt Nelli zufolge[26] „un espoir ‚progressiste' de libération", einen hoffnungsvollen ‚Weg der Selbstbefreiung' des Menschen dar, auf dem die einzelnen Leben wie Übungsstätten zu betrachten sind. Für Nelli[27] ist diese Evolutionslehre die einzige, die in einigermaßen befriedigender Weise die Ungleichheit in den menschlichen Schicksalen zu erklären vermag. Das eine Leben stelle dann nur einen Ausschnitt dar in der Geschichte der Individualität, vergleichbar einem Tag im Ablauf einer Woche oder eines Jahres. Wie die einzelnen Tage, wenn auch durch die Nächte getrennt, zusammenhängen, so hingen die einzelnen Leben im Entwicklungsprozeß des menschlichen Geistes zusammen. Nur so sei die strenge moralische und soziale Haltung der Katharer, ihre strenge Ethik und hohe Eigenverantwortlichkeit zu verstehen. Der Selbstmord habe als Fluchtmöglichkeit aus der Welt keinen Sinn; der eigentliche Lebensfaden würde dadurch nicht unterbrochen.[28] Der Körper wird als Hülle für die menschliche Seele während ihres Aufenthaltes auf Erden aufgefaßt. So beschreibt etwa der zeitgenössische Philosoph Weber in seiner 1897 herausgegebenen *Geschichte der europäischen Philosophie* den menschlichen Körper als Haus der Verbesserung, gebaut im Hinblick auf die Vervollkommnung der menschlichen Seele.[29]

Auch bei Le Corbusier gibt es die Vorstellung vom mehrschichtigen Aufbau der menschlichen Wesenheit, die zuweilen als „Zweiteilung" – Dieu/Diable[30] – oder als „Dreiteilung" – ‚servir à la bête, au coeur et à l'esprit'[31] – formuliert wird. Auch er spricht von den inneren Kämpfen des Menschen auf seinem Entwicklungsweg, von der „Bändigung der Gefühle und Instinkte um des vorgefaßten Zieles willen". In *Städtebau*[32] spricht er davon, daß der Mensch das Tier in sich zum Gehorsam bringen müsse; in *Mise au point* kleidet er das Ziel in die poetischen Worte „tout retourne à la mer":

„Denn zum Ende kehrt alles zum Meer zurück (...). Am Ende der Rechnung gibt es folgende Debatte: Der Mensch steht sich selbst gegenüber, Kampf Jakobs mit dem Engel im Innern des Menschen. Es gibt nur einen einzigen Richter. Sein eigenes Gewissen, das heißt sich selber mit seinen verabscheuungswürdigen und erhabenen Seiten. Das hängt von jedem einzelnen ab, seit Beginn (...). Man hat die Wahl: den würdigen Weg (...) [oder] das Geld. Mein ganzes Leben war dem Entdecken gewidmet. Das ist eine Wahl. Man kann wunderschöne Cadillacs oder Jaguars fahren, man kann sich ebensogut für die Arbeit begeistern (...). Die Erforschung der Wahrheit ist nicht leicht. Weil es keine äußerste Wahrheit gibt. Die Wahrheit fließt zwischen zwei Ufern (...) und jeden Tag anders."[33]

Le Corbusier beschreibt eindrücklich seine ‚Weg-Erfahrungen', erwähnt das wache Bewußtsein, das notwendig sei, um den eigenen Weg überblicken zu können, die ‚Selbst-Distanz', die dazu erforderlich sei, und die vielen Ablenkungen, die von der Suche nach der Wahrheit wegführen können. Insbesondere deutet er seine Zielvorstellungen an, die ihn der elitären Gruppe der ‚Wahrheitssuchenden' zuweisen. Zugleich grenzt er sich deutlich ab gegen jene Mittelmäßigkeit in der Hierarchie der möglichen Bewußtseinsstufen, die sich von ihrem Weg abbringen ließen und so ihr eigentliches Ziel aus den Augen verlören.

Le Corbusier ist häufig als Rationalist bezeichnet worden, seine religiös geprägte Weltanschauung wurde ignoriert. Daß er selber sich deutlich vom Rationalismus abzugrenzen wußte, zeigt die folgende Textstelle:
„Man kann sagen, jener (sei ein Humanist), bei dem in dieser dem Rationalismus geweihten Epoche ein bei den meisten Menschen betäubter oder ausgelöschter Sinn wach geblieben ist: der Sinn für die Einheit des Seins hinter den mannigfachen äußeren Erscheinungsformen (...). Nur derjenige, der diese über die rationale Welt erhabene Einheit verstanden hat, ist fähig, sie den Nächsten begreifen zu lassen."[34]

Der Tod, das Gesetz des Lebens

„Im Laufe der Jahre erwirbt der Mensch durch seine Kämpfe, seine Arbeit und seine auf sich selbst bezogenen Anstrengungen Schritt für Schritt ein gewisses Kapital, macht individuelle (...) Eroberungen (...). Aber (...) dieses Kapital, diese hart bezahlte Erfahrung werden verschwinden. Gesetz des Lebens: der Tod. Die Natur beendet alle Aktivitäten durch den Tod. Nur das Denken (...) ist übertragbar."[35]

„Ja, nichts ist übertragbar außer dem Denken (...). [Es] kann oder kann nicht zum Sieg über das Schicksal jenseits des Todes werden und vielleicht eine unvorhergesehene Dimension annehmen (...). Aber das Leben kann wiedergeboren werden."[36]

Tod, das ist nicht die Auslöschung des Lebens, sondern dessen Verwandlung in eine andere Form. Wie auch der Geburt wird dem Tod die Funktion einer Durchgangsstation von einer Existenzform des Lebens in eine andere zugeschrieben. So ist auch der Rang, den die Erfahrung des ‚mystischen Todes' in den Einweihungsschulen oder in den Spiraltanz-Ritualen älterer Kulturen[37] besitzt, verständlich. Die Lernenden erfahren den Doppelaspekt des Todes, erleben sich selbst als ‚Phönix, der aus der Asche steigt'. Der Tod wird so zu einer ‚Weg-Marke', nicht zum Ende des Weges.

Auch für Le Corbusier scheint der Tod diesen ‚Schwellencharakter' zu besitzen. Vom Tod spricht er als vom Übergang von einer Realität in eine mögliche andere.

In der für ihn charakteristischen Art formuliert er vorsichtig: „Mehr und mehr nähern wir uns Bereichen, in denen ich mir kein Urteil zutraue. Ich verliere den Boden. Noch einmal lege ich mein Glaubensbekenntnis ab: Ich bin Architekt, Erbauer von Häusern und öffentlichen Gebäuden aus irdischen Materialien für Menschen dieser Erde. Ich bin Künstler genug, um fühlen zu können, daß es Fortsetzungen alles Materiellen gibt, mache jedoch an der Schwelle der Metaphysik und des Symbolismus halt, nicht aus Geringschätzung, sondern weil mich meine Geistesart nicht treibt, darüber hinaus vorzustoßen. ‚Im Hintergrund spielen die Götter' (...). Schon das Wort sagt, daß ich nicht imstande bin zu tun wie sie, da ich ja nur ein Mensch bin."[38]

Der Tod ist die Weg-Stelle, an der Wertsysteme eine Veränderung erfahren. Er gleicht der ‚Stunde der Wahrheit', die Wesentliches ins Licht rückt und Unwesentliches auf seinen Platz verweist. In diesem Prozeß der ‚Umwertung aller Werte' gesteht Le Corbusier materiellen Gütern keine, dem menschlichen Denken, der schöpferischen Arbeit hingegen eine hervorragende Bedeutung zu. Das über die Schwelle Gerettete kann jenseits des Todes in „unvorhergesehene Dimensionen" führen, wie Le Corbusier sich im zweiten der einleitenden Zitate ausdrückt. Man spürt deutlich die Parallelen zur katharischen Auffassung, nach welcher die Lebensführung für das weitere Schicksal bestimmend ist. Jede Entscheidung, jede Wahl bzw. Nicht-Wahl in jedem Augenblick des Lebens prägt das weitere Leben. Alles Unwichtige ist wichtig, da es als Splitter des Lebensmosaiks dessen Gesamtmuster und farbliche

Tönung beeinflußt. Nur das wache Bewußtsein ist sich der Verantwortung für alle Lebensäußerungen bewußt.

Der Rang der Eigenverantwortlichkeit

„Was ist nicht überflüssig? Das Essentielle. Vorsicht, hier die Sophisten: ‚Alles ist nützlich, alles ist erregend.' Antwort: ‚Der Tag hat nur 24 Stunden'. Hier das Unbestreitbare (...), das Bleibende. Das, was alles richtet. Sie können sich nicht durch alles erregen lassen: sie haben nicht die Zeit dazu. Man muß wählen."[39]

Ein wesentlicher Aspekt dieser weltanschaulichen Sicht liegt in der Bedeutung, die der Eigenverantwortlichkeit des Einzelnen zukommt. Für jede bewußt oder unbewußt getroffene Wahl, trägt man einzig und allein selbst die Verantwortung. Die Einsicht in die Bedeutung der Wahl einer Möglichkeit bzw. der Entscheidung, andere nicht zu ergreifen, ist für Le Corbusier entscheidend.
Im Jahre seines Todes schildert Le Corbusier, wie uns das Schicksal begegnet: als ‚Inschrift' der Individualität:
„Jugend, das bedeutet Härte, Unbeugsamkeit, Reinheit. Die Feder springt (...). Von Anfang an ist es dem Menschen eingeschrieben, in einem Schicksal. Von der Kindheit bis zum 30. Lebensjahr, welch intensiver Aufruhr (...). Er hat es nie gewußt, der Kleine. Er ging seinen Weg."[40]
Die Idee der Eigenverantwortlichkeit des Menschen spielt für die kulturgeschichtliche Entwicklung eine zentrale Rolle: Le Corbusier scheut sich nicht zu behaupten, daß Kulturen ohne individuelle Anstrengungen nicht denkbar sind:
„Also bauen sich die Kulturen auf: Auf der persönlichen Anstrengung des einzelnen, auf Einverleibung, Verdauung. Hat man sie verdaut, besitzt man ein Gefühl für die Dinge. Dies Gefühl nährt sich von dem, was man zu sich genommen hat. Man raubt nicht, wenn es sich um Werke des Geistes handelt."[41]
Triebfeder des kulturellen Entwicklungsprozesses ist für Le Corbusier das wache Bewußtsein. Seiner Meinung nach darf man nicht passiv abwarten, daß sich die Dinge von selbst entwickeln; die bewußte und aktive Teilnahme des einzelnen ist in der geschichtlichen Entwicklung entscheidend:
„Man muß nachdenken, die ganze Zeit, jede Minute, jeder Herausforderung gegenüber sensibel sein. Sensibel sein, bedeutet bewußt sein, das Gegenteil also von dem, was man der Sensibilität üblicherweise zugestehen möchte.[42]
Eine unerläßliche Eigenschaft wacher Individuen läßt sich vielleicht am präzi-

sesten mit einem Ausdruck aus Ernst Blochs *Prinzip Hoffnung* bezeichnen.[43] Die Eigenschaft derjenigen, die befähigt sind, besonders günstige Momente in der Geschichte wahrzunehmen und entsprechend zu handeln, wird dort „nüchterne Genialität" genannt. Die Geschichte hält anscheinend unterschiedliche ‚Zeitqualitäten' zur Verfügung. Sie gilt es mit besonderer Sensibilität und steter ‚Opferbereitschaft' wahrzunehmen.
In jedem Augenblick, so Le Corbusier, müsse man über Erkenntnisfähigkeit verfügen, Trägheit überwinden. Le Corbusier sieht in diesen besonderen Momenten die Möglichkeit des Eingreifens. Mit dem Begriff „Unwiederbringlichkeit der verlorenen Zeit" bezeichnet er die Tatsache, daß ausgelassene Chancen nicht einfach wiederkehren. Zur Ausschöpfung solcher unwiederbringlicher Momente, bzw. zur Vermeidung verpaßter Chancen sind ‚Propheten' notwendig, die fähig sind, dem Alten Neues hinzuzufügen, einer historischen Situation eine neue Richtung zu geben vermögen:
„Was ist das: ein Prophet? Ein Prophet ist der, der inmitten des Wirbels die Dinge vorauszusehen und zu deuten vermag, der Zusammenhänge durchschaut, erklärt, ordnet, verkündet.
Der Dichter ist es, der die neue Wahrheit zeigt (...).
Alles ist tödlich für den, der nicht urteilen kann, sondern duldet – für den, der die Füße fest auf das Gestern gestellt hat. Er ist verrenkt, zerrissen, zerfetzt. Für ihn gibt es nur die unvermeidliche Katastrophe und den Tod der schönen Tage...
Die heutige Zeit? Wunderbarstes Epos, unbekanntes Heldentum, umwälzende Entdeckungen, sensationelle Begegnungen. Unnütz, o Poet, sind graziöse Menuette; die ganze Welt ist voll von Leben, Wiedergeburt, wirklichen Taten. Es genügt, zu sehen und zuzugeben: ‚Ein großes Zeitalter hat angefangen.' Sobald wir der Leichenkammer den Rücken kehren, schauen wir in ein flammendes Morgenrot."[44]
In seinem Buch, das die Jahrhundertwende als eine solche Schwellensituation kennzeichnet, führt uns Provensal in seinen Betrachtungen in die verschiedenen Epochen der Vergangenheit und, über eine kritische Bemerkung der letzten hundert Jahre, die als ‚stumme Zeit der Architektur' charakterisiert werden, zurück zur Gegenwart, zu dieser Wendezeit, wo es gilt, die Aufgaben der Architektur und der Künste neu zu überdenken. Gleichzeitig mit den zu erwartenden Innovationen in den Künsten werde eine neue Generation von Künstlern und Architekten erwartet. Die Zeit der Mittelmäßigkeit sei abgelaufen. Erwartet werden ‚Propheten', Vorboten bzw. Verkünder der neuen oder wiedergefundenen Wahrheiten.
Provensal appelliert an alle diejenigen, die ihn zu hören vermögen, in Le Cor-

busiers Worten an alle, die Ohren haben, zu hören. Le Corbusier ist einer von ihnen, worauf Turner mehrfach hinweist, insbesondere dort, wo er bemerkt, daß die von Provensal betonte „Erwartungshaltung dieser Zeit", die noch ihrer Erlöser und Erneuerer harre, einer Suggestion gleich das ganze Buch durchziehe.[45] Turner versucht darzulegen, wie Le Corbusier sich durch die Worte Provensals angesprochen fühlt, wie diese Lektüre Triebfeder seines Schaffens wird.

Für Provensal ist das Wirken des Künstlers primär missionarischer Natur. Diese Mission bestehe darin, das durch den eigenen Beitrag bereicherte Erbe weiterzureichen (auch Le Corbusier versteht Tradition als Weiterreichen). Der wahre Künstler verbinde die Wahrheit von gestern mit der von morgen. Zusammen mit anderen Künstlern bilde er so eine „unsichtbare Kette von Eingeweihten", die ihren ‚Wesenskern' mit den ewigen ‚Prinzipien des Absoluten' in Verbindung gebracht haben. Durch ihre Werke vermitteln sie diese Prinzipien auch anderen. Künstler seien Überbringer ewiger Wahrheiten und Schönheiten, Lichtbringer der Zukunft. Durch die Übernahme neuer Aufgaben wirkten sie befruchtend. Obwohl sie sich zunächst nur an eine intellektuelle Minderheit wenden, wirken sie doch als in der Dunkelheit des Bewußtseins der Menge ‚keimender Samen'. Durch das Verständnis des ‚Heiligen' vermitteln sie in ihren Werken dessen Essenz, übersetzen ästhetische Ideale in greifbare materielle Formen. Wissenschaft und Kunst vereinigend, befriedigen sie sowohl die physischen als auch die moralischen Bedürfnisse der Menschen.[46]

Die Mission des kreativen Menschen besteht in der Übernahme der ‚Wegführung' durch den kulturgeschichtlichen Prozeß:

„Für den Künstler bedeutet es die erhabenste Mission, die ihm anvertraut werden kann, den zukünftigen Menschen das erweiterte Erbe der Ahnen zu übermitteln und dadurch an der Vervollkommnung der Menschheit mitzuwirken."[47]

Wenn Rudolf Steiner im Vorwort zu Schurés Buch schreibt, der Autor sei von dem Glauben beseelt, daß eine Zukunft der Geisteskultur bevorstehe, in der sich die Wissenschaft durch die Weisheit zur Anerkennung des Sehers der Wahrheit hindurchringen wird und daß die Kunst eine Epoche erleben werde, in der hinter der Phantasie die befruchtende Kraft der Urbilder der Dinge walten werde, so spricht er den damaligen Künstlern aus dem Herzen, kleidet ihre Vision der Zukunft in Worte.

Die Pyramide als ‚Sinnbild' der gesellschaftlichen Situation

„Ein großes spitzes Dreieck in ungleiche Teile geteilt, mit der spitzesten, kleinsten Abteilung nach oben gewendet – ist das geistige Leben schematisch richtig dargestellt. Je mehr nach unten, desto größer, breiter, umfangreicher und höher werden die Abteilungen des Dreiecks. Das ganze Dreieck bewegt sich langsam, kaum sichtbar nach vor- und aufwärts (...), was heute nur der obersten Spitze verständlich ist (...), wird morgen zum (...) Inhalt des Lebens der zweiten Abteilung. An der Spitze der obersten Spitze steht manchmal allein nur ein Mensch. Sein freudiges Sehen ist der inneren unermeßlichen Trauer gleich (...). In allen Abteilungen des Dreiecks sind Künstler zu finden. Jeder von denselben, der über die Grenzen seiner Abteilung hinaufblicken kann, ist ein Prophet seiner Umgebung und hilft der Bewegung, der widerspenstigen Karre. Wenn er aber nicht dieses scharfe Auge besitzt, oder dasselbe aus niederen Zwecken (...) mißbraucht oder schließt, dann wird er von allen seinen Abteilungsgenossen völlig verstanden und gefeiert. Je größer diese Abteilung ist (also je tiefer sie gleichzeitig liegt), desto größer ist die Menge (...). Es ist klar, daß eine jede solche Abteilung nach dem entsprechenden geistigen Brot bewußt oder (viel öfter) gänzlich unbewußt hungert. Dieses Brot wird ihr von ihren Künstlern gereicht (...). Die vereinsamten Hungerer und Seher werden verspottet oder für geistig anormal gehalten. Die seltenen Seelen aber, die nicht in Schlaf gehüllt werden können (...), klingen im groben materiellen Chorus, trostlos und klagend (...). Der unsichtbare Moses kommt vom Berge, sieht den Tanz um das goldene Kalb. Aber doch bringt er eine neue Weisheit (...) zu den Menschen."[48]

Das Bild der Pyramide, Ausdruck der gesellschaftlichen Verteilung des geistigen und kreativen Potentials, und die daraus hervorgehende Isolation der Künstler, aber auch ihre Sonderposition als ‚Spitze der Pyramide', verhelfen dem ‚Geniekult' zur Blüte.
Wir treffen dieses Sinnbild nicht nur im französischen, sondern auch im deutschen Raum, insbesondere in expressionistischen Kreisen ist es stark verbreitet. Beweger der kulturellen Umwälzung innerhalb dieser Sicht sind nicht die Massen; es sind Schöpfungen der Genies, die die Kulturrevolutionen ins Werk setzen. Der bedeutende Mäzen Karl Ernst Osthaus unterstützt diese Auffassung mit dem Hinweis, daß es heute an Respekt vor dem künstlerischen Schaffen fehle, zu dem nur wenige berufen seien:
„Das Verhältnis von Genie und Aufgaben ist von der Vorsehung geregelt. Sie [die Bauräte] aber zwingen das Genie, über kleinen Aufgaben zu darben oder im Kampfe um große Enttäuschung um Enttäuschung [sic!] zu erleben. Das

Volk hat ein Recht auf seine Künstler. Und Sie [die Bauräte], die Sie die Macht haben auszuteilen und zu verhindern, tragen die Verantwortung für das Schicksal unserer Kultur. Geben Sie Raum dem Genie. Florenz wäre nie Florenz geworden, wenn die Medici selbst den Ehrgeiz gehabt hätten, Brunelleschi oder Michelangelo zu sein."[49]
Auch für Le Corbusier gleicht das Bild der gesellschaftlichen Ordnung einer Pyramide: das ‚brave Volk' an der Basis, eine kleine ‚Elite' als Spitze.[50] Resultat der Anstrengungen, die diese Künstlerelite auf sich nimmt, ist die ‚Gabe der Intuititon':
„Intuition läßt sich (. . .) definieren und zu unserer Beruhigung auf verstandesmäßige Elemente zurückführen; man könnte sagen: Intuition stellt die Summe der erworbenen Kenntnisse dar. (. . .) Ist die Intuition die Summe der erworbenen Erkenntnisse (. . .), so ist das Gefühl ein Ausfluß der zum festen Bestand gewordenen Erwerbungen. Das Gefühl basiert auf Rechten (. . .). Man stielt kein Gefühl."[51]
Intuition ist für Le Corbusier das Resultat angestrengtester Arbeit. Kunst sei nur denjenigen wichtig, die sich ihr als würdig erweisen:
„Die Kunst ist keine Angelegenheit des Volkes, noch weniger aber eine ‚Luxuspflanze'. Kunst ist lebensnotwendig einzig und allein für die Menschen der Elite; diese brauchen Ruhe zur Sammlung, um die Führung übernehmen zu können. Kunst ist ihrem Wesen nach stolz."[52]
Im Unterschied zur nahezu arrogant ausgefallenen Beschreibung dieser elitären Gruppe charakterisiert Le Corbusier die als Basis der Pyramide bezeichnete Menge als folgsam und bequem. Er sagt dies nicht ohne Bitterkeit. Die Menge „gehorcht, weil das leichter ist."[53] oder: „Wir werden uns ganz ruhig wieder in den täglichen Trott begeben, uns dem Zwang der herrschenden Meinung beugen, uns von der alles besiegenden Macht der Gewohnheit bremsen lassen. Nicht umsonst gehören wir einer geordneten Gesellschaft an: wir werden geleitet von dem Gedanken an die anderen Leute."[54]
Henry Provensal nennt die ‚Elite' die ‚Leuchttürme' der Gesellschaft, die den Weg der Humanität ausleuchten.[55] Für ihn ist ‚Elite' jene Gruppe von Genies, die sich die Möglichkeit erarbeitet haben, den ‚Initiations- bzw. Erkenntnispfad' zu beschreiten. Der gewöhnliche Mensch jedoch bleibe an der ‚Schwelle des goldenen Tores' stehen; das Licht schrecke ihn ab. Die tieferen Geheimnisse des Lebens würden nur denjenigen zuteil, die sich ihrer als würdig erweisen. Würdig sind diejenigen, die ihren Lebensplan geändert, Wichtiges von Unwichtigem geschieden haben. Sie kümmern sich nicht mehr um äußere Ehren, Ruhm und Ansehen. Sie zählen nur auf sich selbst, wie Le Corbusier sagt, und handeln aus dem eigenen Gewissen heraus.[56]

Identifikationsfiguren

„*Ich wünschte mir, daß die Architekten sogar die Elite der Gesellschaft würden – die geistig reichsten Menschen (und nicht die bedürftigsten, die fadesten, die engherzigsten), daß sie allem gegenüber offen wären (und nicht eingeschlossen wie die Spießbürger in ihrem Spezialistentum). Die Architektur ist eine Geisteshaltung und nicht ein Beruf.*
Ich sehe weiter: der Architekt sollte der sensibelste, der unter den Kennern der Kunst am besten unterrichtete sein. Er sollte die plastischen und ästhetischen Produktionen noch besser beurteilen können als seine technischen Berechnungen. Durch die geistige Ausstrahlung, das Lächeln und die Würde sollte die Architektur den Menschen des neuen Maschinenzeitalters Freude und nicht strikte Nützlichkeit bringen. Heute geht es darum, dieses Licht anzuzünden und sich der Dummheit zu entledigen."[57]

Identifikationsfiguren haben für das sich auf dem Wege befindende Individuum die Funktion eines Spiegels. Sie spiegeln Ideale und Eigenschaften wider, die man im Begriff ist in sich selbst zur Entfaltung zu bringen oder erst in diesen Figuren zu entdecken. Die Entdeckung einer inneren oder äußeren Verwandtschaft, von Parallelen der Biographie läßt sie zu Orientierungshilfen für das eigene Leben werden. Die Einsamkeit, in der man bislang gelebt hat, wird gemildert; der weitere Weg nimmt Konturen an.
Turner hat in seiner Untersuchung zeigen können, wie Le Corbusier, von Schurés Beschreibung des Erkenntnis- oder Einweihungsweges geprägt, charakteristische Merkmale seines eigenen Lebens zu identifizieren und zu akzeptieren sucht. Er weist auch darauf hin, daß die Beschreibungen über den Besuch auf dem Berge Athos (‚voyage d'Orient') in erster Linie nicht architektonischen Gegebenheiten galten, sondern den ‚Einsamkeitserfahrungen' des Ich. L'Eplatteniers Geschenk, das ‚Buch der Großen Eingeweihten', sei nicht zufällig ins Jahr 1907, also ins Jahr der beginnenden Reisen Le Corbusiers gefallen; L'Eplattenier habe Le Corbusier mit dieser Geste auf Reisen in Pythagoras' Leben, die diesen zu den alten Zentren der Einweihungsschulen geführt haben, hinweisen wollen.[58] Turner zufolge fällt in die Zeit um 1908, die er als zweite Phase der frühen Erziehung markiert, neben den Reisen nach Italien, Wien und Paris auch Le Corbusiers Lektüre von Nietzsches *Zarathustra* und Ernest Renans *Vie de Jésus*, Bücher, die beide den Geniekult nähren, im Genius einen ‚Übermenschen', einen über die gewöhnliche Masse ‚Erhabenen', sehen.

Zur Pariser Zeit erlebt sich Le Corbusier, zum ersten Mal in der Rolle des ‚einsamen Suchers'. Mit 21 Jahren schreibt er an L'Eplattenier:
„Das Pariser Leben ist einsam für mich. Und seit acht Monaten lebe ich allein – allein mit diesem starken Geist, der in jedem Menschen zu finden ist und mit dem ich mich jeden Tag auseinandersetzen will und heute kann ich mit meinem Geist sprechen – fruchtbare Stunden der Einsamkeit, Stunden, während denen man ausgehöhlt und gepeitscht wird (...). Ich habe 40 Jahre vor mir, um das zu erreichen, was mir, verwischt vor meinem noch glatten Horizont, an Großem bevorsteht (...). Ich will mit der Wahrheit selbst kämpfen. Sie wird mich vielleicht martern – sicher sogar. Es ist nicht die Bequemlichkeit, die ich heute ins Auge fasse und die mich für die Zukunft vorbereitet (...). Es ist die Kraft, die in mir steckt, die spricht, und wenn ich von diesen Dingen spreche, so handelt es sich keineswegs um Träumereien (...). Ach, wie gerne möchte ich, daß meine Freunde (...) das kleinliche Leben mit seinen alltäglichen Befriedigungen wegschmeißen würden (...). Man muß in die Einsamkeit gehen. (...)
Ich wäre nicht mehr einverstanden mit Ihnen (...), ich könnte nicht. Sie wollen aus jungen Menschen von 20 Jahren heitere, tätige und ausführende machen (...). Weil Sie sich voller ergiebiger Tatkraft empfinden, glauben Sie diese auch bei den jungen Leuten vorzufinden. Diese Kraft gibt es zwar bei ihnen; aber sie muß erst entwickelt werden. (...) Um zu wirken, muß man wissen (...). Jene haben noch keine Schmerzen, keine Trübsal erlebt: ohne sie erfahren zu haben, macht man keine Kunst. (...) Ihr Herz hat nie gelebt, weil sie noch nicht mal wissen, daß sie ein Herz haben (...), daß sie überhaupt existieren – warum sie existieren – (...).
Sie allein mögen vorauszusehen (...). Sie haben gewußt was es heißt, sich selber zu kennen; Sie haben gewußt, was es einem an Schmerz und Wutschreien abverlangt – und an enthusiastischen Ausbrüchen (...). Singen wollen, wenn man noch gar keine Lungen hat! (...) Mein Angriff gegen Sie, mein geliebter Lehrer, richtet sich gegen diesen Irrtum (...). Sie glauben ständig vergleichbare Kräfte um sich zu sehen (...). Mein Kampf gegen die Freunde wird mein Kampf gegen ihre Ignoranz sein; nicht daß ich etwas wüßte, aber ich weiß wenigstens, daß ich nichts weiß (...). Jene wissen nicht, was Kunst ist: intensives Lieben des eigenen Wesens; man versucht es in der Zurückgezogenheit und Einsamkeit zu finden, dieses göttliche Wesen, das ein irdisches werden kann, wenn man es – durch den Kampf – mit aller Kraft versucht (...).
Er findet in der Einsamkeit statt, der Kampf mit sich selber (...). Zweifeln Sie nie an mir, ich bin Ihnen zu sehr verbunden, um Sie auch nur einen einzigen Tag zu vergessen (...). Ganz herzlich Ihr Schüler (...)."[59]

Diese Briefpassagen offenbaren das ganze Maß an Trauer und Wut des sich einsam fühlenden Sonderlings, der trotz großer Unsicherheit sich zu ‚Besonderem' berufen fühlt.
Voraussetzung einer künstlerischen Mission ist für Le Corbusier ‚der nackte, reine Mensch'. Damit er sich den geistigen Realitäten öffnen kann, muß er materielle Wünsche abgestreift haben. Er muß sich freihalten für neu zu entdeckende Wahrheiten und diese ins Kunstwerk übersetzen. Er ist ganz hingegeben an das ‚Warum' der Dinge![60]
Allein das Ausleben des kreativen Potentials, der Gebrauch und die künstlerische Umformung der eigenen Kräfte bedeutet Erfüllung:
„Ich werde erkennen, daß das Glück – daß mein Glück – in der schöpferischen Kraft liegt, die jeder (...) in sich trägt (...): unser Glück hängt von unserer Ehrlichkeit ab."[61]
Entsprechend beurteilt Le Corbusier hart und konsequent die Un-Echtheit, das Überflüssige im Leben der meisten Menschen und die daraus sich entwikkelnden kulturellen und geschichtlichen Katastrophen.[62]
Bei dem Versuch, Le Corbusiers hohe Anforderungen an das Künstler-Idealbild zu verstehen, sind uns die Visionen Provensals eine unerläßliche Hilfe. Le Corbusier stellt die Architekten den Künstlern Provensals und den Eingeweihten Schurés zur Seite. Er stattet sie mit denselben höchsten Eigenschaften aus. Er unterscheidet nicht zwischen Architekten und Künstlern. Er glaubt an eine progressiv-evolutionäre Entwicklung der Menschheit und weist den Künstlern die bedeutende Rolle der ‚Beweger der widerspenstigen Karre'[63] zu, wie Kandinsky es ausdrückt.
Nun verstehen wir, warum Le Corbusier sagt, daß die Architekten die Elite der Gesellschaft sein müßten, die spirituell reichsten, nicht die bedürftigsten, die sensibelsten, die in der Kunst am besten unterrichteten. Durch ihre spirituelle Ausstrahlung sollten die Architekten ein Licht der Freude in der Welt entfachen.
An anderer Stelle betont Le Corbusier, daß nur Architekt werden dürfe, wer – durchaus im religiösen Sinne – eine besondere Gnade in sich spüre.[64] In *La maison des hommes* geht Le Corbusier noch einen Schritt weiter. Auf die selbst gestellte Frage, was ein ‚maître d'oeuvre' sei, antwortet er:
„Der ideale maître d'oeuvre ist ein Humanist, welcher in sich selber zwei verschiedene Akteure durch seinen Atem beleben sollte, einen Architekten und einen Ingenieur. Diese Dreiheit, könnte sie sich einmal ganz in einem Menschen verwirklichen, würde auf Erden für einen Augenblick einen Strahl jener Trinität aufblitzen lassen, welcher wir die Schöpfung und den Unterhalt der Welt verdanken und die man, allerdings zu einer Zeit, als die erhabenen

Symbole noch nicht stupiden Händen zum Opfer gefallen waren, den ‚großen Architekten des Universums' zu nennen das Recht hatte."65
Die Rede ist natürlich von der Trinität Gottes. Ob dieser Hinweis nur metaphorisch zu verstehen ist oder Le Corbusier sich wirklich einem – weltlichen – Schöpfer verglichen sehen wollte, wissen wir nicht.
Vergleicht man die Schriften Le Corbusiers mit Provensals Buch, so wird man unschwer die Behauptung Turners bestätigt finden, Provensal habe mit seinen Aufrufen an ‚diejenigen, die Ohren haben zu hören', eine suggestive Kraft auf Le Corbusier ausgeübt. Selbst die beschwörende Form der appellativen Rede Provensals begegnet uns in Le Corbusiers Manifesten wieder. Es sind nicht nur die Inhalte, es ist so auch der Stil des Sich-Mitteilens, derselbe missionarische Eifer, der seine Äußerungen prägt.
Beim Prozeß der Identifikation geht es um die Definition der Rolle der Künstler in der Gesellschaft. Das neue Selbstverständnis der Künstler ist das der ‚Propheten', der ‚Verkünder neuer Botschaften', der Erzieher des Volkes. Le Corbusier sagt in diesem Zusammenhang:
„Der Poet wird wiederaufleben! Weil der Poet jenes von der Vollkommenheit begeisterte Wesen ist und aus dem Menschen einen Gott machen möchte (...). Der Poet hält in seiner Hand eine polierte Stahlkugel und denkt: hier ist der Beweis dafür, daß der Gott, den ich suche, existiert."66
Die meisten zeitgenössischen Künstler sahen sich als Einsame, als ‚Rufer in der Wüste'. Tatsächlich lebten viele von ihnen an entlegenen Orten oder zogen sich von Zeit zu Zeit – wie etwa Gauguin – aus der Zivilisation zurück.

Zu der schwierigen Situation, in der die Künstler der Jahrhundertwende sich befanden, schreibt Pehnt:
„Die Mischung aus Demut und Anmaßung in den einschlägigen Manifesten erklärt sich aus der doppelten Funktion, die sich die Architekten zuschrieben. Sie hielten sich für Medien, die, wie der für den Expressionismus bedeutsame Philosoph Henri Bergson formulierte, in einem Zustand vollendeter ‚Fügsamkeit' die Kräfte des Lebens erfaßten. Aus diesem Erlebnis leiteten sie ihre tätige Rolle als auserwählte Exekutoren des Lebenswillens ab. Daß dem Sendungsbewußtsein keinerlei tatsächlicher Einfluß entsprach, hatte Frustrationen zur Folge, die den aktiveren und kritischeren Teil der Betroffenen bald zu einer Überprüfung ihrer Positionen veranlaßten."67
Ähnliche Ansprüche in bezug auf ihre Funktion in der Gesellschaft reklamierten auch Vertreter anderer Richtungen. Hillers Charakterisierung des Literaten als eines Propheten und Führers[68] und Sokels Bemerkung: „Der Ge-

kreuzigte ist zugleich der Erlöser. Heute verfolgt, wird er das Königreich der Auserwählten ererben."[69], spiegeln die allgemeine Situation wider.

Ein solches Selbstverständnis stellt in der Tat eine Form der Selbsteinschätzung dar, die als anmaßend betrachtet werden kann. Sie ist einerseits verständlich als Form der Kompensation der Außenseiterrolle, die Künstler häufig infolge ihres durch ihre Arbeit veränderten Wertesystems zu leben gezwungen waren, das sie meist Ziele verfolgen ließ, die nicht mehr mit denen der Gesellschaft im Einklang standen.

6 Zur Situation des Zeitgeistes

"Unsere Seele, die nach der langen materialistischen Periode erst im Anfang des Erwachens ist, birgt in sich Keime der Verzweiflung des Nichtglaubens, des Ziel- und Zwecklosen. Der ganze Alpdruck der materialistischen Anschauungen, welche aus dem Leben des Weltalls ein böses zweckloses Spiel gemacht haben, ist noch nicht vorbei. Die erwachende Seele ist noch stark unter dem Eindruck dieses Alpdruckes. Nur ein schwaches Licht dämmert wie ein einziges Pünktchen in einem enormen Kreis des Schwarzen. Dieses schwache Licht ist bloß eine Ahnung, welche zu sehen die Seele keinen vollen Mut hat, im Zweifel, ob nicht dieses Licht – der Traum ist, und der Kreis des Schwarzen – die Wirklichkeit."[1]

Der Titel von Wassily Kandinskys *Über das Geistige in der Kunst* könnte als Charakterisierung des Zeitgeistes der künstlerischen Kreise um die Jahrhundertwende betrachtet werden. Kandinsky selbst, der von seinem Wohnort München-Schwabing als ‚geistigem Zustand', als geistiger Insel der großen Welt spricht, in der sich gleichzeitig abstrakte Kunst, Kubismus, Futurismus, Dadaismus und Expressionismus und die Zwölftonmusik seines Freundes Arnold Schönberg manifestieren[2], ist einer seiner Repräsentanten. In dem einleitend zitierten Text gibt er der Wahrnehmung der Schwellensituation und der mit dieser verbundenen leisen Hoffnung auf eine Wende Ausdruck. Kandinsky sieht seine Kunst als ein Mittel, geistige Realitäten in die Wirklichkeit zu übersetzen, Übersinnliches im Sinnlichen sichtbar werden zu lassen[3] – eine Auffassung, die sich ebenso bei Le Corbusier findet. Die eingehende Betrachtung seines Lebens und seines Werks läßt erkennen, daß er mit der Zeit der Jahrhundertwende zutiefst verbunden war.
In dieser Um- und Aufbruchphase zeichnet sich in den kulturellen Kreisen tiefe Unzufriedenheit und große innere Unruhe ab. Die Reaktionen wenden sich gegen Auffassungen, die die Menschen ihrer Wurzeln beraubten. Paul Fechter erklärt in seinem 1914 erschienenen und von Ian Boyd White[4] als „bahnbrechend" bezeichneten Buch über den Expressionismus, das 19. Jahrhundert habe in allen Bereichen menschlichen Tuns eine beschleunigte Entwicklung zum Materialismus und eine zunehmende Entgeistigung erfahren. Infolgedessen sei, wie er ausführt, „das metaphysische Bedürfnis ... unter dem Eindruck der naturwissenschaftlichen Erfolge verloren ..." gegangen.

An der Schwelle zum 20. Jahrhundert beginnt eine Zeit der Besinnung: Die Unzufriedenheit erweckt in den wachen Geistern der Zeit eine schöpferische Energie, die nach einer ‚Standort-Klärung' verlangt. Das Weiterschreiten auf dem ausgetretenen Pfad ist zu Ende – und das verlangt einerseits Rückblick, Rechenschaftsablegung, Verstehen des zurückgelegten Weges, andererseits ein bewußtes Erfassen des Gegenwärtigen, eine Neu-Orientierung für den künftigen Weg.

Der Glaube an die Heraufkunft einer neuen Zeit stellt, um mit Ernst Bloch zu reden[5], die Aufgabe eines „realutopischen Entwurfs", der Vision einer besseren Zukunft. Diese Aufmerksamkeit für die neue Zeit offenbart sich, wie Iain Boyd Whyte[6] in seiner Untersuchung über Bruno Taut feststellt, in Heinrich Harts 1872 erschienenem Gedichtband mit dem bedeutsamen Titel ‚Weltpfingsten, Gedichte eines Idealisten'. In einer charakteristischen Strophe heißt es:

„Wirf die Tore auf: Jahrhundert, komm herab, begrüßt, bewundert, sonnenleuchtend, morgenklar. Keine Krone trägst du golden, doch ein Kranz von duftigholden Frühlingsrosen schmückt dein Haar."[7]

Diese Zeittendenz, die sich in einer neuen Hinwendung zum Geistigen bemerkbar macht, geht mit einer revolutionären Umwälzung in den Naturwissenschaften einher. Der Schweizer Physiker Heitler notiert dazu:

„Während die welt im blick der klassischen physik streng kausalen und deterministischen gesetzen unterliegt und unabhängig vom menschen und seinen sinneswahrnehmungen ihren vorgeschriebenen weg verfolgt, stellte sich (...) heraus, daß (...) der beobachter des experiments von seinem forschungsobjekt (...) nicht mehr zu isolieren ist, ein faktum, das das denken der klassischen physik aus seinen angeln hebt, die gültigkeit der naturgesetze gründete ja gerade in ihrer unabhängigkeit vom menschlichen subjekt. Der wahrheitsbegriff der exakten wissenschaften, ihre erkenntnissituation ist grundsätzlich verändert (...). Die physikalische forschung hat die energetische natur der materie experimentell erwiesen. Sie ist in die kraftfelder des unsichtbaren atoms vorgedrungen..."[8]

Der Begriff der festen Materie ist durch mathematische Gleichungen ersetzt worden:

„Isolierte Materieteilchen sind Abstraktionen, ihre Eigenschaften sind nur durch ihren Zusammenhang mit anderen Systemen definierbar und wahrnehmbar."[9] Der traditionelle Zeit-Begriff ist überholt. Der Physiker de Broglie sagt dazu:

„In der Raum-Zeit ist alles, was für einen jeden von uns Vergangenheit, Gegenwart und Zukunft darstellt, en bloc gegeben ... Jeder Beobachter entdeckt sozusagen beim Ablaufen seiner Zeit immer neue Schnitte der Raum-Zeit, welche ihm als aufeinanderfolgende Aspekte der materiellen Welt erscheinen, obwohl in Wirklichkeit die Gesamtheit der Ereignisse, die die Raum-Zeit darstellt, existiert, bevor er etwas davon weiß."[10]

Diese Umwälzungen im Bereich der Naturwissenschaften waren für die Künstler sehr wichtig. Vogt schreibt in seinem Buch *Der Blaue Reiter*:
„Die Welt weitete sich über ihre bis dahin scheinbar festen Grenzen ins unermeßlich Kleine und Große, aber auch in das Unanschauliche, für das neue Sinnzeichen gefunden werden mußten. Kandinsky hat ausdrücklich betont, wie wichtig ihm diese Bestätigung durch die Naturwissenschaft (...) war, weil dadurch ‚eines der gewichtigsten Hindernisse auf dem Weg zur Verwirklichung meiner Wünsche von selbst sich auflöste und verschwand.'"[11]
Aufgabe der Künstler war es, die erweiterte Schöpfung auf ihre Weise sichtbar zu machen, vom Materiellen in die Welt des Nicht- oder Über-Materiellen vorzustoßen. Dies geht einher mit einer Öffnung gegenüber den ‚Sinn-Fragen' des Lebens. Der Tod wird nicht mehr als nicht weiter hinterfragbares Ende akzeptiert, das eigene Leben nicht mehr als ‚isoliertes Stück Zufall' betrachtet. Man versucht, die Spur zurück und nach vorn zu finden, um die eigene Existenz und die Existenz der Dinge in einen Gesamtzusammenhang zu stellen. Hugo Häring sagt in einem seiner Fragmente:
„Das denken des menschen kreist um die frage nach dem sinn des geschehens (...). In der genesis des mose steht der satz, daß [sic!] der mensch als ein ebenbild GOTTES erschaffen sei. Nehmen wir diese bemerkung als einen hinweis eines hohen geistigen wissens hin, so läßt sich für den menschen wohl eine antwort auf die frage nach dem sinn seines daseins und erschaffenseins geben (...). Dieser hinweis offenbarte die absicht GOTTES, dem von ihm erschaffenen menschenwesen auch die macht zu geben, selber ein werk der schöpfung zu vollbringen, dem werk der schöpfung des göttlichen geistes ebenbildlich."[12]
Bruno Taut, der, wie Pehnt erwähnt, in jenen Jahren häufig die Mystiker als Zeugen seines Weltbildes aufführt, äußert sich zum Thema des Todes und der Rolle der Kunst:
„Die Kunst (...) will ein Abbild des Todes sein, die Grenze geben, wo gebundene Interessiertheit an Erdendingen sich löst im Schauen dessen, das hinter der Todesschwelle sich auftut."[13]
In dieser Situation einer neuen Orientierung, der Suche nach den Wurzeln und dem Sinn des Lebens ist ein breites Wiederaufleben religiös-weltanschaulicher Interessen zu beobachten. Esoterische Lehren und Philosophen erleben

im Laufe des 19. und zu Beginn des 20. Jahrhunderts sowohl im deutsch- wie im französischsprachigen Raum deutlichen Aufschwung.
So wird etwa um 1890 in Frankreich durch Jules Doinel eine neo-katharische (neo-gnostische) Kirche gegründet, zu der u. a. auch Gérard Encausse genannt ‚Papus'[14], ein berühmter esoterischer Gelehrter, gehört.[15]
Viele der namhaften Künstler jener Zeit waren den esoterischen Philosophien zugetan. Charakteristisch war die jeweilige Mischung künstlerischer und esoterischer Kreise. Für die Künstler jener Zeit erwiesen sich die 1875 von Helena Petrowa Blavatsky gegründete Theosophische Gesellschaft und die aus ihr hervorgegangene, von Rudolf Steiner 1913 gegründete Anthroposophische Gesellschaft als besonders bedeutsam.
Kandinsky erwähnt in seinem Buch *Über das Geistige in der Kunst* seine Achtung für die Theosophische Gesellschaft, er bezeichnet sie als „eine der größten geistigen Bewegungen, die heute eine große Anzahl von Menschen vereinigt (...), die (...) sich den Problemen des Geistes zu nähern versuchen"[16].
Gerade Rudolf Steiner, von seiner Ausbildung Natur- und Geisteswissenschaftler, war prädestiniert, Projektionsfigur des neuen Ideals, des ganzheitlich entwickelten Menschen zu sein. Für Steiner waren die Erkenntnis höherer Welten, das Erfassen geistiger Wesen und Tatbestände hinter der physischen Wirklichkeit Erfahrungstatsachen, die es durch geisteswissenschaftliche Methoden zu erfassen galt. Sein ganzes Werk zeugt von dem Versuch, natur- und geisteswissenschaftliche Erkenntnisse einander befruchten zu lassen.
Wenn man die Vielfalt der Ausdrucksweisen des kreativen Potentials jener Zeit in einen Begriff zu fassen versucht, so stößt man unweigerlich auf die Bezeichnung ‚Expressionismus'[17], den Sammelbegriff für die utopisch-visionären, von einer neuen Geistigkeit geprägten Reaktionen auf die ‚fin-de-siècle-Situation'. Als wichtigstes Beispiel dieser ‚Zeitgeist-Situation' dient uns das frühe Bauhaus.
Als eine der Wiegen der Moderne, ist es für Freunde und Feinde eine Hochburg des Expressionismus. Pehnt nennt das Bauhaus sogar, obwohl der Expressionismus sich gegen das Akademiewesen wandte, dessen Akademie, und Theo van Doesburg sah sich in Weimar den expressionistisch verzerrten Mißgeburten gegenüber.[18] Daß sich das Bauhaus zu einem geistigen und künstlerischen Zentrum der Weimarer Republik entwickelte, lag, Pehnt zufolge, nicht an der Konstruktion des Instituts, sondern am Spürsinn und am Mut von Gropius bei der Wahl seiner Mitarbeiter. Das Bauhaus wurde dadurch zu einem Beispiel für die Überzeugungskraft, die Ideen gewinnen können, wenn sie von unerschrockenen und richtigen Leuten zum richtigen Zeitpunkt ver-

treten werden.[19] In der Bauhaus-Zeit der ersten Phase waren die unterschiedlichsten religiösen und mystischen Tendenzen vertreten – von der Theosophie und der Anthroposophie bis zum Neu-Buddhismus, zum Neu-Platonismus und zur Geheimlehre Mazdaznan (Itten). Der damalige Breslauer Stadtbaurat Max Berger soll es als ‚Alchimistenküche' bezeichnet haben.[20] Die Schriften der Mystiker wurden als Inspirationsquelle genutzt. Als überragende Lehrerpersönlichkeit dieser ersten Zeit können wir Johannes Itten (1888–1967) betrachten. Dieser hatte in Wien eine private Schule betrieben und zog eine Reihe von Schülern ans Bauhaus nach. In Weimar war er der einzige, der über größere pädagogische Erfahrungen verfügte. Da sein Vorkurs für alle Bauhäusler im ersten Semester verbindlich war, kam ihm schon aus diesem Grunde eine Schlüsselstellung zu.
Ittens Leistung läßt sich nicht unabhängig von seinen Lebenslehren und -praktiken sehen. Itten glaubte an einen ursprünglichen, schöpferischen Zustand jedes einzelnen Menschen. Die Entspannungs- und Konzentrationsübungen, auch die moralischen Gesänge und Sprüche, die nüchterneren Bauhäuslern vor allem in späteren Jahren absonderlich erschienen, waren Teile seiner pädagogischen Methode. Pehnt betont, daß Itten die kreativen Kräfte im Individuum freisetzen und zu einem geradezu mystischen Erleben der Dinge anleiten wollte.[21] Wie stark Itten in seinen Bestrebungen vom Bauhaus-Vorsteher Gropius unterstützt wurde, zeigt uns eine Tagebuch-Eintragung Oskar Schlemmers von 1921, in der es heißt: „Itten ist Gropius."[22]
Wollte man die Bestrebungen der geistigen Neu-Orientierung jener Zeit als radikal bezeichnen, so waren sie es, Pehnt zufolge, in dem Sinne, daß sie nach der Wurzel des schöpferischen Schaffens suchten. Taut sprach von einer „mystischen Strömung", der es auf die universellen Ursprünge angekommen sei.[23] Architektur wurde in seinem Sinne als „Emanation" einer geheimnisvollen Urkraft verstanden. Sogar von einer mystischen Rückkehr zu den eigenen Wurzeln war die Rede.[24]
Diese Suche nach den Wurzeln und dem Sinn des Daseins brachte die Hoffnung auf eine *neue Religion der Zukunft*. Gropius schreibt 1914:
„Erst wenn das große Glück eines neuen Glaubens den Menschen wieder zuteil werden sollte, wird auch die Kunst ihr höchstes Ziel wieder erfüllen und zu den herben Formen des Anfangs zum Zeichen der innerlichen Verfeinerung die heitere Schmuckform neu erfinden können."[25]
Von einer unbekannten Religion der Zukunft, in der sich erst die neue Kunst verwirklichen werde, sprachen Dichter wie Maler, Philosphen wie Kritiker.[26] So fällt in der deutschen Literatur um 1910 eine Hinwendung zum transzendentalen Christentum des Mittelalters und ähnlichen Religionen (Buddhis-

mus, Hinduismus, Taoismus) auf. Die Neuausgabe der mystischen Schriften Meister Eckehardts durch Landauer (1903) half, so Whyte, diesen Umschwung vorzubereiten.²⁷
Die expressionistische Religiosität war allerdings nicht konfessionell gebunden. Man könnte, wie Pehnt meint, von einer expressionistischen Religiosität ohne Religion sprechen. Taut dachte sich seine gläsernen Häuser als „leere Gefäße" eines noch unbekannten Glaubens, weil die „Wiederkehr des Göttlichen" in der Auffassung der Mystiker Leere und Stille voraussetzte. Ausdrücklich berief sich Taut auf Meister Eckehardt:
„Wäre ich leer und rein, so müßte auch Gott aus seiner eigenen Natur sich mir hingeben und in mir beschlossen sein."²⁸
Im Zusammenhang mit der geistigen Neuorientierung dieser Zeit wird auch die Sinnfrage in bezug auf Kunst und Künstler neu gestellt. Die Rolle von Kunst und Künstlern als Übermittlern der neu zu findenden geistigen Inhalte mußte neu überdacht und gelebt werden. Die Beziehungen zwischen Kunst und Künstlern einerseits und den weltanschaulich-religiösen Hintergründen der Welt der Erscheinungsformen andererseits entwickeln sich zu faszinierenden und ergiebigen Denk- und Schaffensinhalten für die kulturelle Elite jener Zeit.
Pehnt zählt die Forderung nach ‚Symbolisation', nach Ausdruck der neuen Überzeugungen zu den entwurfsbestimmenden Faktoren der expressionistischen Architektur. Gropius schreibt:
„Wo eine neue Heilswahrheit, eine neue Religionsidee geboren wird, muß am ehesten auch der Umschwung zur Kunst eintreten, denn diese ist nichts anderes als die Umgestaltung überweltlicher Gedanken in sinnlich Wahrnehmbares."²⁹
Pehnt weist darauf hin, daß Lionel Feiningers Holzschnitt, der die Titelseite des Bauhaus-Manifestes ziert, als kristallines Sinnbild deutliche Bezüge zum ‚kommenden neuen Glauben' zeigt, von dem Gropius spricht. Das Bauhaus tritt denn auch nach außen als Ort auf, an dem Geheimnisse gehütet und weitergegeben werden. Der Gedanke der ‚Bauhütte' lebt neu auf: Gropius schreibt 1918 an Karl Ernst Osthaus:
„Ich bin dabei, etwas ganz anderes ins Werk zu setzen, was mir schon lange im Kopf spukt – eine Bauhütte!, mit einigen wesensverwandten Künstlern."³⁰
Auch im ‚Arbeitsrat für Kunst' wurde dem Gedanken der Bauhütte und der ‚Idee des neuen Kultbaus' in Anlehnung an die von Landauer und Taut heraufbeschworenen mittelalterlichen Lebens- und Gemeinschaftsvorbilder neues Interesse entgegengebracht.³¹ ³²
Die Frage nach der Kunst und ihrer neu zu überdenkenden Verwurzelung in

der Gesellschaft der Zukunft räumt der Architektur als der Mutter aller Künste einen neuen Rang ein. „Die Architektur ist Kunst und sollte die höchste Kunst sein"[33], schreibt Taut und vertritt damit die Meinung der Architektenfreunde seiner Zeit, nach welcher die Architektur, nicht zuletzt infolge ihrer größeren Lebensnähe und Wirksamkeit, den Sinn der neuen Kunst einschränkungslos zu erfüllen imstande sei, nämlich dem „Ausbruch der Seele"[34] und dem „Glauben an den Geist als an das Göttliche im Menschen"[35] nachdrücklicher als die andern Künste zu anschaulicher Gestalt zu verhelfen. Die Vereinigung aller Künste in der Architektur, die mehr als einen Sinn des Menschen anspricht und zugleich ‚Abbild des Kosmos' ist, wird als Ziel ins Auge gefaßt. Whyte formuliert sogar noch überspitzter, wenn er die Ansprüche der Künstler als ein ‚Erheben der Architektur in einen religiösen Stand'[36] bezeichnet.

Auch für Le Corbusier ist, wie wir dies insbesondere am Beispiel des ‚Musée Mondial' gesehen haben, die Architektur das zentrale Mittel, um die Beziehungen zwischen geistiger Welt und geschichtlicher Wirklichkeit aufzuzeigen bzw. herzustellen. In den *Feststellungen* bezeichnet er die Architektur als „Resultat der geistigen Richtungen einer Epoche". In einer Bemerkung aus dem Jahre 1928 wagt er in einer überspitzten Formulierung sogar die Gleichsetzung der „Geschichte der Kultur" mit derjenigen der „spirituellen Architektur"[37].

Dieselben Gedanken begegnen uns schon bei Provensal, der die Kunst der Zukunft wie diejenige der Vergangenheit als „glänzendes Resümee der kollektiven moralischen Idee des religiösen Bewußtseins der Völker"[38] sieht. Er sieht die Geschichte der Kunst als Geschichte der Religionen und schlägt, wie Gropius, vor, dem Weg in die Zukunft einen neuen Glauben voranzustellen. Der fehlende Glaube der künstlerisch Schaffenden soll durch einen neuen Kult ersetzt werden, den Kult der wahren Humanität. Wir erinnern uns in diesem Zusammenhang an Otlets Idee der ‚Cité Mondiale', an die Vision einer neuen, weltweiten Religion.[39]

Ein weiterer zentraler Gedanke jener Geisteshaltung zeigt sich im Glauben an die *„soziale Leistungsfähigkeit der Kunst"*. Für die Künstler jener Zeit, die die durch den Ausbruch aus der engen materialistischen Sicht der Welt freigewordenen ‚revolutionären' Kräfte in künstlerische Taten umzusetzen versuchten, war die Vorstellung selbstverständlich, daß die Revolution der Kunst notwendigerweise auch eine Revolution der Gesellschaft zur Folge haben müßte.[40] Diese Überzeugung wurde von Künstlern aller Bereiche geteilt; mit ihr verbunden war die Betonung der ‚Moral der Ästhetik' oder, wie Giedion diese

Tendenz beschreibt: „Die Bewegung erhielt ihren wahren Ansporn durch die Forderung nach Moral."[41]
Im Zusammenhang mit Le Corbusier ist insbesondere Karl Ernst Osthaus und der sogenannte ‚Hagener Impuls'[42] von Bedeutung. Osthaus gibt jenem damaligen Zeitempfinden einen noch prägnanteren Ausdruck, wenn er auf der dritten Jahresversammlung des Deutschen Werkbundes das ‚Deutsche Museum' vorstellt und betont, es habe zur Voraussetzung „den Glauben an die politische und soziale Gegensätze überbrückende Weltmission der Kultur"[43]. Kultur wird zum Politikersatz. Osthaus ist Kunstpolitiker. Er ist der Ansicht, daß Kultur nur dort gedeihen könne, wo Kunst und Leben eine Einheit bilden. Osthaus sieht eine seiner Hauptaufgaben darin, junge Talente zu entdecken und zu fördern. Er ist darum bemüht, die nötigen Aufträge zu verschaffen, um ihnen somit die Möglichkeit der Bewährung zu geben.
Mit der Überzeugung, eine neue Kunst werde auch eine Veränderung des Lebens bewirken, beginnt Karl Ernst Osthaus eine ‚Kunstmission', die sein ganzes Leben andauert und ohne Beispiel ist. Er kurbelt eine unglaubliche Menge kultureller Leistungen auf allen Gebieten an. Der Hagener Bankiersohn und Millionär entwickelt mit seinem Museum Folkwang[44], seiner Kunstsammlung, mit Wanderausstellungen und Vortragsreihen des von ihm gegründeten Deutschen Museums für Kunst in Handel und Gewerbe, mit Buchpublikationen des eigenen Verlages, Bauaufträgen und zahlreichen Kontakten zu Industrie und Gewerbe eine eindrucksvolle kulturelle und propagandistische Tätigkeit. In der ‚Gartenvorstadt Hohenhagen' – einem ‚Experimentierfeld modernen Bauens' – will Osthaus den von ihm berufenen Künstlern Aufträge verschaffen, die andere ihnen vorenthalten, und ihnen damit die Chance geben, ihre Vorstellungen verwirklichen zu können.
Die führenden Architekten jener Zeit sollten an diesen Projekten beteiligt werden. Van de Velde, Behrens und Lauweriks können ihre Pläne zum Teil verwirklichen; Josef Hoffmann, August Endell und Adolf Loos, Gropius, Taut und Kaldenbach bearbeiten Entwürfe oder sollten Aufträge erhalten. Gerade der Charakter des Experimentellen in einer Zeit des Umbruchs, schreibt Peter Stressig[45], mache dieses unfertige Experiment mit all seinen Schwächen und Ungeklärtheiten, interessant und bedeutsam, da hier in Entwürfen und Bauten die verschiedenen Auffassungen, die zum Entstehen eines neuen Baugedankens zwischen Jugendstil und Bauhaus führten, verfolgt werden könnten.
Eine Deutschlandreise[46], die Le Corbusier mit einem durch L'Eplattenier vermittelten Auftrag der Kunstgewerbeschule von La Chaux-de-Fonds verbinden kann, führt ihn in den Jahren 1910–1911 in die wichtigsten Kulturzen-

tren des deutsch-holländischen Raumes, neben München, Berlin, Dresden, Düsseldorf, Weimar, Hanau, Hamburg und Stuttgart auch nach Hagen. Dieser Besuch scheint für Le Corbusier von entscheidender Bedeutung gewesen zu sein, insbesondere für seine spätere Arbeit am Modulor und für sein Entwerfen mit den ‚tracés régulateurs'[47]. Durch eine unpräzise Erwähnung des ‚Thorn-Prikker-Hauses' im *Modulor* hat dieser Besuch das Interesse bedeutender Architekturtheoretiker auf den Plan gerufen.[48] Denn zu der Zeit, als Le Corbusier bei Peter Behrens arbeitete, baute dieser in Hagen verschiedene Villen, die sich in der allernächsten Nachbarschaft der Baustelle von Lauweriks' Projekt befanden, der mit dem Bau des ‚Thorn-Prikker-Hauses' beschäftigt war. Lauweriks, der als Vorkämpfer für das ‚Entwerfen nach System' galt[49], war seinerseits, neben seinen theosophischen Studien, beeinflußt von der ‚*Beuronschen Kunstschule*'.[50] Diese war von Didier Lenz gegründet worden, der als Benediktiner-Mönch den Namen Vater Desiderius trug. Die Lehren der Beuronschen Schule schlugen sich nicht nur im deutschen Kulturraum, sondern über Paul Serusier und Maurice Denis auch in Frankreich nieder.[51] Kenneth Frampton äußert sich zur Bedeutung der ‚Beuronschen Schule' folgendermaßen:

„Einer der unterschwelligen Mythen der Frühgeschichte der Moderne ist zweifellos die Beuronsche Schule für religiöse Kunst und ihr offensichtlicher Einfluß auf Peter Behrens' Werk nach 1905, ein Einfluß, der sich erstmals bei seinem Oldenberg-Pavillon aus demselben Jahr bemerkbar machte. Tatsächlich kam Behrens ein Jahr zuvor mit dieser Schule in Berührung, als er, seines Zeichens (seit 1903) Direktor der Schule für angewandte Künste in Düsseldorf, den holländischen Architekten J.L.M. Lauweriks, Theosoph und Ästhetik-Theoretiker, in den Lehrkörpern berief. Das Ausmaß von Lauweriks' Einfluß wird außerdem sichtbar in einigen frühen Entwürfen von Adolf Meyer, insbesondere bei einem von diesem 1911 projektierten Haus, welches offensichtlich auf Lauweriks' proportionalem Quadratsystem fußte (...). Nebenbei ist interessant zu bemerken, daß alle Architekten der holländischen geometrischen Schule, also Cuijpers, Berlage, de Groot, Lauweriks und de Bazel, sich mit der Wiederbelebung christlicher Kunst befaßten, wobei Lauweriks 1909 für K.E. Osthaus sogar eine Ausstellung über dieses Thema zusammenstellte."[52]

Ob die Theorien Lauweriks' und der Beuronschen Schule als Haupteinflußquelle von Le Corbusiers Faszination für harmonische Zahlenverhältnisse zu sehen sind oder nur einige Steine des reichhaltigen Mosaiks ausmachen, das den kulturellen Hintergrund von Le Corbusiers Schaffen bildet, ist bei dieser Fülle von Auseinandersetzungsstoff nicht entscheidend. Beispielsweise findet

Le Corbusiers Arbeit mit den ‚Zahlengeheimnissen' in Werken wie Ghykas *Le nombre d'or*[53] oder A. Fournier des Corats' *La proportion égyptienne et les rapports de divine harmonie*[54] Erwähnung. Daraus kann geschlossen werden, daß diese geheimnisvollen Themen einen eigenen Kreis von Forschern angezogen haben.

Das Zusammentreffen mit Karl Ernst Osthaus und der Künstlerkolonie in Hagen, dessen weiterer Verlauf sich in einem von Herta Hesse-Frielinghaus 1977 in einer Sonderveröffentlichung des Karl-Ernst-Osthaus-Museums herausgegebenen Briefwechsel niedergeschlagen hat, scheint für Le Corbusier auch noch in anderer Hinsicht von Bedeutung gewesen zu sein. Le Corbusiers erster Brief an Karl Ernst Osthaus datiert unmittelbar nach seinem Besuch: „Ich stehe noch unter dem Zauber dessen, was Sie mir gestern zu sehen gestatteten. Ich habe so stark den Eindruck der Harmonie empfunden, der die Gegend mit den Mauern und die beschwörenden Mauern mit den Menschen vereinigt, daß ich sehr glücklich bin, darin einige schöne Stunden verlebt zu haben.

Ein Pariser Freund hatte mir von der kleinen, im allgemeinen unbekannten deutschen Stadt erzählt, in der sonst verkannte Genies ein Asyl gefunden hätten. So habe ich dorthin meine Wallfahrt gemacht. Und siehe! meine Erwartungen sind übertroffen worden!

Erlauben Sie daher, sehr geehrter Herr, meine dankbaren Gefühle noch einmal zum Ausdruck zu bringen, und glauben Sie an die tiefe Achtung von Ch. E. Jeanneret."[55]

Anschließend an seinen Deutschland-Aufenthalt begibt sich Le Corbusier mit seinem Freund August Klipstein auf seine ‚voyage d'Orient', von wo aus er sich wiederum an Karl Ernst Osthaus wendet:

„Ich habe nun die ganze Zeit von mir und von dieser Reise gesprochen. Und ich habe nichts gesagt von dem, was ich im Herzen trage, von dem Besuch, den ich Ihnen gemacht habe. Ich habe nichts gesagt, denn Sie haben gesehen, wie gerührt ich von Ihrem Empfang war. Diese Gewißheit dieser meiner Dankbarkeit ist im Augenblick alles. Ich hoffe immer, Ihnen eines Tages die Realität meiner Gefühle beweisen zu können.

Nehmen Sie, lieber, sehr verehrter Herr, die hochachtungsvollen Grüße Ihres sehr ergebenen Ch. E. Jeanneret."[56]

Im Anschluß an diese Reise nimmt Le Corbusiers Leben eine überraschende Wende. Turner zufolge ist sie unter Umständen auf die Lektüre von Alexandre Cingria-Vaneyres *Les entretiens de la Villa du Rouet* während seiner Deutschland-Zeit zurückzuführen.[57] Le Corbusier zieht sich nach La Chauxde-Fonds zurück, anscheinend aufgrund einer Anfrage seines früheren Leh-

rers L'Eplattenier. Dort wird er Lehrer an der 1911 durch L'Eplattenier gegründeten ‚Nouvelle section' der dortigen Kunstgewerbeschule.
Diese Zeit muß für Le Corbusier, folgt man seinem Brief an Osthaus vom 27. März 1912, verzweifelt gewesen sein:
„Ich mußte zurück. Ich wollte nach Paris zurückkehren. Da aber ließ mich mein Lehrer und Freund, L'Eplattenier, fast ohne mein Wissen, zum Lehrer an einer neuen Schule ernennen, die er gerade gegründet hatte. Ich mußte gehorchen, dabei einzig und allein durch Freundschaft veranlaßt, erschlagen von Leid, aus den Fugen gebracht, daß ich in eine solche Provinz gehen mußte. Ich wollte nach Paris zu meinen alten Patronen, den Brüdern Perret (...). Ich wiederhole nochmals, Sie können sich vorstellen, was für ein Begräbnis die Rückkehr nach La Chaux-de-Fonds für mich bedeutete. (...) Und ich, ich möchte weinen, daß ich hier bin, wo ich hätte dort sein können! Ich habe mir erlaubt, mit viel Respekt und Bewunderung von Ihnen in Zeitungsartikeln zu sprechen. Das geschah, weil Ihre Güte mir zu Herzen gegangen ist und ich nicht vergessen werde, daß Sie den Fremden, den Unbekannten, den bescheidenen Passanten, der ich war, empfangen haben. Ja, ich habe in meiner Berichterstattung für die Autoritäten das bewundernswerte Werk genannt, das Sie in Deutschland begonnen haben. Ihr modernes Deutschland ist wunderbar, voll Hingebung, voll energischer Entschlüsse, voll Zivilcourage. Frankreich, Du steinigst Deine Propheten!"[58]
In der letzten nachweisbaren Mitteilung an Karl Ernst Osthaus, einer Ansichtskarte vom 7. August 1913, ist die Tonlage noch verzweifelter. Man bemerkt die stille Hoffnung, daß ihm der berühmte Mäzen aus Hagen, der auf Le Corbusiers herzliche Briefe vergleichsweise zurückhaltend reagiert hat, helfen möge:
„Das ist hier das Land von Courbet. Herrlich, stark, gesund. Das Land des schönen Frankreich. Es sind nun zwei Jahre her, daß ich versuche, bei uns in La Caux-de-Fonds zu arbeiten. Aber es ist nichts zu machen, und ich suche nach Amerika zu reisen. Ich habe das Bedürfnis nach einer großen Arbeit, in der die Kunst eine große Rolle spielt, wo man meine Kräfte und meine Begabung braucht. Ich bewahre immer ein warmes Gedenken an Ihre Aufnahme. Ich schicke Ihnen meine besten Grüße."[59]
Le Corbusier, der nicht nur Denker und Verfasser von Manifesten bleiben will und den Druck seiner aufgestauten Energien unerträglich findet, sucht dringend nach Möglichkeiten, zu entwerfen und zu bauen. Sein ungeheurer Tatendrang braucht ein Ventil. In Hagen sieht er seine Chance, und in Karl Ernst Osthaus begegnet ihm ein Förderer, der die Macht und die Mittel besitzt, den Ideen und dem Potential Le Corbusiers zur Verwirklichung zu ver-

helfen. Er versucht alles, Karl Ernst Osthaus auf sich aufmerksam zu machen, doch ohne Erfolg. Le Corbusiers Weg nimmt eine andere Richtung.

In der von Turner als fünfte Phase der frühen Erziehung bezeichneten Pariser Zeit von 1917 bis 1926 beginnt sich ein neuer Lebensabschnitt abzuzeichnen. Le Corbusier trifft den gleichaltrigen, jedoch in der Pariser Avantgarde bereits etablierten Maler Amedée Ozenfant.[60] Dieser führt den eigenen Aussagen zufolge der aktuellen Kunst gegenüber ‚blinden' Le Corbusier in diese Welt ein. Le Corbusier scheint zu dieser Zeit in einer unsicheren Phase voller Angst und Selbstzweifel zu stecken, die Turner auf die Einsicht des inzwischen bereits Einunddreißigjährigen zurückführt: es muß ihm bewußt gewesen sein, daß Eile geboten war, wenn er der ‚Prophet einer neuen Kunst'[61] werden wollte.

Mit 31 Jahren schafft Le Corbusier seine erste Ausstellung. 1918 erscheint mit *Après le cubisme* die erste Frucht der Zusammenarbeit von Le Corbusier und Ozenfant. Für Le Corbusier scheint diese Zeit eine Periode zu sein, in der er versucht, die Elemente der frühen Erziehung zu einer kohärenten Architekturauffassung und zu einer inneren Ganzheit zu synthetisieren, darüber hinaus auch die Zeit, in welcher er klar zu unterscheiden beginnt, was für öffentliche Ohren geeignet und was als Geheimnis zu hüten ist.

Mit der Gründung des *Esprit Nouveau* im Jahre 1920 – jetzt gebraucht Jeanneret sein Pseudonym ‚Le Corbusier' – beginnt ein neuer Abschnitt; Le Corbusier wird zu einer bekannten Persönlichkeit, er nähert sich mit großen Schritten dem früh gefaßten Ziel, ‚Prophet einer neuen Ordnung' zu werden. Die erste Etappe eines von großen Hindernissen und Selbstzweifeln begleiteten Weges ist zurückgelegt. Eine erste Reife ist erlangt, die nächste Etappe kann in Angriff genommen werden.

Der einmal eingeschlagene Weg, der, mit großem Enthusiasmus begonnen, bei vielen der damaligen Künstler zu Ab- oder Umwegen voller Hindernissen führte, scheint für deren Biographien symptomatisch zu sein. Der schwärmerische Glaube an eine neue und bessere, menschlichere Zukunft wich Zweifeln, Hemmungen und Unsicherheiten, die der Ausbruch des Krieges begünstigte. Daß dem Sendungsbewußtsein kein Einfluß in der Realität entsprach, veranlaßte viele, Zurückhaltung zu üben. Unerwartet sahen sich die Träger der neuen Ideen in fremdem Feld. Ihre Stimmen wurden leiser. Langsam zeichnete sich eine Wende ab. Die expressionistische Ausdruckshitze wich einer sachlichen Kühle.

Westheim zufolge[62] wurde der Expressionismus nach 1920, insbesondere in Berlin, zur Mode. Die Massenkultur bemächtigte sich in oberflächlicher Weise der Ausdrucksformen und Symbole der Avantgarde und mißbrauchte sie für eigene, den ursprünglichen Zielen entfremdete Zwecke. Pehnt und Whyte nennen Taut und Behne als die ersten, die den Klimawechsel witterten und sich gegen den „Allerweltsexpressionismus" wandten.[63] 1921 veröffentlichte Behne einen Artikel, der besonders zwischen populärer expressionistischer Mode und den Idealen der ehemaligen Avant-Garde unterschied: „Das Ziel ist ein Bau und damit eine Kunst, die nichts mehr vom Expressionismus weiß. Die Architektur, die expressionistisch wäre, im Sinn des heutigen Allerweltsexpressionismus, wäre entsetzlich (...). Damit haben wir nichts gemein... Das Ziel ist die objektiv gewonnene Form, die sich über dem Nebelwallen der Personalgefühle erhebt."[64]

Versucht man, resumierend, die Gründe zu verstehen, die zur ‚Krise des Idealismus' in diesen künstlerischen Kreisen geführt haben könnten, so fällt das simultane Auftreten mehrerer, einander begünstigender Umstände auf. Auf der einen Seite der erwähnte modische Gebrauch des expressionistischen Ausdrucks, die dadurch erfolgte Abwendung von der ‚Veräußerlichung' sowie, als Konsequenz davon, eine neue Leere. Die durch diese Situation bedingte Offenheit wirkt, auf der anderen Seite, insbesondere einladend für bis dahin eher unterschwellig angesiedeltes Gedankengut.

Als Reaktion auf die idealistischen Tendenzen beobachtet man eine neue Hinwendung zu praktischen Werthaltungen, zu alltäglichen, konkreten, politisch-ökonomischen Zielen.

Aus der „Asche" der ehemaligen Avantgarde (Whyte) ließ Behne eine neue Richtung und neue Ziele erstehen. Der Erlösungsglauben fand eine neue Form des Mystizismus, den der Funktion, der Leistung und des Materials. Im selben Moment, als die Massenkultur die Elitekultur vereinnahmt hatte, mußten die Erneuerer sich nach einem neuen Territorium umsehen. Nach Whyte fanden sie es im Funktionalismus.[65]

Die bis dahin gültigen Auffassungen und Wertmaßstäbe sind nicht etwa verschwunden, sondern dringen nur noch von Zeit zu Zeit eruptiv oder in poetischer Verkleidung nach außen. Dies läßt sich bei Le Corbusier, wahrscheinlich auch bei anderen Zeitgenossen, beobachten:

„Der Weg geht weiter. Wir anderen, wir sind auf dem Wege und wären glücklich, eine Strecke hinter uns zu bringen."[66]

Anmerkungen

Zu den in den Anmerkungen genannten Titeln vgl. die Bibliographie S. 154 ff.
Bei mit * gekennzeichneten Zitierungen handelt es sich um Übersetzungen der Autorin.

Einleitung
1 André Corboz, Canaletto. Una Venezia immaginaria, S. 50
2 Vgl. a.a.O., S. 500
3 A.a.O., S. 503
4 Michel Bataille, La ville des fous, S. 43
5 Jean Petit, Le Corbusier lui-même, S. 178
6 Vgl. Henry Provensal, L'art de demain, S. 26. Der Ausdruck ‚les phares' könnte eine Anspielung auf das gleichnamige Gedicht von Charles Baudelaire sein; vgl. Les fleurs du mal, Paris 1857
7 Paul Venable Turner, The education of Le Corbusier (A thesis presented to the Department of Fine Arts, Harvard University Cambridge), New York und London 1977
8 Le Corbusier, Modulor 2, S. 310
9 Paul Venable Turner, a.a.O., S. 2
10 Edouard Schuré, Les Grands Initiés
11 Vgl. Henry Provensal, a.a.O., S. 175
12 Vgl. Kapital 6, Zur Situation des Zeitgeistes
13 Vgl. Le Corbusier, Almanach, S. 78
14 Maximilian Gauthier, Le Corbusier ou l'architecture au service de l'homme, S. 56

1 Spurensicheung
1 Le Corbusier, An die Studenten, S. 29
2 Ders., Städtebau, S. 39 ff.
3 Vgl. ders., Ausblick, S. 33
4 Vgl. ders., An die Studenten, S. 23 f.
5 Vgl. ders., Feststellungen, S. 74
6 A.a.O., S. 212
7 Vgl. ders., Almanach, S. 36. (Beim Abschnitt ‚L'Esprit Nouveau en Architecture' handelt es sich um einen Vortrag Le Corbusiers, gehalten am 12. Juni 1921 für die philosophische und wissenschaftliche Studiengruppe an der Sorbonne, wiederholt am 10. November 1921 für den ‚Ordre de l'Etoile d'Orient'. Anmerkung Le Corbusiers dazu:* „Dieser Vortrag wurde improvisiert und stenographisch festgehalten. Der Orden ‚l'Etoile d'Orient' ist eine weltweite Gruppierung, die an das Erscheinen einer neuen Periode glaubt, welche die radikale Umwandlung der Studienformen all dessen mit sich bringt, was ein Beitrag zur Entstehung des neuen Zeitgeistes leistet. Deshalb wurde ich gebeten, diesen Vortrag in der ‚Salle Rapp' der Sorbonne nochmals zu halten." Dieser Orden wurde im Jahre 1911 von der Theosophischen Gesellschaft gegründet und der sechzehnjährigen Krishnamurti sein Oberhaupt; am 3. August 1929 löste Krishnamurti diesen Orden wieder auf. Siehe dazu auch: Mary Lutyens (Hrsg.), Jiddu Krishnamurti, S. 9; Maximilian Gauthier, a.a.O., S. 141; im Zusammenhang mit diesem Vortrag im Theosophenkreis begegnete Le Corbusier Krishnamurti persönlich und wurde von ihm nach Indien eingeladen.
8 Ders., Ausblick, S. 23

9 Vgl. ders., Architecture d'époque machiniste, S. 21/329
10 Vgl. ders., a.a.O., S. 18 f./326 f.
11 Ders., Feststellungen, S. 127
12 Vgl. ders., Architecture d'époque machiniste, S. 37/345
13 Ders., Feststellungen, S. 149 f.
14 Vgl., ders., Städtebau, S. 54 ff.
15 Vgl. ders., Les tendances de l'architecture rationaliste, S. 7
16 Ders., Une maison – un palais, S. 10
17 *Ebd.
18 Vgl. ders., Modulor 2, S. 25
19 *Henry Provensal, a.a.O., S. 134 f.
20 Le Corbusier, An die Studenten, S. 24
21 *Ders., Le lyrisme des temps nouveaux, S. 7–63
22 Ders., Extraits, 1ère série, S. 11
23 Vgl. ebd.
24 Vgl. ders., Feststellungen, S. 86
25 Vgl. ders., Extraits, 1ère série, S. 8 ff.
26 Ders., Architecture d'époque machiniste, S. 28/336
27 Vgl. Henry Provensal, a.a.O., S. 43
28 Vgl. ders., a.a.O., S. 298
29 Vgl. Le Corbusier, Manière de penser l'Urbanisme, S. 25
30 Vgl. Roman Jakobson, Poetik. Der hier verwendete Sammelband bringt seine wichtigsten theoretischen Schriften zu diesem Thema aus fünf Jahrzehnten (1921–1971).
31 Vgl. a.a.O., S. 212 ff.
32 Vgl. Umberto Eco, Einführung in die Semiotik, S. 164
33 Vgl. Le Corbusier, Une maison – un palais, S. 74

2 Architektur als Kunstwerk

1 Le Corbusier, An die Studenten, S. 30
2 Vgl. Roman Jakobson, a.a.O., S. 67 ff. Die Definition des künstlerischen Werks als eines Werks, bei dem die ästhetische bzw. poetische Funktion als die Dominante erscheint, erlaubt uns, künstlerische von nicht-künstlerischen Gegenständen zu unterscheiden. Die Dominante stellt eine Beurteilungshilfe dar und läßt uns die Verschiebung in der Wechselbeziehung zwischen den beteiligten Funktionen eines Ganzen wahrnehmen. Was ist nun die ästhetische Funktion nach Jakobson? Jakobson kann uns darauf keine einfache Antwort geben. Was eine Äußerung zu einer ästhetischen oder poetischen macht, kann weder inhaltlich definiert werden – alles kann im Prinzip zum Thema einer ästhetischen Aussage gemacht werden – noch formal durch die Angabe bestimmter Verfahren. Die Kunstgriffe sind in ständigem Wechsel begriffen. Man kann Jakobson zufolge keine strenge, absolute Grenze zwischen Kunstwerken und anderen Werken ziehen, wohl aber zwischen der Dominanz der ästhetischen und anderen Funktionen. „Was wir betonen, ist nicht der Separatismus der Kunst, sondern die Autonomie der ästhetischen Funktion."
3 Elmar Holenstein, Von der Poesie und der Plurifunktionalität der Sprache = Einführung zu: Roman Jakobson, Poetik
4 Roman Jakobson, Poetik, S. 79
5 Ders., ebd.

6 Vgl. Roman Ingarden, Prinzipien einer erkenntnistheoretischen Betrachtung der ästhetischen Erfahrung, in: Theorien der Kunst, Frankfurt am Main 1984, S. 70 ff.
7 Dieser Ausdruck ist der Titel eines gleichnamigen Buches von Le Corbusier aus dem Jahre 1928
8 Rolf Hellmut Foerster, Das Barockschloß, S. 92
9 Vgl. Le Corbusier, An die Studenten, S. 33
10 Ders., Ausblick, S. 18

3 Architektur als Mittel zur Realisierung
des ‚Prinzips der kosmischen Integration von Mensch und Bauwerk'
1 Peter Stressig, Hohenhagen – ‚Experimentierfeld modernen Bauens', in: Karl Ernst Osthaus, Recklinghausen 1971
2 *Le Corbusier, Le lyrisme des temps nouveaux, S. 17–73
3 Edouard Schuré, Les Grands Initiés, Paris 1908. Es handelt sich um ein Geschenk L'Eplatteniers an Le Corbusier oder um ein Stück jener ‚spirituellen Nahrung', von der Le Corbusier im Zusammenhang mit L'Eplattenier spricht.
4 Vgl. Maurice Denis, Théories, zitiert nach: Paul Venable Turner, a.a.O., S. 117, 219
5 Vgl. Henry Provensal, a.a.O., S. 160
6 Nach einem Vortrag von Stanislaus von Moos, gehalten am 4.12.1984 an der Universität Zürich
7 *Le Corbusier, Manière de penser l'Urbanisme, S. 56
8 Vgl. ders., Après le Cubisme, S. 56
9 Ders., Städtebau, S. VII
10 Vgl. ders., Une maison – un palais, S. 3
11 Vgl. ders., Almanach, S. 25
12 Ders., Städtebau, S. 16
13 Vgl. ders., Une maison – un palais, S. 20
14 Ders., Ausblick, S. 151 ff.
15 Ders., An die Studenten, S. 34
16 Vgl. Edouard Schuré, a.a.O., S. 270 ff.
17 Jelena Hahl-Koch, Arnold Schönberg, Wassily Kandinsky, S. 138
18 *Henry Provensal, a.a.O., S. 145
19 Vgl. Kapitel 6
20 Jelena Hahl-Koch, a.a.O., S. 186
21 Vgl. Kapitel 5
22 Edouard Schuré, a.a.O., S. 271
23 Paul Venable Turner, a.a.O., S. 27 ff.
24 Le Corbusier, Feststellungen, S. 24
25 ‚Grand Architecte de l'Univers' als Ausdruck für den Schöpfer des Universums findet sich u. a. bei den Freimaurern
26 Le Corbusier, Der Modulor, S. 113
27 *Henry Provensal, a.a.O., S. 128
28 Vgl. Jolande Jacobi, Die Psychologie von C.G. Jung, S. 98
29 Le Corbusier, Le Poème de l'Angle Droit, Abschnitt G.3
30 Vgl. Le Corbusier, Le lyrisme des temps nouveaux, S. 19–75

Die südamerikanischen Städtebauprojekte
1 Vgl. Le Corbusier, Feststellungen, S. 32 f.
2 Vgl. a.a.O., S. 222
3 Vgl. a.a.O., S. 187
4 Vgl. a.a.O., S. 219
5 Vgl. a.a.O., S. 220
6 Vgl. a.a.O., S. 217
7 Vgl. a.a.O., S. 17 f.
8 Vgl. a.a.O., S. 135 f.
9 Ebd.
10 Vgl. ders., Städtebau, S. 46, 56 und vgl. ders., Sur les 4 routes, S. 44
11 Vgl. ders., Le lyrisme des temps nouveaux, S. 16-72
12 Vgl. ders., Une maison – un palais, S. 26
13 Vgl. ders., Feststellungen, S. 225
14 A.a.O., S. 224
15 A.a.O., S. 222
16 A.a.O., S. 80 ff.
17 Ebd.
18 Ders., Städtebau, S. VII
19 Vgl. ders., Ausblick, S. 43 ff.
20 Vgl. ders., Feststellungen, S. 231
21 Vgl. ders., Städtebau, S. 136
22 Vgl. ders., Feststellungen, S. 194
23 A.a.O., S. 82
24 Ders., An die Studenten, S. 33
25 A.a.O., S. 27 f.
26 Vgl. ders., Feststellungen, S. 58
27 Vgl. ders., Almanach, S. 84 f.
28 Vgl. ders., Une petite maison, S. 4
29 Ders., Ausblick, S. 144
30 Ders., Städtebau, S. 192
31 A.a.O., S. 52 ff.
32 A.a.O., S. 196

Das Mundaneum-Projekt
1 Ausführliches Untersuchungsmaterial zur Geschichte des Projektes enthält u. a. die Publikation ‚La città mondiale' von Giuliano Gresleri und Dario Matteoni.
2 *Paul Otlet, Cité Mondiale, S. 1
3 A.a.O., S. 14
4 *Le Corbusier, Extraits, 2ème série, S. 27 ff.
5 Vgl. Werner Müller, Die Heilige Stadt, Stuttgart 1961
6 Vgl. Le Corbusier, Städtebau, S. 32
7 A.a.O., S. 74 ff. Interessant ist, daß die von Le Corbusier genannten Beispiele der ‚haute architecture' sich u. a. in den beiden Untersuchungen von Müller und Pennick wiederfinden.
8 A.a.O., S. 23
9 Nigel Pennick, Die alte Wissenschaft der Geomantie, S. 95 ff. sowie Mircea Eliade, Traité d'histoire des religions, passim

10 Vgl. Aniela Jaffé, Bildende Kunst als Symbol, in: Der Mensch und seine Symbole, Olten und Freiburg im Breisgau 1981, S. 232 ff.
11 Le Corbusier, Städtebau, S. 18 f.
12 Vgl. ders., Pièces à conviction, in: Jean Petit, Le Corbusier lui-même, S. 172
13 Ders., Modulor 2, S. 265 f.
14 Vgl. Kapitel 4
15 Vgl. Le Corbusier, Pièces à conviction, in: Jean Petit, a.a.O., S. 184
16 Vgl. Kapitel 5 sowie Ferdinand Niel, Montségur (dernière forteresse cathare et temple solaire), et le sac de Béziers, in: Les cathares, Paris 1964, S. 288-389
17 Offenbarung des Johannes, XXI, 16, zitiert nach: Nigel Pennick, a.a.O., S. 157
18 A.a.O., S. 158
19 *Jean Petit, a.a.O., S. 35
20 Vgl. Kapitel 5
21 Ebd.
22 Vgl. Le Corbusier, La maison des hommes, S. 110
23 *Paul Otlet, a.a.O., S. 8
24 Vgl. Henry Provensal, a.a.O., S. 10
25 Le Corbusier, Städtebau, S. 32

4 Architektur als Erziehungsmittel

1 Bernhard Zeller (Hrsg.), Hermann Hesse, S. 78
2 Vgl. Werner Müller, a.a.O., S. 93 ff. sowie Marcello Fagiolo, Mundaneum 1929, La nuova Babilonia secondo Le Corbusier, in: Ottagono, Marzo 1978, S. 22
3 Marcello Faciolo, a.a.O., S. 24
4 Henry Provensal, a.a.O., S. 110 ff., 301 ff.
5 *Des., a.a.O., S. 182 f.
6 Vgl. Le Corbusier, Une maison – un palais, S. 28
7 Vgl. Henry Provensal, a.a.O., S. 139
8 *Jean Petit, a.a.O., S. 196
9 *Le Corbusier, Extraits, 2ème série, S. 30 f.
10 *A.a.O., S. 29 ff.
11 Vgl. a.a.O., S. 31
12 Ders., Défense de l'architecture, geschrieben für die Zeitschrift ‚Stavba' in Prag, in: L'architecture d'aujourd'hui, 10/1923, S. 38-62, Brief an Karel Teige; Teiges Mundaneum-Aufsatz erschien im Jahre 1929 in ‚Stavba' Nr. 10/S. 145-155
13 *Ders., Extraits, 2ème série, S. 30
14 A.a.O., S. 32
15 Vgl. Henry Provensal, a.a.O., S. 139 f.
16 Wassily Kandinsky, Über das Geistige in der Kunst, S. 26 f.
17 Karl Kerenyi, Labyrinthstudien, S. 49 ff. Zur Unterscheidung der Begriffe Spirale/Doppelspirale/Mäander/Labyrinth, vgl. Hermann Kern, Labyrinthe, S. 13 ff.
18 Vgl. Oskar Sengspiel, Prozession im Mittelalter, S. 8 ff.
19 Vgl. Anmerkung 12
20 Vgl. Henry Provensal, a.a.O., S. 192
21 Vgl. Paul Venable Turner, a.a.O., S. 4-30; im Französisch sprechenden Raum waren Corboz zufolge auch die Rekonstruktionsversuche von Chipiez sehr verbreitet.

22 So z. B. 1931: Musée d'art contemporain, Paris
    1937: Zwei Projekte vom Typ ‚Musée à Croissance illimitée, Exposition internationale, Paris
    1939: Musée à Croissance illimitée
    1952 Ahmedabad: Museum des Wissens
    1957: Le Musée national des Beaux-Arts à Tokyo
    1964 Le Musée et galérie des Beaux-Arts à Chandigarh
    1965: Le Musée du XXème siècle
23 Le Corbusier, Modulor 2, S. 241 sowie Jean Petit, a.a.O., S. 128, 131 ff.
24 Vgl. Le Corbusier, Modulor 2, S. 238 ff.
25 Wassily Kandinsky, a.a.O., S. 11

5 Weltanschaulich-kulturelle Hintergründe
1 Le Corbusier, Modulor 2, S. 212
2 Ders., Der Modulor, S. 125
3 Ders., Städtebau, S. 205
4 Vgl. Henry Provensal, a.a.O., S. 168
5 Vgl. Le Corbusier, Städtebau, S. 75 ff.
6 Vgl. ders., An die Studenten, S. 23
7 Ders., Städtebau, S. 32
8 Vgl. ders., Feststellungen, S. 88
9 Vgl. Jean Petit, a.a.O., S. 183
10 Vgl. Paul Venable Turner, a.a.O., S. 118 ff.
11 *Jean Petit, a.a.O., S. 23 sowie Michel Bataille, a.a.O., S. 40
12 Paul Venable Turner, a.a.O., S. 202 f.
13 In der ‚bibliothèque personnelle' Le Corbusier (Fondation Le Corbusier) können zu diesem Thema folgende Titel eingesehen werden: La croisade contre les Albigeois et l'union du Languedoc à la France 1209–1249 von Pierre Belperron; Esclarmonde de Foix, Princesse cathare von Coincy St. Palais; Le bûcher de Montségur von Zoé Oldenburg.
14 Vgl. Paul Venable Turner, a.a.O., S. 197, aus: Anm. 3: *Charles L'Eplattenier (1874–1946), geboren in Neuchâtel, studierte Zeichnen und Malerei, reiste durch Italien, Tunesien, Deutschland, nach Budapest und London; studierte kurz an der Ecole des Beaux-Arts in Paris (1893), wurde 1898 Zeichenlehrer an der Kunstgewerbeschule in La Chaux-de-Fonds und 1903 ihr Direktor.
15 Vgl. Le Corbusier, Modulor 2, S. 310
16 *Maximilien Gauthier, a.a.O., S. 19 sowie Paul Venable Turner, a.a.O., S. 198, Anmerkung 13
17 Vgl. Paul Venable Turner, a.a.O., S. 10, 24
18 Vgl. a.a.O., S. 200
19 Vgl. a.a.O., S. 202, zitiert nach Anmerkung 43: „A mon cher élève Édouard Jeanneret/Souvenir affectueux-/Ch. L'Eplattenier/sept. 07."
20 Rudolf Steiner schrieb für die drei ersten deutschen Auflagen von Schurés Buch ‚Die Großen Eingeweihten' jeweils das Vorwort; aus dem Französischen übersetzt wurden sie von Steiners zweiter Frau Marie Steiner von Sievers (die auch weitere Werke Steiners übersetzte); Edouard Schuré schrieb andererseits u. a. das Vorwort zur französischen Ausgabe von Steiners Buch ‚Das Christentum als mystische Tatsache'; auch war er einer der Zuhörer, als Steiner im Jahre 1906 in Paris seine 18-teilige Vortragsserie hielt.

21 Vgl. René Nelli, Le phénomène cathare, S. 66
22 Vgl. Déodat Roche, Philosophie platonicienne des Gnostiques et des Cathares, S. 410 ff., in: Les cathares, Paris 1964 sowie Coincy-St. Palais, Esclarmonde de Fois, Princesse cathare, S. 27 ff. Besonders interessant ist die Einsicht in Le Corbusiers Privatexemplar, das viele Anstreichungen aufweist, die während eines Fluges von Paris über Zürich, Kairo nach Bombay, am 1. Dezember 1957 entstanden sind. In diesem Text werden u. a. verwandtschaftliche Beziehungen der Katharer erwähnt, insbesondere zu den Kelten, zu christlichen Gruppierungen (Essener, Johanniter ...) und Gestalten (Christus, Hl. Maria, Apostel, im besonderen St. Jean ...) und zu Bruderschaften, wie den Templern, Rosenkreuzern, u. a. m.
23 Vgl. Déodat Roche, a.a.O., S. 432
24 Vgl. a.a.O., S. 413; weitere Untersuchungen zum Thema finden sich auf S. 446 ff.
25 Vgl. René Nelli, Les réincarnations, S. 215 = Nachwort zu: Arthur Guirdham, Les cathares et la réincarnation
26 René Nelli, Le phénomène cathare, S. 13
27 Vgl. ders., Les réincarnations, a.a.O., S. 214
28 Vgl. Déodat Roche, a.a.O., in: les cathares, Paris 1964, S. 442
29 Vgl. a.a.O., S. 414
30 Vgl. Le Corbusier, Mise au point, S. 53
31 Vgl. ders., Extraits, S. 11
32 Vgl. ders., Städtebau, S. 6
33 *Ders., Mise au point, S. 12
34 *Ders., La maison des hommes, S. 112
35 *Ders., Mise au point, S. 7
36 *A.a.O., S. 60
37 Vgl. Karl Kerenyi, a.a.O., passim
38 Le Corbusier, Modulor 2, S. 85 f.
39 *Ders., L'art décoratif d'aujourd'hui, S. 168
40 *Ders., Mise au point, S. 16
41 Ders., Städtebau, S. 30
42 *Jean Petit, a.a.O., S. 53
43 Vgl. Ernst Bloch, Das Prinzip Hoffnung, Bd. 5, S. 342
44 Le Corbusier, Feststellungen, S. 42
45 Vgl. Paul Venable Turner, a.a.O., S. 22
46 Vgl. Henry Provensal, a.a.O., passim
47 *A.a.O., S. 141 ff.
48 Wassily Kandinsky, a.a.O., S. 29 ff.
49 Karl Ernst Osthaus, zitiert nach: Sebastian Müller, Das Deutsche Museum für Kunst in Handel und Gewerbe, S. 320, in: Ernst Osthaus, Recklinghausen 1971
50 Vgl. Le Corbusier, Feststellungen, S. 94 ff.
51 Ders., Städtebau, S. 31
52 Ders., Ausblick, S. 85
53 Ders., Feststellungen, S. 43
54 A.a.O., S. 105
55 Vgl. Henry Provensal, a.a.O., S. 26
56 Vgl. Le Corbusier, Mise au point, S. 61
57 *Jean Petit, a.a.O., S. 82
58 Vgl. Paul Venable Turner, a.a.O., S. 27

59 *Auszüge aus Briefen Le Corbusiers vom 22.–25. November 1908 an seinen geliebten und verehrten Lehrer L'Eplattenier, in: Jean Petit, a.a.O., S. 34 ff.
60 Vgl. Le Corbusier, L'art décoratif d'aujourd'hui, S. 24
61 Ders., Feststellungen, S. 41
62 Vgl. a.a.O., S. 23
63 Vgl. Wassily Kandinsky, a.a.O., S. 30
64 Vgl. Le Corbusier, Quand les cathédrales étaient blanches, S. 234
65 *Ders., La maison des hommes, S. 108 ff.
66 *Ders., Almanach, S. 78
67 Wolfgang Pehnt, Die Architektur des Expressionismus, S. 34
68 Vgl. Iain Boyd Whyte, Bruno Taut, S. 76
69 Walter Sokel, The writer in Extremis, zitiert nach: Iain Boyd Whyte, a.a.O., S. 76

6 Zur Situation des Zeitgeistes

1 Wassily Kandinsky, a.a.O., S. 22
2 Vgl. Jelena Hahl-Koch, a.a.O., S. 223 ff.
3 Vgl. Sixten Ringbom, The sounding cosmos, S. 109 ff.
4 Vgl. Iain Boyd Whyte, a.a.O., s. 52
5 Vgl. Ernst Bloch, Das Prinzip Hoffnung, Bd. 5, passim
6 Vgl. Iain Boyd Whyte, a.a.O., S. 17
7 Heinrich Hart, Weltpfingsten. Gedichte eines Idealisten, Gesammelte Werke Bd. 1, S. 1–4; zitiert nach: Iain Boyd Whyte, a.a.O., S. 17
8 Walter Heitler, Der Mensch und die naturwissenschaftliche Erkenntnis, Braunschweig 1961 = Einführung zu: Margot Aschenbrenner (Hrsg.), Hugo Häring. Fragmente, S. XX f.
9 Zitiert nach: Luigi Luisi, Moderne Wissenschaft und alte östliche Tradition, S. 8
10 A.a.O., S. 17
11 Paul Vogt, Der Blaue Reiter, S. 23 f.
12 Margot Aschenbrenner, a.a.O., S. 6 ff.
13 Bruno Taut, zitiert nach: Wolfgang Pehnt, a.a.O., S. 36
14 Vgl. Philippe Encausse, Papus, Paris 1979
15 Vgl. Marie-France James, Esotérisme et Christianisme autour de René Guénon, S. 81 ff. sowie dies., Esotérisme, Occultisme, Franc-Maçonnerie et Christianisme aux XIXe et XXe siècles, S. 100 ff. Weitere geschichtliche Informationen über das Nachleben der Katharer und ihrer Inhalte finden sich auch in: ‚Cahiers d'études cathares' (Revue trimestrielle, Montpellier). Dort werden in ausführlichen Berichten die verwandtschaftlichen Linien der Katharer zu den verschiedensten Gruppierungen aufgezeigt, so u. a. in: Le catharisme en écolution: Science spirituelle et communautées fraternelles (Automne–Hiver 1959, S. 9 ff.); Cathares et Rose-Croix (Eté 1960, IIe série No. 6, S. 3 ff.); Résurgences du manichéisme: cathares, ismaeliens, rose-croix, franc Maçons et sciences spirituelles modernes (Anthroposophen) (Hiver 1961–62, IIe série No. 12, S. 3 ff.); Pensées de Rudolf Steiner sur le Manichéisme (Hiver 1962–63, S. 46 ff.); L'origine manichéenne du catharisme et des résurgences rosicruciennes et maçonniques (Hiver 1969–70, IIe série, No. 44, S. 15 ff.); La cosmogonie de Manès à Rudolf Steiner (Printemps 1970, IIe série, No. 45, S. 3 ff.); Les cathares, les templiers et le Graal (Automne 1970, IIe série, No. 47, S. 3 ff.); Ismaeliens, cathares et rose-croix (Hiver 1963–64, S. 42 ff., Hiver 1968–69, IIe série, No. 40, S. 3 ff., Printemps 1969, IIe série, No. 41, S. 3 ff., Automne 1969, IIe série, No. 43, S. 3 ff., Hiver 1970–71, S. 12 ff.); Paracelse, Robert Fludd et la franc-maçon-

nerie manichéenne selon Rudolf Steiner (Eté 1971, II série, No. 50, S. 3 ff.); Catharisme et science spirituelle (Automne 1971, IIe série, No. 51, S. 3 ff.)
16 Wassily Kandinsky, a.a.O., S. 42
17 Vgl. Iain Boyd Whyte, a.a.O., S. 8 ff. Whyte, der den terminologischen Ungenauigkeiten des Begriffs ‚Expressionismus' auf die Spuren zu kommen versucht, redet von einer semantischen Schwächung des Wortes infolge der Ausdehnung seiner Anwendung im Verlaufe der Zeit auf alles und jedes, das nicht in die rationalistische Auffassung paßte. Trotz der zugestandenen Vorbehalte und in Anbetracht der Unmöglichkeit, einen ‚Zeitgeist' überhaupt benennen zu können, wollen wir uns in Anlehnung an Pehnt, Whyte und Sharp dieser Namensgebung bedienen, um die Charakteristika jener kulturellen Wende zu diskutieren. – Mit dem Begriff des ‚expressionistischen Zeitgeistes' sind also in der vorliegenden Arbeit alle jene Äußerungen künstlerisch-weltanschaulicher Art gemeint, die Ausdruck der Hinwendung der kulturell Tätigen zu den Sinnfragen des Lebens sind, ihre Versuche, geistige oder transzendente Inhalte kundzutun, ihr Wille und ihre Absicht, die physische und die metaphysische Seite des Lebens einander berühren zu lassen.
18 Vgl. Wolfgang Pehnt, a.a.O., S. 107
19 Vgl. ebd.
20 Vgl. a.a.O., S. 44
21 Vgl. a.a.O., S. 110
22 Ebd.
23 Vgl. a.a.O., S. 95
24 Vgl. Denis Sharp, Modern architecture and Expressionism, S. 62
25 Walter Gropius, Der stilbildende Wert industrieller Bauformen, in: Jahrbuch des Deutschen Werkbundes 1914, S. 32, zitiert nach: Wolfgang Pehnt, a.a.O., S. 116
26 Vgl. Wolfgang Pehnt, a.a.O., S. 35
27 Vgl. Iain Boyd Whyte, a.a.O., s. 51
28 Bruno Taut, Die Stadtkrone, S. 69; zitiert nach: Wolfgang Pehnt, a.a.O., S. 35
29 Walter Gropius, Manuskript, Bauhaus-Archiv, Berlin; zitiert nach: Wolfgang Pehnt, a.a.O., S. 35
30 Walter Gropius an Karl Ernst Osthaus, 23.12.1918, Osthaus-Archiv, zitiert nach: Wolfgang Pehnt, a.a.O., S. 212, Anmerkung 33 des Kapitels Politik und Gesellschaft; zitiert nach: ebd.: „In Köln sollte im Zusammenhang mit den Universitätsneubauten eine ‚Bauhütte' gegründet werden, als deren Leiter Poelzig vorgesehen war."
31 Vgl. Walter Gropius, Brief an Adolf Behne, 6.3.1919, Bauhaus-Archiv, GN 10.9.195, zitiert nach: Iain Boyd Whyte, S. 106 f.: „In einem Brief (. . .) bat er [Gropius] Behne, die Geschäftsführung des ‚Arbeitsrates' zu übernehmen, und erläuterte, was er mit dem AFK vorhatte. Gropius' erster Schritt bestand darin, den AFK von allen nichtradikalen Elementen zu säubern. Er wollte aus dem AFK eine kleine Gruppe gleichgesinnter radikaler Künstler machen, die gleich einer mittelalterlichen Bauhütte fast mystisch im verborgenen wirken sollte. Der Brief an Behne begann mit ‚Lieber Eckart', einem Pseudonym von entsprechend bedeutungsschwerem, mittelalterlich-mystischem Klang: ‚. . . Nun aber Folgendes. Ich habe die Absicht, weiter zu radikalisieren. Es muß aus dieser ganzen Sache eine reinliche Vereinigung werden, und selbst auf die Gefahr der Brüskierung hin möchte ich alle Elemente, die nicht hineinpassen, mehr oder weniger zart vor die Türe setzen. Das ist umso mehr nötig, wenn wir eine Art Loge daraus machen wollen. Willst Du nun nicht unter diesen Umständen die geschäftliche Leitung des Ganzen übernehmen? Du bist doch der Einzige, der die Idee, die wir propagieren, innerlich erlebt und alle Deine Schritte danach einrichtest.' "

32 Zitiert nach Iain Boyd Whyte, a.a.O., S. 107: „Einen Monate später skizzierte er [Gropius] in einem Brief an Otto (?) Weiss die geplante Bauhütte in knapper Form und stellte einen Bezug her zwischen der ‚Bauhütte' und dem ‚Bauprojekt' – dem ‚Kultusbau' –, an welchem die Architekten, Maler und Bildhauer arbeiten würden."
33 Bruno Taut, Die Stadtkrone, S. 87; zitiert nach Wolfgang Pehnt, a.a.O., S. 20
34 Theodor Däubler, Der neue Standpunkt, S. 117; zitiert nach: Wolfgang Pehnt, a.a.O., S. 8
35 Vgl. Wilhelm Worringer, Kritische Gedanken zur neuen Kunst, in: Genius, Jg. 1/2, 1919, S. 228; zitiert nach: Wolfgang Pehnt, a.a.O., S. 8
36 Vgl. Iain Boyd Whyte, a.a.O., S. 182
37 Vgl. Le Corbusier, Une maison – un palais, S. 28; siehe auch [nach Corboz] James Anderson, The constitutions of the Free-Masons in the Year of Masonry 5723
38 Vgl. Henry Provensal, a.a.O., S. 109
39 Vgl. Paul Otlet, a.a.O., S. 8
40 Vgl. Dennis Sharp, a.a.O., S. 11
41 Sigfried Giedion, Raum, Zeit, Architektur, S. 206
42 Aus: Nic. Tummers, Der Hagener Impuls, passim. Nic. Tummers plädiert dafür, den ‚Hagener Impuls' in die Geschichtsschreibung unseres Jahrhunderts einzufügen. Seiner Überzeugung nach wurde diese Periode zwischen Jugendstil und Bauhaus, jener Zeit, in der der Hagener Karl Ernst Osthaus der Kunst und Kultur neue Wege eröffnete, zu wenig beachtet. In diesem Zentrum der geistigen Auseinandersetzung war der Niederländer J.L.M. Lauweriks die Schlüsselfigur. Lauweriks, ein Schüler Cuypers, der 1904 Leiter der Architekturabteilung an der Kunstgewerbeschule in Düsseldorf und fünf Jahre später Direktor des Staatlichen Handfertigkeitsseminars in Hagen wird, kehrte 1916 als Direktor der Kunstgewerbeschule von Amsterdam in die Niederlande zurück. Er war Gründer und Redakteur der Kunstzeitschrift ‚Ring' und später Mitarbeiter von ‚Wendingen'. Die Gründung der Theosophischen Gesellschaft in den Niederlanden und die Entwicklung des Sozialismus brachten Tummers zufolge die Erneuerer Lauweriks, der seit 1894 Mitglied der Theosophischen Gesellschaft war und im Jahre 1902 die Nachfolge Rudolf Steiners als deren Generalsekretär antrat, und De Bazel auf einen Weg, auf dem sie ihre künstlerische Tätigkeit ganz in den Dienst der Möglichkeiten stellen wollten, die sie in den theosophischen Gedanken und den gesellschaftlichen Umwälzungen sahen. Unter andern war auch Mondrian Mitglied der Theosophischen Gesellschaft – und um 1908 bildeten Lauweriks', Steiners und Kandinskys Gedanken ein noch nicht exakt untersuchtes Dreieck, dessen verbindendes Element die Theosophie gewesen sein soll. Fritz Kaldenbach war Schüler und Mitarbeiter von Lauweriks und ebenfalls Theosoph. Später ging er ins Büro von Gropius nach Berlin. Nach der Schließung von Gropius' Büro bittet ihn Adolf Meyer, mit ihm zu Breest & Co. zu kommen. Meyer, Mitarbeiter von Gropius und Schüler von Behrens an der Kunstgewerbeschule Düsseldorf, schloß sich ebenfalls eng an Lauweriks an und kam durch ihn zur Theosophie. Walter Scheidig schrieb: „Man kann fast sagen, daß Adolf Meyer für Walter Gropius das Ideal des späteren Bauhäuslers verkörperte, einen Architekten, der vom Handwerk her zur Baukunst (...) gekommen war und dazu seine Persönlichkeit in Anlehnung an eine religionsphilosophische Lehre ethisch geformt hatte." (Zitiert nach Nic. Tummers, a.a.O., S. 94) Gropius hat nach eigenen Aussagen Lauweriks gut gekannt und rechnete ihn zu den Pionieren der modernen Architektur in Holland. Der Mensch sollte durch die künstlerische Tätigkeit und Erforschung anderer Geistesgebiete zu besseren Arten des Zusammenlebens finden. Tummers zeigt, wie vielschichtig die Berührungspunkte zwischen Lauweriks und Bewegungen wie Historismus, Neugotik, ‚Nieuwe Kunst', Werkbund, Expressionismus, Chicago School, Bauhaus, De Stijl und weiteren avantgardistischen Kreisen

in München, Berlin und anderswo waren. Diese Kontakte sollen durch die Verbindungslinien der Theosophie noch intensiver ermöglicht worden sein. Im Jahre 1910 wurde das Hagener Zentrum Kreuzungspunkt der Wege der Pioniere des XX. Jahrhunderts, wie etwa Behrens, Gropius, Van de Velde, Le Corbusier, Mies van der Rohe u. a.
43 Karl Ernst Osthaus, Das Deutsche Museum für Kunst in Handel und Gewerbe, in: Die Durchgeistigung der deutschen Arbeit (Bericht von der 3. Jahresversammlung, Berlin 1910, 10.6. – 12.6.), Jena .911, S. 43, zitiert nach: Karl Ernst Osthaus, Recklinghausen 1971
44 Vgl. Herta Hesse-Frielinghaus, Folkwang 1. Teil, S. 119 ff., in: Karl Ernst Osthaus, Recklinghausen 1971
45 Vgl. Peter Stressig, Hohenhagen – ‚Experimentierfeld modernen Bauens', in: Karl Ernst Osthaus, Recklinghausen 1971, S. 390
46 Vgl. Le Corbusier, Etude sur le mouvement d'art décoratif en Allemagne, La Chaux-de-Fonds 1912
47 Vgl. Nic. Tummers, a.a.O., S. 46 ff. sowie Peter Stressig, Hohenhagen – ‚Experimentierfeld modernen Bauens', S. 438, 452 ff., in: Karl Ernst Osthaus, Recklinghausen 1971
48 Ebd.
49 Vgl. Nic. Tummers, a.a.O., passim
50 Vgl. Charles Chassé, Didier Lenz and the Beuron School of Religious Art, in: Oppositions 1980: 21, S. 98 ff.
51 Vgl. a.a.O., S. 101 sowie Maurice Denis, Théories 1890 – 1910, S. 142 ff. und S. 178 ff. Einer der ersten Schüler von Paul Séruseir, Pater V. Verkade, wurde Benediktiner und holte Sérusier mehrmals nach Beuron, der dadurch mit den Ideen von Didier Lenz in Berührung kam und seine Schrift ‚L'Esthétique de Beuron' übersetzte. Das hier erwähnte Buch von Maurice Denis gehört u. a. zum persönlichen Bibliotheksbestand Le Corbusiers.
52 *Zitiert aus der Einleitung von Kenneth Frampton, in: Charles Chassé, a.a.O., S. 99
53 Vgl. Matila C. Ghyka, Le nombre d'or, Paris 1959
54 Vgl. A. Fournier des Corats, La proportion égyptienne et les rapports de divine harmonie, Paris 1957
55 Le Corbusier an Karl Ernst Osthaus, 10. Mai 1911, aus Bremen, einen Tag nach seinem Besuch in Hagen, in: Herta Hesse-Frielinghaus, Briefwechsel Le Corbusier/Karl Ernst Osthaus, o. S.
56 Le Corbusier an Osthaus, 28. Juli 1911, aus Pera, a.a.O.
57 Vgl. Paul Venable Turner, a.a.O., S. 83
58 Le Corbusier an Karl Ernst Osthaus, Ausschnitt, 27. März 1912, aus La Chaux-de-Fonds, in: Herta Hesse-Frielinghaus, Briefwechsel Le Corbusier/Karl Ernst Osthaus, o. S.
59 Le Corbusier an Osthaus, a.a.O., Ansichtskarte vom 7. August 1913, von einem Ausflug in die Franche Conté Mouthier [sic!]
60 Vgl. Paul Venable Turner, a.a.O., S. 137
61 Vgl. a.a.O., S. 143
62 Vgl. Paul Westheim, Das ‚Ende des Expressionismus', Das Kunstblatt, Bd. 4, Nr. 6 (1920), S. 188, in: Iain Boyd Whyte, a.a.O., S. 176
63 Vgl. Wolfgang Pehnt, a.a.O., s. 194 ff. sowie Iain Boyd Whyte, a.a.O., S. 177 ff.
64 Adolf Behne, Die Zukunft unserer Architektur, S. 91, zitiert nach: Iain Boyd Whyte, a.a.O., S. 178
65 Vgl. Iain Boyd Whyte, a.a.O., S. 178 ff.
66 Le Corbusier, Städtebau, S. 31

Bibliographie

Anderson, James, The constitutions of the Free-Masons in the Year of Masonry 5723, London 1723
Art of the Invisible, Ausstellungskatalog, Bede Gallery, Jarrow 1977
Aschenbrenner, Margot (Hrsg.), Hugo Häring, Fragmente, mit einem Vorwort von Hans Scharoun, Berlin 1968
Barrès, Maurice, La colline inspirée, Paris 1928
Ders., Le mystère en pleine lumière, Paris 1926
Bataille, Michel, La ville des fous, Paris 1966
Baudelaire, Charles, Les fleurs du mal, Paris 1857
Belperron, Pierre, La croisade contre les Albigeois et l'Union du Languedoc à la France 1209/1249, Paris 1942
Besset, Maurice, Wer war Le Corbusier, Genève 1968
Ders., Le Corbusiers Weg zur Architektur, Vortrag an der ETH Zürich, 1969
Biot, François; Perrot, Françoise, Le Corbusier et l'architecture sacrée, Lyon 1985
Bloch, Ernst, Das Prinzip Hoffnung, Gesamtausgabe Bd. 5, Frankfurt am Main 1977
Brentjes, Burchard, Die Stadt des Yima, Weltbilder in der Architektur, Leipzig 1981
Cahiers d'études cathares, Montpellier été 1959 − printemps 1972
Chassé, Charles, Didier Lenz and the Beuron School of Religious art, in: Oppositions, Introduction by Kenneth Frampton, New York 1980
Cathares, les, mit Beiträgen von: Duvernoy, Jean; Nelli, René; Niel, Ferdinand; Roche, Déodat u. a., Paris o. J.
Celant, Germano, Futurism and the Occult, in: Artforum, New York Januar 1981
Collins, Peter, Sincerity, in: Architectural Review, März 1964
Corboz, André, Canaletto, Una Venezia immaginaria, Mailand 1985
Denis, Maurice, Histoire de l'art religieux, Paris 1939
Ders., Théories 1890−1910. Du Symbolisme et de Gauguin vers un nouvel ordre classique, Paris 1913
Ders., Nouvelles Théories sur l'art moderne, sur l'art sacré 1914−1921, Paris 1922
De Rougemont, Denis, L'amour et l'Occident, Paris 1939
Echanges, numéro spécial [sur Le Corbusier], Ici derrière les murs les Dieux jouent, mit verschiedenen Beiträgen, Paris, Février 1984
Eco, Umberto, Einführung in die Semiotik, München 1972
Eliade, Mircea, Traité d'histoire des religions, Paris 1959
Encausse, Philippe, Papus, Paris 1979
Esprit nouveau, Paris 1920−1925
Faciolo, Marcello, Mundaneum 1929, La nuova Babilonia secondo Le Corbusier, in: Ottagono, Rivista trimestrale di architettura arredamento e industrial design, Milano, Marzo 1978
Fant, Åke, Framitidens Byggnad 1913−23, Manuskript in deutscher Übersetzung, Stockholm 1977
Flammarion, Camille, Astronomie populaire, Paris 1880
Foerster, Rolf, Das Barockschloß. Geschichte und Architektur, Köln 1981

Fournier des Corats, A., La proportion égyptienne et les rapports de divine harmonie, Paris 1957
Gauthier, Maximilien, Le Corbusier ou l'architecture au service de l'homme, Paris 1944
Ghyka, Matila C., Le nombre d'or, Rites et rhythmes pythagoriciens dans le développement de la civilisation occidentale, précédé d'une lettre de Paul Valéry, Paris 1959
Giedion-Welcker, Carola, Paul Klee, Reinbek bei Hamburg 1961
Giedion, Sigfried, Raum, Zeit, Architektur, Zürich und München 1976
Die Gläserne Kette, Ausstellungskatalog, Berlin 1963
Govinda, Lama Anagarika, Der Stupa, psychokosmisches Lebens- und Todessymbol, Freiburg im Breisgau 1978
Gresleri, Giuliano; Matteoni, Dario, La città mondiale, Venezia 1982
Guirdham, Arthur, Les cathares et la réincarnation, Paris 1972
Hahl-Koch, Jelena (Hrsg.), Arnold Schönberg, Wassily Kandinsky: Briefe, Bilder und Dokumente einer außergewöhnlichen Begegnung, München 1983
Der Hang zum Gesamtkunstwerk, Ausstellungskatalog, Aarau und Frankfurt am Main 1983
Hesse-Frielinghaus, Herta (Hrsg.), Briefwechsel Le Corbusier/Karl Ernst Osthaus, Hagen 1977
Dies., Die neue Künstlervereinigung München. Der Blaue Reiter und das Folkwang-Museum Hagen, Hagen 1980
Huber, Guido, Akaça, Der mystische Raum, Zürich 1955
Huysmans, Joris-Karl, La cathédrale, Genève 1972
Ingarden, Roman, Prinzipien einer erkenntnistheoretischen Betrachtung der ästhetischen Erfahrung, in: Theorien der Kunst [mit Beiträgen verschiedener Autoren], Frankfurt am Main 1984
Jakobson, Roman, Poetik, Ausgewählte Aufsätze 1921 – 1971, Frankfurt am Main 1979
James, Marie-France, Esotérisme et Christianisme autour de René Guénon, Paris 1981
Dies., Esotérisme, Occultisme, Franc-Maçonnerie et Christianisme aux XIXe et XXe siècles, Paris 1981
Jacobi, Jolande, Die Psychologie von C.G. Jung, Eine Einführung in das Gesamtwerk, mit einem Geleitwort von C.G. Jung, Frankfurt am Main 1978
Kandinsky, Wassily, Über das Geistige in der Kunst, Bern o.J.
Karl Ernst Osthaus, Leben und Werk, mit Beiträgen von: Bueckschmitt, Justus; Erben, Walter; Hesse-Frielinghaus, Herta; Hoff, August; Müller, Sebastian; Stressig, Peter; Volprecht, Klaus, Recklinghausen 1971
Kaulbach, Friedrich, Der philosophische Begriff der Bewegung, Köln/Graz 1965
Kerényi, Karl, Labyrinth-Studien. Labyrinthos als Linienreflex einer mythologischen Idee, Zürich 1950
Kern, Hermann, Labyrinthe, Erscheinungsformen und Deutungen. 5000 Jahre Gegenwart eines Urbildes, München 1982
Kessler, Herbert, Bauformen der Esoterik, Freiburg im Breisgau 1983
Kocher, Alois, Bittgänge und Prozessionen, Olten 1968
Krustrup, Mogens, Le Corbusier og Anthemios fra Tralles, in: Arkitekten 10/1985
Landmann, Robert, Ascona Monte Verità, Auf der Suche nach dem Paradies, Zürich 1973
Le Corbusier (Charles Édouard Jeanneret)
  Le voyage d'Orient 1911, Paris 1966
  Etude sur le mouvement d'art décoratif en Allemagne, La Chaux-de-Fonds 1912
  Extraits de l'architecture vivante, de l'encyclopédie de l'architecture et d'autres périodiques, Le Corbusier et Pierre Jeanneret, série 1 – 7, Paris 1927 – 1936

Après le cubisme, commentaires sur l'art et la vie moderne, zusammen mit Amédée Ozenfant, Paris 1918
Ausblick auf eine Architektur, Braunschweig/Wiesbaden 1982⁴
Almanach d'architecture moderne, Collection de ‚l'Esprit Nouveau', Paris 1925
L'art décoratif d'aujourd'hui, Paris 1925
Städtebau, Stuttgart/Berlin/Leipzig 1929
Architecture d'époque machiniste, in: Journal de Psychologie (normale et pathologique), Paris XXIIIe année 1926
Une maison – un palais, Paris 1928
Défense de l'architecture (écrit pour ‚Stavba' Prague), in: l'Architecture d'aujourd'hui, Paris 10/1933
1929. Feststellungen zu Architektur und Städtebau, Braunschweig 1987²
Quand les cathédrales étaient blanches, Paris 1937
Le lyrisme des temps nouveaux et l'Urbanisme, Paris 1937
Sur les 4 routes, Paris 1941
La maison des hommes, zusammen mit François de Pierrefeu, Paris 1942
Poésie sur Alger, Paris 1942
An die Studenten, Die ‚Charte d'Athènes', Reinbek bei Hamburg 1962
Manière de penser l'Urbanisme, Paris 1946
Le poème de l'Angle Droit, Paris 1955, auszugsweise nachgedruckt Tokio (GA Gallery) 1984
Der Modulor, Stuttgart 1980
Modulor 2, Stuttgart 1958
Mise au point, Paris 1966
Lethaby, W.R., Architecture, Mysticism and Myth, London 1892
Luisi, Luigi, Moderne Wissenschaft und alte östliche Tradition: Widerspruch oder Vereinigung (Vortrag), Zürich 1984
Lutyens, Mary (Hrsg.), Jiddu Krishnamurti. Einbruch in die Freiheit, Frankfurt am Main/Berlin/Wien 1981
Der Mensch und seine Symbole, mit Beiträgen von: von Franz, Marie-Louise; Henderson, Josepf L.; Jacobi, Jolande; Jaffé, Aniela; Jung, C.J., Olten/Freiburg im Breisgau 1981
Montalte, Louis, Fallait-il bâtir le Mont-Saint-Michel?, Blainville 1979
Müller, Werner, Die Heilige Stadt, Stuttgart 1961
Nelli, René, Le phénomène cathare. Perspectives philosophiques, morales et iconographiques, Paris 1964
Ders., Le musée du catharisme, Toulouse 1966
Neuman, Eckhard (Hrsg.), Bauhaus und Bauhäusler. Erinnerungen und Bekenntnisse, Köln 1985
Otlet, Paul, Cité Mondiale, Bruxelles 1929
Pehnt, Wolfgang, Die Architektur des Expressionismus, Stuttgart 1981
Pennick, Nigel, Die alte Wissenschaft der Geomantie, München 1982
Petit, Jean, Le Corbusier lui-même, Genève 1970
Pieper, Jan, Über den Genius Loci, in: Kunstforum, Köln, Februar 1984
Provensal, Henry, L'art de demain, Paris 1904
Ringbom, Sixten, The Sounding Cosmos. A Study in the Spiritualism of Kandinsky and the Genesis of Abstract Painting, Helsinki 1969
Ruskin, John, The Seven Lamps of Architecture, London 1907
Sengspiel, Oskar, Die Bedeutung der Prozessionen für das geistliche Spiel des Mittelalters in Deutschland, Breslau 1932

Serenyi, Peter (Hrsg.), Le Corbusier in Perspective, mit Beiträgen verschiedener Autoren, New Jersey 1975
Sharp, Dennis, Modern Architecture and Expressionism, New York 1966
Schnapper, Edith B., The inward Odyssey. The Concept of the Way in the Great Religions of the World, London 1965
Schuré, Edouard, Die Großen Eingeweihten, Bern/München/Wien 1979
Schwaller de Lubicz, R. A., Le temple dans l'homme, Le Caire 1949
Speidel, Manfred, Orte. Ein Versuch zur Geomantie, in: Kunstforum, Köln, Februar 1984
Stirling, William, The Canon, London 1974
Tardieu, Michel, Le manichéisme, Paris 1981
Tummers, Nic., Der Hagener Impuls. J. L. M. Lauweriks' Werk und Einfluß auf Architektur und Formgebung um 1910, Hagen 1972
Turner, Paul Venable, The Education of Le Corbusier, New York/London 1977
Tzavaras, Johann, Bewegung bei Kierkegaard, Frankfurt am Main/Bern/Las Vegas 1978
Viatte, Auguste, Les sources occultes du Romantisme, Paris 1928
Ders., Victor Hugo et les illuminés de son temps, Paris 1943
Vogt, Paul, Der Blaue Reiter, Köln 1977
Welsh, Robert P.; Joosten, J. M., Two Mondrian Sketchbooks 1912–1914, Amsterdam 1969
Whyte, Iain Boyd, Bruno Taut. Baumeister einer neuen Welt, Stuttgart 1981
Zeller, Bernhard, Hermann Hesse, Reinbek bei Hamburg 1963

Auswahl aus Le Corbusiers ‚Bibliotheque Personnelle'

(Fondation Le Corbusier, Villa La Roche-Jeanneret, 10, square du Dr. Blanche, 75016 Paris)

Aus der großen Fülle der ‚bibliothèque personnelle' sind hier die Titel aufgeführt, die mit den weltanschaulich-kulturellen Hintergründen Le Corbusiers in Zusammenhang stehen. Die Liste ist keineswegs vollständig; sie enthält Titel, die mit sehr aufschlußreichen handschriftlichen Anmerkungen und Skizzen Le Corbusiers versehen sind (in der Auflistung gesperrt gedruckt). Die Angabe mit handschriftlichen Eintragungen versehenen Seiten entspricht den Informationen der in der Fondation Le Corbusier geführten Karteikarten. Die Angabe des Erscheinungsjahres fehlt zuweilen.

Achard, Paul, La vie extraordinaire des frères barberousse, corsaires et rois d'Alger, Paris 1939
Allendy, Dat. Renè, Capitalisme et sexualité, Paris 1932
Ders., Le problème de la destinée, Paris 1927
Ders., La psychoanalyse
Ders., Les tempéraments
André-Vincent, Ph. I., La Sainte Baume, Paris 1950
Arambourg, C., La génèse de l'humanité, Paris 1943
Babelon, Bataille, l'art précolumbien
Barrès Maurice, La colline inspirée, Paris 1928
Bataille, Michel, Cinq jours d'autumne, Paris 1963
Ders., Le feu du ciel, Paris 1964 (Le Corbusier vom Autor gewidmet)
Ders., La marche au soleil, Paris 1951 (Le Corbusier vom Autor gewidmet)
Bazin, Germain, L'architecture religieuse baroque au Brésil, Paris
Belperron, Pierre, La croisade contre les Albigeois et l'union du Languedoc à la France 1209 – 1249, Paris 1942 (Le Corbusier vom Autor gewidmet); (Anmerkungen)
Bernands, Georges, Les grands Cimetières sous la lune, Paris 1938
Berdideff, Nicolas, Un nouveau moyen âge, Paris 1927
Berr, Henri, En marge de l'histoire universelle, Paris 1934 (mit Anmerkungen versehen)
Bertrand, Louis, Les journées du Grand Roi, Paris 1935
Ders., Louis XIV intime, Paris 1932 (mit Anmerkungen versehen)
Boissy, Gabriel, Les deux amours d'Agnès Sorel (Chronique des Dames du XVe siècle, Paris 1947) (mit Anmerkungen versehen)
Bourdel, Léone, La mission de la France, Paris 1945 (mit Anmerkungen versehen)
Ders., Sang, tempéraments, travail et races, Paris 1946 (Le Corbusier vom Autor gewidmet) (mit Anmerkungen versehen)
Breton, André, Formes de l'art. L'art magique (u. a), Paris 1957
Bulletin of Physical Education, Pondicherry, Sri Aurobindo Ashram 1957
Bulletin of Sri Aurobindo (International Centre of Education), février 1961
Byron, Lord, Oeuvres de Lord Byron: Don Juan, Paris 1904
Carrel, Dr. Alexis, L'homme cet inconnu, Paris 1936 (Anmerkungen)
Ders., Jour après Jour, Paris 1956

Ders., Réfléxions sur la conduite de la vie, Paris 1962
Cendrars, Blaise, L'Eubage aux antipodes de l'unité, Paris 1926 (Le Corbusier vom Autor gewidmet)
Ders., La fin du monde filmée par l'Ange N.-D., Paris 1919 (Le Corbusier von Fernand Léger gewidmet)
Ders., L'Homme foudroyé, Paris 1945
Ders., Le lotissement du Ciel, Paris 1949
Centre universitaire international Sri Aurobindo, Pondicherry, Sri Aurobindo Ashram 1953
Chapuis, Alfred, L'homme dans la lune, Paris/Neuchâtel 1929
Chateaubriand, F. R., Les martyres, Paris 1913
Ders., René, Paris 1917
Chesterton, G. K., L'homme éternel, Paris 1928
Choisnard, Paul, Saint Thomas d'Aquin et l'influence des astres, Paris 1926
Coincy-Saint Palaix, Esclarmonde de Foix, Princesse cathare, Toulouse 1956 (Anmerkungen)
Corman, Louis und Rousseau, Gervais, Visages et caractères, Paris 1932
D'Annunzio, Gabriele, Le martyre de Saint Sebastian, 1911 (Mystère composé, joué à Paris sur la scène du Châtelet, 22. mai 1911 avec la musique de Débussy)
Décaux, Jacques, Orient et Occident, Paris 1945 (Anmerkungen)
Delore, Dr. Pierre, Nôtre frère corps, Paris 1938 (Anmerkungen)
Drucker, D. B., Les cendres sont encore brûlantes, Paris 1964 (Le Corbusier vom Autor gewidmet)
Faure, Elie, L'arbre d'Eden, Paris 1922 (Le Corbusier vom Autor gewidmet)
Ders., Histoire de l'art, Paris 1921 – 1927 (Le Corbusier vom Autor gewidmet)
Ders., Regards sur la terre promise, Paris 1946 (Le Corbusier vom Autor gewidmet)
Ders., Tout l'inconnu de la Casbah d'Alger, Alger 1933
Frisch, von Karl, Vie et moeurs des abeilles, Paris 1960 (Anmerkungen)
Funck-Bretano, Frantz, Les croisades, Paris 1934
Gid, R. et Janah, P., Le dévot Christ de la Cathédrale St. Jean de Perpignan
Gimpel, J., Les bâtisseurs des cathédrales, Paris 1958 (Anmerkungen). In diesem Buch finden Le Corbusier und die Kapelle von Ronchamp Erwähnung, S. 156 ff.
Giraudoux, J., Combat avec l'Ange, Paris 1934
Gogol, N. V., Les âmes mortes, Bruxelles 1945 (mit Anmerkungen)
Grande Loge de France (const. et réglém., P. secrét. général 1910)
Hutin, Serge, Les Francs-Maçons, Paris 1960
Huxley, Aldous, La fin et les moyens, Paris 1939 (Anmerkungen)
Huysmans, J. K., La cathédrale, Paris 1908
Ders., La Sainte Lydwine de Schiedam, Paris 1915
Klopfer, Paul, Von der Seele der Baukunst, Dessau (o. J.)
Krishnamurti, J. La dissolution de l'ordre de l'Etoile (11.1.1911-Benares-Ommen-3.8.29)
Ders., Pour devenir disciple: séries de causeries à des aspirants disciples, Paris 1916 (Geschenk an Le Corbusier von A. Blondel)
La Force, Duc de, La grande Modemoiselle, Paris 1933
Lalo, Charles, La beauté et l'instinct sexuel, Paris 1922
Lalou, Etienne, Le Soleil, Paris 1958 (Anmerkungen)
Lamouche, André, L'homme dans l'harmonie universelle, Paris 1958
Lasbordes, Jean, Dix ans d'Expositions au Musée Goya de Castres, Albi 1958 (Anmerkungen)

Lauer, J.-Ph., Le problème des pyramides d'Egypte, Paris 1948 (Anmerkungen)
Lecomte du Nouy, Le temps et la vie, Paris 1939
Lelong, M. H., Spiritualité du Japon, Paris 1961 (Anmerkungen). Le Corbusier wird in diesem Buch erwähnt (S. 38); es enthält ebenfalls eine Widmung des Autors, der Dominikaner ist.
Ders., Liens entre nations, Paris 1947 (Anmerkung)
Liler, A., Eloge de l'Humanisme, Anvers 1936 (Anmerkungen)
Lobet, Marcel, L'Histoire mystérieuse et tragique des Templiers, Liège/Paris 1944
Lucrèce, De la Nature, Paris 1927
Mabille, P., La construction de l'homme, Paris 1936 (Anmerkungen)
Malespine, E., Le nombril noir, Lyon 1929 (Le Corbusier vom Autor gewidmet)
Malraux, André, Le musée imaginaire de la sculpture mondiale, Paris 1952
Marcelin, P., Les bâtisseurs à pierre sèches et leurs oeuvres dans la garrigue nimoise, Nîmes 1942
Mauriac, Cl., André Breton, Paris 1949 (Anmerkungen)
Ders., Jean Cocteau, Paris 1949
May-Masse, M. Th., Visages de l'Aventure, Paris 1956
Ders., Médicine offic. et médicine héretique, Paris 1945
Menard, Louis, Histoire des anciens peuples de l'Orient, Paris 1883
Merton, Thomas, La nuit privée d'Etoiles, Paris 1951
Mesclon, Antoine, Le féminisme et l'homme, Paris 1931
Messages de Noël du Maréchal (Principes de la Communauté; bureau de documentation du chef de l'Etat), 1943
Missenard, A., A la recherche de l'homme, Paris/Strasbourg 1954 (Le Corbusier vom Autor gewidmet)
Ders., L'homme et le climat, Paris 1937 (Anmerkungen)
Mongeot, Kienné de, Beauté et libre-culture, Paris 1931
Ders., La nudité où dix ans de lutte, Paris 1936
Mondo-Herzen, G. E., Sri Aurobindo, Pondicherry, S. A. A. 1954
Nicolle, Jacques, La symétrie dans la nature et les travaux des hommes, Paris 1955 (Anmerkungen)
Ders., Nos oeuvres sociales/La maison du métallurgiste, Paris 1937
Oldenburg, Zoé, Le bûcher de Montségur, Paris 1959 (Anmerkungen)
Dies., La pièrre angulaire, Paris 1954 (Anmerkungen)
Péguy, Charles, Prières, Paris 1934
Perroux, François, Communauté, Paris 194? (mit Anmerkungen und Skizzen Le Corbusiers)
Prist, Paul, Le miracle des hommes, Paris (o. J.)
Ders., Que Dieu soit reçonnu pour vrai, New York 1948
Régamey, P.-Raymond, Les anges au ciel et parmi nous, Paris 1959 (Le Corbusier vom Autor gewidmet)
Ders., Non violence et conscience chrétienne, Paris 1958 (Le Corbusier vom Autor gewidmet)
Règle de la Communauté, Boimondau 1949
Reverdy, P., Les épaves du ciel, Paris 1924
Richaud, André de, La création du monde, Paris 1930
Roller, Théophile, Les catacombes de Rome, Paris 1881
Ders., Chants perdus (1880 – 1916), Paris 1938

Rousseau, Madeleine, Blancs et Noirs au jour de verité, Paris (Le Corbusier von der Autorin gewidmet)
Dies., Le royaume s'est approché, New York 1950
Sageret, Jules, De la vie microbienne à la conscience, Paris 1943
Saint-Hilaire, P. B. et Monod-Herzen, G., Le message de Sri Aurobindo et son Ashram (o. J.)
Salordenne, Roger, Le culte de la nudité, Paris 1929
Salleron, Louis, Réflexions sur le régime à naître, Paris 1944 (Anmerkungen)
Salmanoff, A., Secrets et sagesse du corps, Paris 1958 (Anmerkungen)
Seligmann, Karl, Le miroir de la Magie (L'Histoire de la Magie dans le monde occidentale), Paris 1956
Simon, Jacques, L'art de connaître les arbres, Paris 1965
Simpson, George Gaylord, L'Evolution et sa signification, Paris 1951
Suares, Carlo, Krishnamurti et l'unité humaine, Paris 1950
Taut, Bruno, Weltbaumeister, Hagen 1920
Töpfer, Voyage à la grande Chartreuse, Genève 1922
Trésors de la poésie médiévale, Paris 1959
Vasto, Lanzadel, Le pèlerinage aux sources, Paris 1943
Verbe, Dossier de travail des cercles d'études de la ‚cité catholique', No. 41 – 44, 1951
Viirlaid, Arved, Tombeaux sans croix, Paris 1962

Bildquellen

1–3 *a+u*, Tokio, Januar 1980, No. 112, S. 10: John Hejduk: my favorite building: Le Corbusier's maison La Roche; 4 Geoffrey H. Baker: *Le Corbusier, an analysis of form*, Hong Kong, Van Nostrano Reinhold (U.K.) Co. Ltd., 1984, S. 252; 9 Gezeichnet nach: W. Boesiger: *Le Corbusier und Pierre Jeanneret, Oeuvres complètes 1910–1915*, Zürich, 1984, S. 66; 20 Rolf Hellmuth Foerster: *Das Barockschloß*, Köln, 1981, S. 93; 22, 23 *a+u*, Tokio, Januar 1980, Nr. 112, S. 10; 44 W. Boesiger: *Le Corbusier und Pierre Jeanneret, Oeuvres complètes 1910–29*, Zürich 1984, S. 62; 46, 47 *a+u*, Tokio, Januar 1980, Nr. 112, S. 10; 68, 69 Le Corbusier 1929. *Feststellungen zu Architektur und Städtebau*, Berlin 1964, Abb. 225 (2. Aufl.: Braunschweig, 1987); 70 Le Corbusier 1929. *Feststellungen zu Architektur und Städtebau*, Berlin 1964, Abb. 223; 71 Le Corbusier 1929. *Feststellungen zu Architektur und Städtebau*, Berlin 1964, Abb. 224; 72 Le Corbusier 1929. *Feststellungen zu Architektur und Städtebau*, Berlin 1964, Abb. 203; 73 Le Corbusier 1929. *Feststellungen zu Architektur und Städtebau*, Berlin 1964, Abb. 135; 74 *architecture vivante*, Paris été 1929; 75 Giuliano Gresleri, Dario Matteoni: *La città mondiale*, Venezia, 1982, S. 186; 76 W. Boesiger: *Le Corbusier und Pierre Jeanneret, Oeuvres complètes 1910–29*, Zürich 1984, S. 192; 77 Matila C. Ghyka: *Le nombre d'or*, Paris 1982, S. 156; 78 Giuliano Gresleri, Dario Matteoni: *La città mondiale*, Venezia 1982, S. 179; 79–81 Giuliano Gresleri, Dario Matteoni: *La città mondiale*, Venezia 1982, S. 169–171; 82 Giuliano Gresleri, Dario Matteoni: *La città mondiale*, Venezia 1982, S. 173; 83 Giuliano Gresleri, Dario Matteoni: *La città mondiale*, Venezia 1982, S. 172

Bauwelt Fundamente

1 Ulrich Conrads (Hrsg.), Programme und Manifeste zur Architektur des 20. Jahrhunderts
2 Le Corbusier, 1922 – Ausblick auf eine Architektur
3 Werner Hegemann, 1930 – Das steinerne Berlin
4 Jane Jacobs, Tod und Leben großer amerikanischer Städte*
5 Sherman Paul, Louis H. Sullivan*
6 L. Hilberseimer, Entfaltung einer Planungsidee*
7 H. L. C. Jaffé, De Stijl 1917–1931*
8 Bruno Taut, Frühlicht 1920–1922*
9 Jürgen Pahl, Die Stadt im Aufbruch der perspektivischen Welt*
10 Adolf Behne, 1923 – Der moderne Zweckbau*
11 Julius Posener, Anfänge des Funktionalismus*
12 Le Corbusier, 1929 – Feststellungen
13 Hermann Mattern, Gras darf nicht mehr wachsen*
14 El Lissitzky, 1929 – Rußland: Architektur für eine Weltrevolution*
15 Christian Norberg-Schulz, Logik der Baukunst
16 Kevin Lynch, Das Bild der Stadt*
17 Günter Günschel, Große Konstrukteure 1
18 nicht erschienen
19 Anna Teut, Architektur im Dritten Reich 1933–1945*
20 Erich Schild, Zwischen Glaspalast und Palais des Illusions
21 Ebenezer Howard, Gartenstädte von morgen
22 Cornelius Gurlitt, Zur Befreiung der Baukunst*
23 James M. Fitch, Vier Jahrhunderte Bauen in USA*
24 Felix Schwarz und Frank Gloor (Hrsg.), „Die Form" – Stimme des Deutschen Werkbundes 1925–1934
25 Frank Lloyd Wright, Humane Architektur*
26 Herbert J. Gans, Die Levittowner. Soziographie einer »Schlafstadt«
27 Günter Hillmann (Hrsg.), Engels: Über die Umwelt der arbeitenden Klasse

28 Philippe Boudon, Die Siedlung Pessac – 40 Jahre*
29 Leonardo Benevolo, Die sozialen Ursprünge des modernen Städtebaus*
30 Erving Goffman, Verhalten in sozialen Strukturen*
31 John V. Lindsay, Städte brauchen mehr als Geld*
32 Mechthild Schumpp, Stadtbau-Utopien und Gesellschaft*
33 Renato De Fusco, Architektur als Massenmedium
34 Gerhard Fehl, Mark Fester und Nikolaus Kuhnert (Hrsg.), Planung und Information
35 David V. Canter (Hrsg.), Architekturpsychologie
36 John K. Friend und W. Neil Jessop (Hrsg.), Entscheidungsstrategie in Stadtplanung und Verwaltung
37 Josef Esser, Frieder Naschold und Werner Väth (Hrsg.), Gesellschaftsplanung in kapitalistischen und sozialistischen Systemen*
38 Rolf-Richard Grauhan (Hrsg.), Großstadt-Politik*
39 Alexander Tzonis, Das verbaute Leben*
40 Bernd Hamm, Betrifft: Nachbarschaft
41 Aldo Rossi, Die Architektur der Stadt*
42 Alexander Schwab, Das Buch vom Bauen
43 Michael Trieb, Stadtgestaltung*
44 Martina Schneider (Hrsg.), Information über Gestalt
45 Jörn Barnbrock, Materialien zur Ökonomie der Stadtplanung
46 Gerd Albers, Entwicklungslinien im Städtebau*
47 Werner Durth, Die Inszenierung der Alltagswelt
48 Thilo Hilpert, Die Funktionelle Stadt
49 Fritz Schumacher (Hrsg.), Lesebuch für Baumeister
50 Robert Venturi, Komplexität und Widerspruch in der Architektur
51 Rudolf Schwarz, Wegweisung der Technik und andere Schriften zum Neuen Bauen 1926–1961
52 Gerald R. Blomeyer und Barbara Tietze, In Opposition zur Moderne
53 Robert Venturi, Denise Scott Brown und Steven Izenour, Lernen von Las Vegas
54/55 Julius Posener, Aufsätze und Vorträge 1931–1980
56 Thilo Hilpert (Hrsg.), Le Corbusiers „Charta von Athen". Texte und Dokumente. Kritische Neuausgabe

57 Max Onsell, Ausdruck und Wirklichkeit
58 Heinz Quitzsch, Gottfried Semper – Praktische Ästhetik und politischer Kampf
59 Gert Kähler, Architektur als Symbolverfall
60 Bernard Stoloff, Die Affaire Ledoux
61 Heinrich Tessenow, Geschriebenes
62 Giorgio Piccinato, Die Entstehung des Städtebaus
63 John Summerson, Die klassische Sprache der Architektur
64 G. Fischer, L. Fromm, R. Gruber, G. Kähler und K.-D. Weiß, Abschied von der Postmoderne
65 William Hubbard, Architektur und Konvention
66 Philippe Panerai, Jean Castex und Jean-Charles Depaule, Vom Block zur Zeile
67 Gilles Barbey, WohnHaft
68 Christoph Hackelsberger, Plädoyer für eine Befreiung des Wohnens aus den Zwängen sinnloser Perfektion
69 Giulio Carlo Argan, Gropius und das Bauhaus
70 Henry-Russell Hitchcock und Philip Johnson, Der Internationale Stil – 1932
71 Lars Lerup, Das Unfertige bauen
72 Alexander Tzonis und Liane Lefaivre, Das Klassische in der Architektur
73 Elisabeth Blum, Le Corbusiers Wege
74 Walter Schönwandt, Denkfallen beim Planen
75 Robert Seitz und Heinz Zucker (Hrsg.), Um uns die Stadt
76 Walter Ehlers, Gernot Feldhusen und Carl Steckeweh (Hrsg.), CAD: Architektur automatisch?
77 Jan Turnovský, Die Poetik eines Mauervorsprungs
78 Dieter Hoffmann-Axthelm, Wie kommt die Geschichte ins Entwerfen?
79 in Vorbereitung
80 Georg Dehio und Alois Riegl, Konservieren, nicht restaurieren, Herausgegeben von Marion Wohlleben und Georg Mörsch
81 Stefan Polónyi, . . . mit zaghafter Konsequenz

---

*vergriffen

Bei Fragen zur Produktsicherheit wenden Sie sich bitte an:
If you have any questions regarding product safety,
please contact:

Birkhäuser Verlag GmbH
Im Westfeld 8
4055 Basel, Schweiz
productsafety@degruyterbrill.com